古代エジプト文明

世界史の源流

大城道則

講談社学術文庫

プロローグ

世界史のなかで古代エジプト文明が果たした役割とは、いったい何なのだろうか。現代文明へとつながる時の流れのなかで、古代エジプト文明はどのような意味を持って存在しているのであろうか。そもそも世界史において、古代エジプト文明について多くを語る必要はあるのだろうか。

あらゆる側面で大きなポテンシャルを持っていたナイル河を、その母体内に備えたエジプトという特異な空間が、世界最古の文明のひとつを生み出した点については誰もが異論のないところであろう。またその文明が一瞬の繁栄期のみではなく、三千年の長きにわたり王国として存続し、周辺地域に影響を与え続けたという点に関しても同様であろう。あるいは、古代エジプト文明がその後の人類の歴史とどのように関わってきたのかを、時間を追いつつ叙述することもそれほど無意味なことではなく、困難なわけでもない。

しかし、世界史という言葉を念頭に置いて議論したとき、古代ギリシア文明を現代の西欧諸国の起源であると主張することはできたとしても、古代エジプト文明もそうだと言い切るには勇気を要する。確かに古代ギリシア文明は、古代エジプト文明の影響を色濃く受けているが、ギリシア・ローマ世界というポイントを無視して、古代ナイル世界から現代ヨーロッパ世界へという直線的な論を展開するのは難しい。だが、世界地図を広げて地中海を真ん中に置き、現代にまで影響を与えたとされる「アテナイの民主政」だとか「ローマ法」だとかいう用語に伴う先入観を少しだけ取り除き、冷静に目の前に開かれたその地図を眺めてほしい。そこにはギリシアのアテナイとエジプトのアレクサンドリア間の距離のほうが、イタリアのローマからブリテン島のロンドン間よりも近いことが示されているのである。もちろん地理・地形・環境を考慮せず、距離の長短のみを強調することは注意を要するが、二十世紀を代表する美術史家の一人であるエルンスト・H・ゴンブリッチ（Ernst Hans Gombrich）は、子供を対象に書かれた『若い読者のための世界史——原始から現代まで』のなかで、エジプトについて次のように述べている。

エジプトへの道を知りたいなら、きみはツバメに聞くといい。彼らは毎年秋、あたりが涼しくなると、南へ向かって飛び立つ。まずアルプスを越えてイタリアへ。それから少しばかり海をわたってアフリカへ。それもヨーロッパにもっとも近いアフリカへと向かう。そこがエジプトなのだ。(1)

そう、ゴンブリッチの言うように、まさにエジプトは少なくともヨーロッパに最も近いアフリカなのである。エジプトは、現代のヨーロッパ世界とそれほど地理的に離れてはいないのだ。文化や宗教、あるいは民族の違いが我々に、特にヨーロッパで暮らす人々に、エジプトは特異な存在であるという印象を植えつけてしまっているのである。しかしそれは、現在の状況に過ぎない。我々はまず、その認識から改めて先へと進まねばならないのだ。

古代エジプト文明というその言葉の持つ響きは、常に「憧れ」や「神秘」を人々に連想させてきた。しかし、ほとんどの人々にとって古代エジプト文明とは、ギザの三大ピラミッドやルクソールの巨大な神殿群を建造したことで知られるファラオの王国を意味している（図1・図2）。あるいは人々にとって古代エジプトは、目の眩むような金銀財宝を残した悲劇の少年王トゥトアンクアムン（ツタンカーメン）の生きた舞台であり、豊かな水をたたえ、毎年定期的に訪れる増水期の氾濫によりもたらされる沃土が莫大な収穫量を生み出すナイル河を象徴とした豊かな国なのである。

図1　ギザのカフラー王のピラミッド

図2　カルナク神殿内の巨大な柱

ある人は有名な「エジプトはナイルの賜物」というヘロドトスが引用したミレトス出身の叙述家ヘカタイオスの言葉を思い起こすかもしれない。つまり、「憧れ」や「神秘」の少し向こう側には、明確に思い浮かべることができる歴史的事実＝リアリティーが存在していることを我々は知っているのである。古代エジプト文明とは、神秘とリアリティーが同居した稀有な存在なのである。

エジプトに最初の統一王朝が出現し、そしてその約三千年後に文明として滅びるまでの悠久の時間のなかで、古代エジプト王国は、文化的独自性を保ちながら、常にその文化を周辺世界に強く発信し続けた。この人類史上突出した文化を生み出した古代エジプト王国とその文明は、世界史という大きな流れのなかでどのように位置づけがなされるべきなのであろうか。

我が国において「世界史」という用語は、第二次世界大戦後の学制改革によって、東洋史と西洋史という異なる二つの科目がひとつになることで誕生した。比較的新しいものなのである。現在、日本における義務教育とその延長線上に存在している世界史という大きな枠組みのなかで、古代エジプト史の占める割合は、分量的に決して多くはない。しかしながら、通常「世界史」と呼ばれる人類の歴史の節々で、古代エジプトに関する事柄が姿を現すことがある。特にそれは周辺諸国との関係において顕著である。たとえば「アマルナ文書」「カデシュの戦い」、そして「海の民」という用語などは、かつては高等学校の世界史Bの教科書、あるいは少なくとも『詳説世界史』のような授業用参考図書に間違いなく登場していた。二〇二二年度から始まった新たな高等学校のカリキュラム「世界史探究」においても、ウマと戦車を東方からエジプトにもたらした異民族「ヒクソス」や、外部世界からの影響を受け独特の発展を遂げた「アマルナ美術」などは、欠くことができない人類史の一側面として取り上げられている。「アクエンアテンの宗教改革」や「モーセの出エジプト」も必須事項であろう。

「古代エジプト文明の黄昏《たそがれ》」と称される斜陽の時期である新王国時代以降ですら、アッシリア、ペルシア、ギリシア、ローマと関連するコンテクストにおいて、このナイル河畔で生まれ育った偉大な文明は語られ続ける。黄昏のこれらの時期ですら、古代エジプト文明は、その輝きを完全には失っていないのである。しかしながら、新王国時代以降の時期はまた、地理的にヨーロッパの源郷である古代ギリシア・ローマ世界の対極に位置する北アフリカ地域で誕生した古代エジプト文明が、独立性を喪失し、世界史のなかへと組み込まれていく過程を明確に示してもいる。古代エジプト文明の黄昏は、地中海世界を核として成長しつつあったヨーロッパ世界の興隆の時期でもあったのだ。

しかしながら、その時期へと至る前に、そもそも古代エジプトが「世界史の源流」のひとつとさえ言える存在であることを、我々は再認識しておく必要がある。そのことは新王国時代も後半を迎え、一時の勢いを喪失しつつあったエジプトに、ユダヤ教の始祖となるモ

図３　カルガ・オアシスのコプト教墓地のフレスコ画

ーセが現れたことによって象徴されている。「出エジプト」を起点として東方へと向かったユダヤ教の文化＝「旧約聖書」が再び方向転換し、西方の古代ギリシア・ローマ世界にもたらされたことは、後にユダヤ教から派生することとなるイエスの新興宗教に、古代エジプトという「場」が大きな影響を与えていたことを示しているのである。その宗教が後にエジプトへと流入し、現在でも原始キリスト教の流れを汲むコプト教として根づいているという事実も重要であるかもしれない（図3）。あるいはヘレニズム時代に地中海世界の知の核として機能したエジプトのアレクサンドリアに憧れを抱き訪れた、アルキメデス、エラトステネス、エウクレイデスなどそうそうたる古代ギリシア世界の知識人たちの存在は、エジプトから当時最先端の哲学や科学が世界へ向けて発信されたことを如実に証明しているのである。

たとえ我々に馴染みのある教科書の記述はわずかであったとしても、世界史において古代エジプトの果たした役割は、決して少なくはない。世界史の主人公がエジプトであった時期は確かに存在した。古代エジプト王国が一人の絶対的な王＝ファラオを頂点とした確固たる秩序に基づく洗練された優美なその姿を失った後に繁栄した眩い古代ギリシア世界も、強靭で巨大な古代ローマ世界も、あるいはビザンツ帝国もフランク王国でさえも、古代エジプトという強固な礎なくしては、世界史に名を残すことはなかったであろう。本書を読破した後、あなたは古代エジプトとはすでに失われてしまった過去の文明ではないことに気づくはずである。古代エジプト文明の血脈は、人々の記憶に潜り込み、その後も世界史のなかで脈々と流れ続けているのである。

目次

古代エジプト文明——世界史の源流

古代エジプト文明

世界史の源流

序章　古代エジプト文明の誕生

アフリカ大陸のある地点である時期に人類が誕生し、その子孫たちがその場を核として周辺地域に拡散していったことが知られている。「出アフリカ」と呼ばれることもあるこの我々の遠い祖先のダイナミズムのひとつの終焉として、彼らの一部が北アフリカのナイル河を発見し、そこに定住するまでにはそう時間はかからなかったであろう。ある集団はそこを通過して、さらなるグレート・ジャーニーを続けたに違いないが、豊かな河の畔《ほとり》で旅を終えた人々も大勢いたに違いない。彼らが後に古代エジプト文明という人類史上比類なき文明を生み出す一翼を担うのである。しかし、その文明が爆発的なスパートをかけて驚異的な発展段階に入るまでにはまだ時間が必要であった。

その運命の時期の前触れは、紀元前一万年頃に訪れた。北アフリカ地域全体が緑のサヴァンナであったこの時代の人々は、その地において活発に活動し、共生する動植物とともに豊かな生活を営んでいたのである。そのことは、アルジェリアのタッシリ・ナジェールやリビアのタドラルト・アカクスを代表としたサハラ砂漠の岩絵や線刻画に描かれるゾウ、サイ、キリンなどの大型の哺乳類たち（図4）や、涸《か》れ河の岸辺に相当する岩の上にみられる穀物を砕くための窪みなどの人々の生活の痕跡からも明らかである。

図4　ワディ・マトカンドゥーシュにあるサイの線刻画

おそらくすでに原始的な牧畜を行う半遊牧生活を送っていた彼らが、その後に訪れる紀元前三〇〇〇年頃の地球規模での極度の乾燥化に伴い、後の時代に乾燥したサハラ砂漠を生み出すこととなる北アフリカ内陸部を離れ、移住先を探すために動き出した可能性は非常に高いと思われる。実際にどのようなルートが彼らによって選択されたのかは明らかではない。しかし「すべての道はローマに通ず」と古代ローマ帝国の縦横無尽に張りめぐらされた交通網を称えた十七世紀のフランスの詩人ジャン・ド・ラ・フォンテーヌ(Jean de La Fontaine)の言葉ではないが、すべての道は豊かな水を湛《たた》えたナイル河谷へと通じていたのである。[1]

1　すべてはナイル河谷へ

人と物の流れをたどる

現在はサハラ砂漠と化してしまった空間に当時暮らしていた人々は、乾燥化から逃れるために東へと移動した。おそらく以前から東のほうには豊富な水を湛えたナイル河があることが人伝《ひとづて》に知られていたのであろう。アフリカ大陸を代表するもうひとつの大河である南のニジェール河を目指した人々もいたと十分想定できるが、ナイル河に向かう途中には、人々が求める豊かな水と食料を持つオアシス群が点在していたため、明らかにこちらのほうが選択肢としては確実で安全であった。あるいは現在のリビアのキレナイカ（キュレネ）を通過し、地中海沿岸部を進みながら、ナイル河を目指すルートを選択した人々もいたかもしれない（地図⑥、一四三頁）。いずれにせよ、世界史のなかで最重要項目に挙げられているいわゆるゲルマン民族の大移動よりも遥か以前から、人々は大規模な民族移動を繰り返していたのである。

人が動けばそれに伴い文化・技術＝情報も移動する。たとえばナイル河からみた西方世界ですでに習慣となっていたと考えられているウシの家畜化もまた、彼らと共にナイル河流域にもたらされた可能性が高い。さらにナイル河谷に最初の統一王朝が出現する直前の時期には、明らかに風貌や着衣が古代エジプト人たちとは異なる人々がこの地にいたことが知られている。頭に髪飾りをつけ、尻尾のある腰布を身に着けた通常リビア人と呼ばれているこれらの人々の存在は、西方から異民族がナイル河谷に流入していた決定的な証拠のひとつとなるであろう。たとえば古代エジプト特有の遺物であるパレット（通常は、表面にある円形の窪み部分でアイシャドーなどに用いる顔料をすりつぶすものであったが、儀礼用の大型のものも知られている）に彼らリビア人が描かれているのである（図5）。

西方世界とその地理的範囲が一部重複している南方世界からも、人々が北上して来たと考

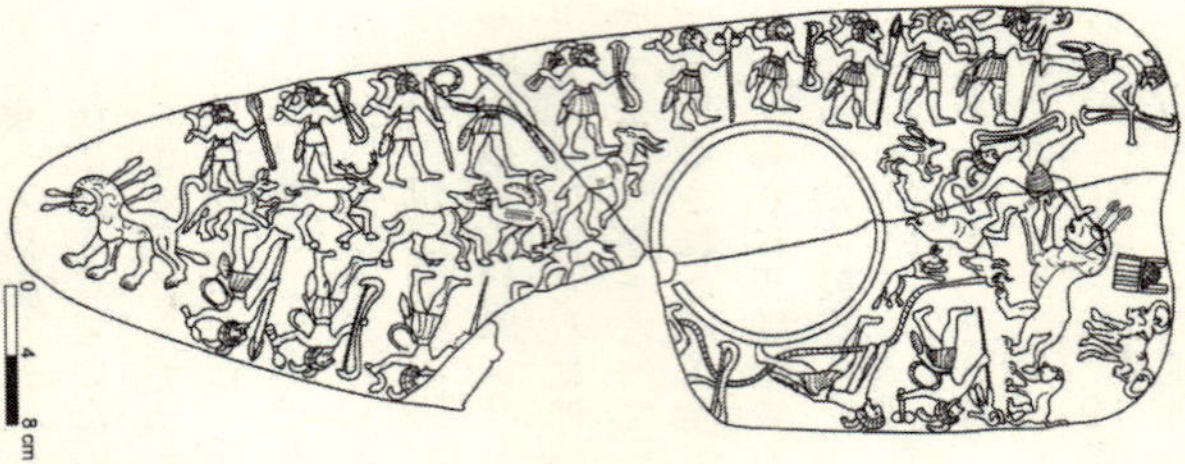

図５　リビア人の狩猟場面が描かれたハンター・パレット

えられている（あるいはナイル河を下って来たという言い方のほうが適切かもしれない）。つまり、現在のスーダンにあたるヌビアで育まれた黒人文化もまたナイル世界に着実に浸透していったのであろう。ナイル河をエジプト人と共有していたヌビア人たちの文化的影響が、ナイル世界へともたらされることはごく自然なことであったはずである。彼らヌビア人たちを通して、エジプトにはアフリカ内陸部からさまざまな品々がもたらされた。威信財として使用された象牙製品やヒョウ皮などはその好例である。確かにエジプトは、地中海世界に面していたが、アフリカ大陸にも属していたことを我々は忘れてはならないのだ。

ラピスラズリはどこから来たか

一方で東方世界からの影響も知られている。特に注目すべきは、深い青色をした貴石であるラピスラズリの存在であろう。ナイル河谷に最初の統一王朝が出現する遥か以前から、エジプトにおいてラピスラズリは知られていた。主としてエリート層であった王族・貴族たちの身を飾る装飾品などの原材料や、彼らの副葬品として出土するラピスラズリの持つ重要性は、その「希少性」にある。ラピスラズリはエジプトのみならず、古代オリエント世界全体で好まれた原材料であった。

このラピスラズリの原産地については、古くからさまざまな記述がなされてきた。たとえば、イランのマザンデランとケルマン、アゼルバイジャンのディズマルにラピスラズリを産出する場所が存在するという記述、あるいは中国の文献には、ラピスラズリが新疆ウイグル自治区南西のホータンで採掘されていたことを示す記述などが存在している。しかし、いずれにおいても実際にラピスラズリの存在は確認されておらず、たとえ存在していたとしても、当時のオリエント世界の需要に応えるほどの質と量を兼ね備えていなかったであろうと考えられている。

現時点において、実際にラピスラズリの産出が確認されている地域は、ユーラシア大陸ではバイカル湖南部、パミール高原、パキスタンのクエッタ近郊、そしてアフガニスタンのバダクシャン地域のケラノムンジャン地区にある四つの鉱山である。そのなかでも最後に挙げたバダクシャン地域こそが、古代オリエント世界における唯一の原産地であるとされている。つまり、原産地がアフガニスタンのバダクシャンに限定されていたために、エジプトにたどり着く前にラピスラズリは、異常なほど価値が高くなってしまっていたのである。たとえば新王国時代のエジプトの外交文書史料であるアマルナ文書のなかで、東方世界の強国からの貢物としてのラピスラズリは、金銀の次に高価なものとしてしばしばリストに挙げられているほどなのである。原産地のアフガニスタンからメソポタミアやアナトリアを経由して、さらなる付加価値をまといながらラピスラズリは、古代世界最大の消費地であったナイル河谷の裕福な人々の元へと届けられたのである。(2)

2　ファラオとオシリス神話

最初のファラオは誰か?

ナイル河流域へと人々と情報が集まり、家族単位、一族単位を超えるコミュニティーが形成され始めると、集団で行う大規模な共同作業が可能となった。その時点でコミュニティーのなかから長が選ばれたのであろう。その選ばれ方が暴力的なものであったのか、平和的なものであったのか、あるいはその人物が他の者とは異なる特殊能力を持っていたのかどうかは定かではないが、とにかく一人の人物が長い並列から飛び出たのである。おそらく男性であったであろう彼は、人々の尊敬を一身に集めていた長老か、超人的なパワーをみせつけた怪人、あるいは人知を超えたシャーマン的能力を発揮した人物だったはずである。いずれにせよ、その人物を中心とした小規模なコミュニティーが戦争や婚姻で統合を繰り返すうちに、後の時代にノモスと呼ばれるようになる巨大な都市が幾つもナイル河流域に出現したのである。それらの都市が戦争という名のパワーゲームを繰り返すことにより、北と南にそれぞれ異なる環境的特徴を持つ二つの王国が誕生したと考えられている。これら二つの王国を統合した人物こそ、最初の古代エジプト王＝ファラオなのであった。

最初のファラオは誰なのかについての議論は、これまでに数多くなされてきた。最大の争点は、古代ギリシア・ローマの文献資料に古代エジプト最初の王として現れるメネスという名前の人物の扱いである。同時代のエジプトの資料にメネスという名前の王は存在しない。おそらくこのメネスは、新王国時代に作られた王名表（古代エジプト歴代の王の名前と称号が列挙されたもの）で言及されている最初の王メニが後世に伝わって採用されたものなのであろう。

考古資料などから実在が確認されている古代エジプト最初の王は、ナマズの表象を自らの名前のなかに採り入れたナルメルと呼ばれている人物である（しかしナルメルと読むのは間違いであるという議論も存在する[3]）。このナルメル王の名前を持った考古遺物は、エジプト国内のみならず、アラドやテル＝エラニなどのシリア・パレスティナ諸都市においても出土している。彼に関する遺物のなかでも最もよく知られているのが、いわゆるナルメル王の奉献用パレット（図6）である。

シルト岩製のこのパレットには、表側に下エジプト（現在のカイロ以北のデルタ地域）の象徴とされている赤冠を、そして裏側に上エジプト（現在のカイロからアスワンまでの地域）の象徴である白冠をかぶったナルメル王が描かれている。このパレット上にみられる図像の解釈から、ナルメルこそが最初に上下エジプト王国を統一した人物であり、その記念にこのパレットを作り、古代エジプトを代表する聖域であったヒエラコンポリスのホルス神殿に奉納したのだと考えられたのである。しかしながら、最初のファラオ問題に関しては、ナルメル王より前の時期の、名前が明確に知られていない王、あるいは次の王であるアハ王なども有力候補に挙げられており、いまだ決着をみてはいない。

オシリス神の弟・セト神と息子・ホルス神

王権に密接に関わる問題として、古代エジプト独特の宗教神話がある。その代表が冥界の王オシリス神を主人公とした「オシリス神話」である。古代エジプトでは、死した王は冥界で死者の神オシリスとなるという考えがあった。古代エジプト王権を理論的にサポートする存在であったと考えられるこのオシリスの物語の萌芽は、古王国時代

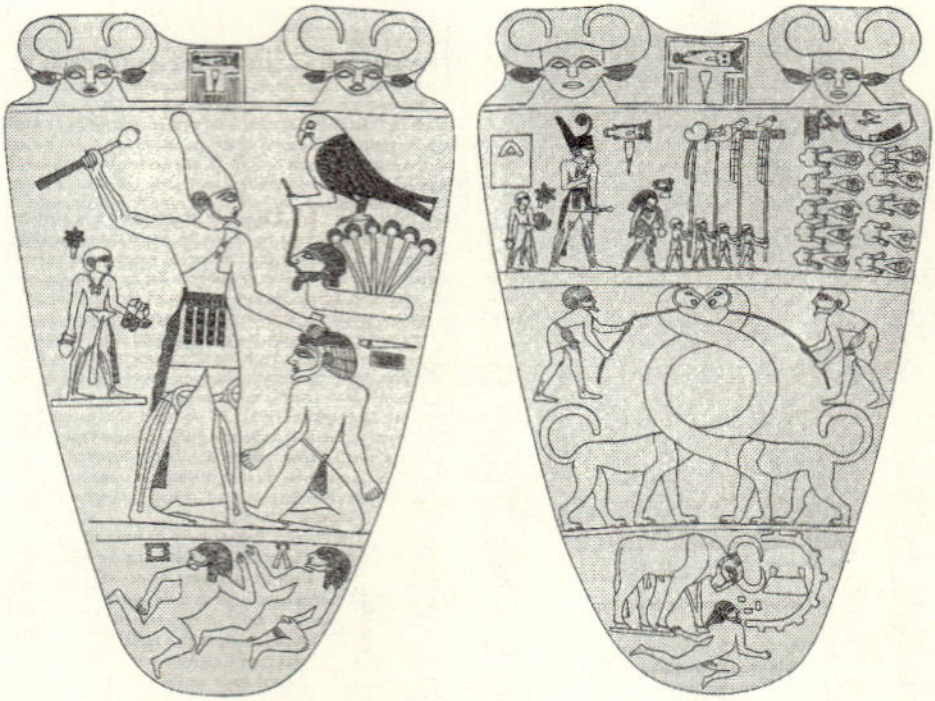

図6　ナルメル王の奉献用パレット

のピラミッド・テキスト（古王国時代後半から第一中間期にかけての九基のピラミッドの、玄室と通廊の壁面に彫り込まれた葬祭文書）においてすでにみられるが、エジプトで文字＝ヒエログリフが確立される以前から、神官のような特別な立場の人々によって、王の葬送儀礼の際に口頭伝承として代々語り継がれてきたのかもしれない。ピラミッド・テキストの内

容的な完成度を考慮するならば、その可能性はかなり高いであろう。少なくとも古王国時代には、「オシリス神の死」と「イシス女神による遺体の発見」などの「オシリス神話」のなかのストーリーの重要な要素はみられ、中王国時代にはオシリスの死が弟のセト神に起因することが知られるようになる。

以下、後の時代にプルタルコスなどによってまとめられた「オシリス神話」の内容を簡単に紹介してみたい。

かつてエジプトに王として君臨していたオシリスは、民に善政を施すことにより大いに尊敬を集めていた。そのことに嫉妬心を抱いた弟のセトは、兄であるオシリスの体形がちょうどはまる美しい箱を作らせ、罠を仕掛けることを計画した。セトは自らが主催した宴の際に、その箱を参加者の前に持ちだし、そのなかに身体がちょうどはまった人物にその箱を進呈すると宣言した。もともとオシリス用に作られていたことから、セト神の策は成功した。箱に入ったオシリスは閉じ込められた。蓋を閉められ、溶かした鉛で封をされたのである。そしてオシリスの棺となった箱は、ナイル河へと投げ込まれた。箱はビブロスに流れ着き、そこで木に引っ掛かった箱は、巨大な木のなかに取り込まれた。夫の遺体を捜していたイシスは、その木が王宮の柱に使用されていることを発見し、紆余曲折の末、それを手に入れてエジプトへと持ち帰った。そしてイシスは、オシリスの遺体を湿地帯に隠したのである。しかし、セトによってオシリスの遺体は発見され、今度はバラバラに切断されてエジプト中にばら撒かれた。イシスはそれでも夫の身体のすべての部分を捜し出した。陰茎のみが魚に食べられてしまい手に入らなかったので、人工の陰茎を製作した。そして生まれた息子のホルス神が叔父のセト神との八十年間の戦いの末、勝利したのである。その結果、オシリス神は冥界の王として、ホルス神はこの世の王として、そしてセト神は砂漠の王としてそれぞれの領域を治めるようになった。

プルタルコスによって編まれた「オシリス神話」は、古代エジプトにもともと存在した原典の内容を完全に反映しているとは言えないが、現在内容の確認できるものとしては、最良の史料であろう。

「オシリス神の庶民化」

「オシリス神話」は、特に初期の古代エジプト王権をサポートしたが、後の時代にはそれ以上に一般の庶民の間において、来世観にまつわるコンテクストとともに広まるのである。最初は王のみが死後に特権的にオシリス神となり、冥界で王として暮らすと考えられていたものが、中王国時代に入ると誰もが死後にオシリス神となることができると考えられるようになった。一般的に「オシリス神の庶民化」「オシリス神信仰の民主化」とも呼ばれるこの現象は、絶対的な権力を王が行使した古王国時代と中王国時代の狭間に存在した社会的混乱期

図7　「死者の書」が描かれたパピルス文書

とされる第一中間期の影響であろうと想定されている。この時期に王権観の変容や社会秩序の崩壊と再構築が行われたとされているのである。中王国時代において、人々は自らの棺にピラミッド・テキストを描き始めた。棺に描かれたことからコフィン・テキストと呼ばれるこれらの文書は、後の新王国時代に有名な「死者の書」（図7）と呼ばれる形態へと発展を遂げることとなる。

オシリス神の信仰拡大に関するよく知られた事例として、上エジプトのアビドスが挙げられるであろう。アビドスの町では、第一王朝の王墓地であるウンム・エル＝カアブやシュネト・エル＝ゼビブを代表とした葬祭周壁、あるいは後の時代に造られたセンウセレト三世神殿、セティ一世神殿とオシレイオン、そしてファイアンス（古代エジプト人に好まれた陶器素材。砕いた石英や石英砂と石灰、植物の灰、あるいは天然炭酸ソーダ＝ナトロンからなり、主に青色、青緑色をしている）の製造工房などがみつかっているが、もともとイヌの姿をしたケンティアメンティウ神に捧げられた神殿が存在しており、古王国時代後期には、オシリス神信仰の中心地となった。そしてアビドスは、エジプトにおける最も重要な宗教拠点へと変貌していったのである。

特に中王国時代の間、第一王朝三代目のジェル王の墓は、当時の人々にオシリスの墓として認識されていた。そして祭祀の際にオシリス神を中心とした神々をめぐる神話を繰り返し演じるために巧妙に仕立て上げられた行列は、毎年神殿からその墓の間において、人々の前で実施されたのである。多くの人々は、祭りの際に行列が通る道の両側に空墓《からばか》や供養碑を造った。この時代、初期王朝時代の葬祭周壁を囲む地域は、個人の埋葬地として開放され、エジプトにおいて最も大きな共同墓地のひとつとなっていたのである。そのため人々は、神々に対して持つであろう畏れではなく、親近感のようなものをオシリス神に感じていたに違いない。そして、そのオシリス神への親近感は、彼の暮らす来世・冥界の存在を決定的なものとした。ここにオシリス神を通した古代エジプト人たちによる来世信仰の受容が完成したのである。

3　ミイラとピラミッド

社会に根づくミイラ

ミイラとピラミッドは、古代エジプト文明の特徴を紹介する際に、人々に最も多く語られてきたものである。さらに先述したオシリス神話と古代エジプト人の来世観を語る際にも、ミイラとピラミッドは避けては通れない。ピラミッドは王の墓である可能性が高いし、そもそもミイラとは、人工的にオシリスを作りだすという意味を持っているからである。エジプトの乾燥した気候が偶然に作りだしていたもの、あるいは単純に遺体を亜麻布に包んだものをミイラと定義するのならば、その始まりは先王朝時代にまで遡るが、実際に人為的な過程（加工）を経て、遺体の保存を目指したミイラ作製は、古王国時代初期からと考えてよいであろう。この頃から明らかに遺体に人の手が意識的に加わるのである。

紀元前五世紀の歴史家ヘロドトスは、その著書『歴史』において、ミイラ職人たちと彼らによるミイラ作製過程について、段階を追いながら詳細に述べている。割れ跡が鋭い黒曜石を使用した脇腹の切開方法や鼻腔から脳髄を取り出す方法などがよく知られている。そして、そこにはミイラ作製が値段によって最高級から下級まで三段階に分かれていたことが記されている。金持ちには、それにふさわしい手の込んだミイラ作製がなされ、故人のための豪華な棺が用意された。しかしその一方で、貧しい者たちもまた、身分に応じたミイラ作製を依頼できたのである。古代エジプトでは、人の死をビジネスとする現代同様の考え方がすでに存在していたのだ。同じミイラという言葉で括られることのある日本の即身仏とはまったく性質の異なる在り方をしているのである。日本の即身仏は、人々の救済を願うために、木食行《もくじき》（穀物を絶ち、体内の脂肪分と水分を極限までそぎ落とす）と土中入定《にゅうじょう》（土中に作られた石室に生きたまま埋められる）を行い、自らの肉体を「仏」に変える究極の荒行である。

ヘロドトスがエジプトを訪れた時代には、ミイラ作製は広くあらゆる階層に普及しており、伝統や習慣として、社会のなかに根づいていたのである。しかしながら、もともとミイ

図８　ダクラ・オアシスで発見された、岩盤をくり抜いた墓のなかのミイラ

ラ作製は、王や王族を対象としたものであった。彼らを冥界の王オシリスとするための行為だったのである。それゆえに当初ミイラ作製には、儀礼的な、あるいは公的な要素が強かったようである。しかしながら、先述した「オシリス神の庶民化」にともない、ミイラ作製もあらゆる階層を対象とするようになり、ついにはエジプトに暮らすすべての人々がそれを望むようになっていったのである。その強力な影響は、ナイル河谷から遠く離れた西方のオアシス地域にもおよんだ。黄金のミイラの谷で知られるバハレイヤ・オアシスのみならず、ダクラ・オアシス（図8）やリビアとの国境に近いシーワ・オアシスにおいてでさえもミイラはみられる。アレクサンドロス大王がファラオになるために求めたアムンの神託で知られたこのシーワ・オアシスを含む西方のオアシス群では数多くの墓が造られ、そこから大量のミイラが発見されているのである。

ミイラ作製の儀礼的・公的要素は、ミイラ作製に関わった人々の称号や肩書から読み取れる。儀礼に準ずるミイラ作製には神官たちが関与し、そのなかでも「神秘の監督官」と呼ばれた人物が中心的役割を果たした。彼の指揮の下、補助役の「神の印璽官」がおり、さらに

「朗誦神官《ろうしょう》」が死者を前に呪文を読み上げたのである。彼らの指示により「包帯を巻く者たち」と呼ばれていた人々が死者から内臓を取り出し、ナトロンの結晶を用いて遺体を乾燥させるなどした。そして香料などの詰め物を施した後に、小さな護符を幾つも巻き込みながら死者の身体に包帯を巻いたのである（墓泥棒はそのことを知っており、エジプトでは盗掘された墓のまわりに護符を盗んだ後のミイラの包帯が散乱している場面にしばしば遭遇する）。取り出された内臓は、乾燥され、清められた後にミイラ同様包帯で包まれてカノポス壺（図56、一七六頁）に入れられた。

ミイラのないピラミッド

そのミイラが埋葬されているはずのものがピラミッドであった。しかし、古代エジプト王の墓であろうと考えられているピラミッドに、実はトゥトアンクアムン（ツタンカーメン）のミイラのように五体が揃った完全な王のミイラは存在しない（そのことを理由にピラミッドは墓ではないと主張する研究者も多い）。サッカラにある第三王朝のネチェリケト（ジョセル）王の階段ピラミッドから、ミイラの断片が発見されているが、それがネチェリケト王自身のものである可能性は低い。石棺や副葬品と考えられる遺物がみつかっているが、本来それらをともなうべき王の遺体＝ミイラはないのである。またネチェリケト王の後継者であったセケムケト王の未完成の階段ピラミッドは、玄室が完全に外部から遮断され、内部には石製の引き戸を持つアラバスター（雪花石膏）製の石棺が納められていた。発見時に棺の石の引き戸部分が漆喰《しっくい》で封印されていたことが確認されていることから、未盗掘と考えられている。しかしながら、その石棺のなかは空であり、王のミイラはおろか、副葬品の一部すらなかったのである。古代エジプトで建造された王のためのピラミッドとは、「本来王のミイラを伴わない」ことをその最大の特徴としているのかもしれない(4)。

とはいえ、たとえそのような例があったとしても、ピラミッドが王墓である可能性はかなり高い。その理由は、先述したネチェリケト王のものだけではなく、次に挙げる複数の事実＝資料が存在するからである。古王国時代に限定してみても、スネフェル王の赤ピラミッドからミイラの断片、メンカウラー王のピラミッドからミイラと包帯の一部、ネフェルエフラー王のピラミッドから手のミイラ、ジェドカラー王のピラミッドから男性のミイラ、ウナス王のピラミッドから亜麻布が巻かれたミイラの右腕、頭骨、脛《すね》の一部、テティ王のピラミッドからミイラの腕と肩の断片、そしてペピ一世のピラミッドでは、カノポス壺のなかから亜麻布で包まれた内臓とミイラの断片、さらに「上下エジプト王」の文字が記された亜麻布の断片などが発見されている。その上、カノポス壺とそれらを収納するカノポス箱の痕跡が、多数の王と王妃のピラミッド内部とその周辺墓から発見されているのである(5)。

最初のピラミッドがエジプトにおいて造られてから、すでに五千年弱の時が経過している。ピラミッドのなかに王のミイラが発見されないという最大の原因は、やはり現代に至るまでの間に何者かによって持ち去られたことにあると考えるのが妥当である。もちろん、王のミイラがもともとピラミッド内には埋葬されなかった可能性も否定はしきれない。だが、あれほど目立つ存在であり、『千夜一夜物語』をはじめとしたさまざまな民間伝承や説話などのなかで、「財宝」や「秘宝」という言葉と共に語られてきたピラミッドに対して、誰も挑まなかったとは考えにくい。実際に、ギザやサッカラのピラミッドが造られてから約二千年後に現在のスーダンに当たるヌビアの地で建造されたピラミッドは、「ピラミッドのなかには金銀財宝が眠っている」という噂がもとで何百基も破壊されたのである。ただし本当にピラミッドに財宝が埋まっていた点が本家のエジプトのものとは異なる（図9）。

図9　ヌビアのアスペルタ王の墓から出土した金銀製の副葬品

ヌビアのピラミッドが副葬品を伴う王の墓であったことは、エジプトのピラミッドも同じ機能を持っていた可能性を示唆している。

ここまで、世界史の教科書内で使用される古代エジプト文明に関する用語、たとえばオシリス神、「死者の書」、ピラミッド、そしてミイラなど、あるいは世界史の重要ワード、たとえばゲルマン民族の大移動、ヘロドトス、フランク王国、そして旧約聖書などを意識しながら論を進めてきた。ティグリス河とユーフラテス河の流域に誕生したメソポタミア文明とともに、古代エジプト文明は人類最初の文明のひとつであると定義されている。みる者すべてに強烈なインパクトを与えるその独創的なファラオの文化・文明は、個性的であったがゆえに伝播しやすく、長期間にわたり周辺諸地域に強い影響をおよぼした。しかしながら、その反面、エジプト外部で平坦化されていったその文明は、時とともに周辺地域に対する優越性を徐々に失っていったのである。

そしてその過程で、古代エジプト文明と世界史は並走を始めた。世界史の流れがエジプトにようやく追いついたのだとも言える。しかしながら、エジプトはその存在感を喪失したわけではなかった。古代エジプト文明の輝きはいまだ健在であり、その歩みのなかで両者は、ときに運命の如く交差し輝きを放つのである。そしてそのたびに、古代エジプト文明は、再び輝きを増すのである。その例を時代を追いつつ具体的にみていこう。

第1章　ミノア文明と古代エジプト文明

古代エジプト文明と並び称される古代文明の代表格がミノア文明である。ゼウスの子であった伝説の王ミノスの名を取り名づけられたこの古代文明は、当時地中海世界の中心のひとつであったクレタ島で栄えた。その高度に洗練されたフレスコ画を中心とした「明るく」、そして「躍動的な」美術様式や建築様式は、みる者すべてに強烈な印象を与える。

ミノア文明を語る際にとりわけよく引用されるのは、ミノタウロスにまつわる物語であろう。ミノス王の王妃と美しい雄牛との間に生まれた半人半牛の怪物ミノタウロスは、怒れるミノス王によって迷宮（ラビリントス）に閉じ込められる。そしてミノス王は、アテナイに毎年若い男女の人身御供《ひとみごくう》を強要し、彼らをミノタウロスに与えたのである。ミノタウロスは、ミノス王の娘であったアリアドネの協力と糸玉を用いたアイディアを受けたアテナイの王子テセウスによって最終的に殺害される。この有名な悲劇をともなう英雄譚の舞台がクレタ島であった。

1　古代ギリシア世界とナイル世界

エジプト・クレタ・キクラデス

紀元前三千年紀に入り、地中海世界、特に東地中海地域では特産品の流通開始にともない周辺諸地域からもたらされる情報の循環現象が起こっていた。表音文字であるためにアルファベットの起源となったとされるウガリト文字（図10）を創造した、ウガリト王国（現在のシリアの地中海沿岸部に位置する）や、古王国時代からエジプトの強い影響下にあったビブロス（現在のレバノンに位置）などの東地中海沿岸都市を拠点として、大規模な人々と物の流れが形成されたのである。

たとえば現在でも変わらずにこの地域の主要な特産品であるブドウとオリーヴから作られるワインとオリーヴオイルが、交易品として地中海世界を活発に回り出したのである。その過程で、北の人々は南のアフリカ大陸や東のシリア・パレスティナ、あるいはその後背地であったメソポタミア地域と必然的に接点を持つこととなった。このことを契機として、古代ギリシア世界の諸文明は、後に「世界史」と呼ばれることになる大きな枠組みに向かって大いなる一歩を踏み出したのである。

そのような巨大な時代のうねりのなか、古代ギリシア世界における初期の文明を代表する存在として、キクラデス文明が挙げられるであろう。キクラデス諸島独特の彫像形態であるヴィーナス像など、この文明の洗練された高度な文化は、エーゲ海の島々など海の向こうへと影響を及ぼしていった。エジプトのバダリから出土した、紀元前三千年紀よりも遥か以前の紀元前五千年紀に年代づけられているヴィーナス像に、キクラデス諸島の文化的影響が指摘されているほどである。

その一方で、大理石製のキクラデスの小像が副葬品としてクレタ島で発見されている点も重要であろう。これまでエジプトとクレタ島との文化的・人的関係は指摘されてきたが、そこにはキクラデス諸島の影響は考慮されていなかった。しかし、ヴィーナス像の存在から、エジプトとキクラデス諸島がかなり早い段階で、クレタ島を媒介として接点を持っていたことが想定されることになる。エジプト、クレタ島、そしてキクラデス諸島の三点は、直線的に、あるいは歪《いびつ》な三角形を形成しながら、情報の流れを作り出していたのである。またキクラデス諸島の一島であるミロス島は、現在ルーヴル美術館に展示されているあの有名なミロのヴィーナスの出土地として知られている点も追記しておきたい。古代エーゲ海の文化は、古《いにしえ》の時代から美しき女神＝ヴィーナスの文化という側面も備えていたのである。

図10　アルファベットの起源となったとされるウガリト文字

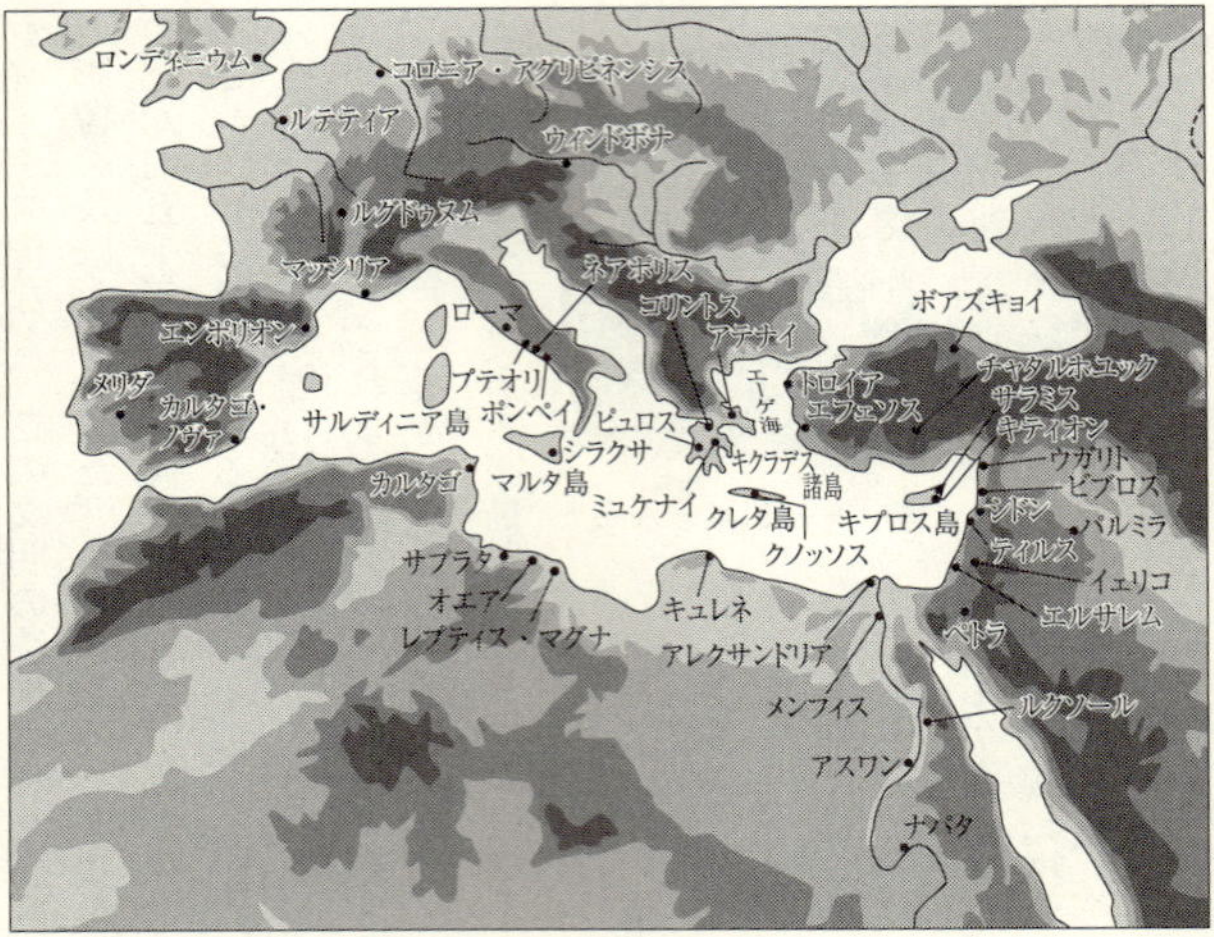

地図①　地中海を中心とした古代世界

ミノア文明の影響力

そして、紀元前二千年紀の地中海世界に新たな文明が誕生する。それがクノッソス、フェストス（ファイストス）、マリア、そしてザクロスにおける宮殿を代表とする経済・宗教の拠点を核としたクレタ島のミノア文明であった。クレタ島は、アテナイやスパルタの栄えたギリシア本土から遠く離れた古代ギリシア世界の最南端にあり（地図①）、地図で確認すれば一目瞭然なように、地理的には東地中海のど真ん中に位置していた（ただし「古代ギリシア世界の最南端」という見方は、現代のヨーロッパ側からの一方的な見解であり、このような偏った感覚から、我々は自由にならなければならない）。

ミノア文明は東西南北へと情報を発信し、また自然と、逆方向に情報を吸収することができたのである。とりわけクレタ島は、地中海世界のそれぞれ南北縁であるエジプトとギリシアとをつなぐ役割を果たした。その目にみえる例がF・ビソン・ドゥ・ラ・ロク（F. Bisson de La Roque）によって、一九三六年にエジプトで発見された「トゥードの遺宝」[1]と呼ばれている大量の遺物である（図11）。

図11　「トゥードの遺宝」の一部

「トゥードの遺宝」には、西アジアやアナトリアからもたらされた高価な原材料であるラピスラズリや銀を主に用いて作られた製品が数多く含まれていた。上エジプトに位置するトゥードのモンチュ神殿の地下部で発見された、中王国時代のアメンエムハト二世の名前を伴う四つの青銅製の箱に入れられていたこれらの一括遺物は、銀器を中心にクレタ島の文化的影響を色濃く反映していた。島という立地条件のため、「周辺世界から孤立した発展」がしばしば指摘されるミノア文明ではあるが、「トゥードの遺宝」の例にもみられるように、地理的な環境と自然条件を考慮するならば、古代エジプト文明に与えた影響は少なくないのである。

2　ミノア文明の発展とエジプトとの交流

聖と俗の入り交じる「宮殿文明」

古代エジプト新王国時代も紀元前十五世紀頃になると、壁画にクレタ島の人々が描かれるようになる。エジプトにおいて、彼らはケフティウという呼び名で知られ、他の周辺諸民族同様、貢物を古代エジプト王であるファラオに捧げている場面がしばしば壁画に描かれた。そのような例として、我々によく知られているのは、テーベの貴族メンケペルラーセネブの墓に描かれた壁画である。そこではファラオにひれ伏すケフティウの長や従者たちが描かれている。注目すべきは、典型的なミノア風の壺や雄牛の頭部を平皿の上に置いたものを手で掲げている長髪の人物たちであろう。彼らの身に着けた衣服は、典型的なミノア風とされている(2)(図12)。

エジプト中王国時代の「トゥードの遺宝」と新王国時代のクレタ人の朝貢を描いた壁画の存在は、時間的にその中間に位置している、後述するヒクソスの支配下にあった第二中間期におけるエジプトとクレタ島との接触の可能性をも示唆している。

周辺世界から一見孤立したようにみえるこのクレタ島であるが、先ほど紹介したように、ここには宮殿を核とした別名「宮殿文明」とも呼ばれている華やかで洗練された文明が芽吹いた。紀元前二〇〇〇年頃、それまで培われてきた社会背景を基盤として、クレタ島各地に構造をほぼ同じくする宮殿が造られ始めたのである。その構造とは、中央の長方形をした広場とそれを取り囲むようにして配置された貯蔵庫、祭祀の場、あるいは作業部屋とそれらの外部に位置するもうひとつの広場からなるというものであった。そしてその宮殿を核として、まわりに広がる聖域と人々の居住地が存在していた。つまりミノア文明の宮殿構造とは、聖と俗とがひとつの空間で交じり合い、また絶対的な権力を保持する支配者のためのものというよりも、むしろ経済や行政をも含む地域社会、あるいはある種の共同体の人々による祭祀や儀礼の際の交流の場であった可能性が高いと考えられるのである。

図12　メンケペルラーセネブの墓に描かれたクレタ島の人々

未知の文字の発見

クレタ島の宮殿の代表であるクノッソス宮殿＝祭祀・行政・経済・住居の拠点としての巨大な建造物の存在は、ミノア文明の命名者でもあるアーサー・J・エヴァンズ（Arthur John Evans）によって明らかにされた。クノッソス宮殿は、ギリシア人のミノス・カロケリノス（Minos Kalokairinos）という人物が遺跡であると確認していたケファラの丘で行われた、一八七八年から一八七九年にかけ

図13　クレタ聖刻文字が描かれたファイストスの円盤

ての部分的発掘によりすでに発見されていたが、[3]最終的に一九〇〇年三月二十三日、考古学者ダンカン・マッケンジー（Duncan Mackenzie）の協力の下、エヴァンズは、クノッソス宮殿の全貌を明らかにすることに成功したのである。また考古学的成果に基づく宮殿をはじめとする建築にともなう情報以外にも、ミノア文明には文字の存在が知られている。

　クノッソス宮殿の発掘自体が大発見であったが、そのなかでも最大の発見が文字の描かれた大量の粘土板の出土であった。というのは、そこにはそれまでにまったく知られていなかった文字が刻まれていたからである。エヴァンズによる発掘とその成功は、クレタ島における発掘熱を高め、ハギア・トリアダなど島内他地域での発掘を促した。その結果、幾つかの遺跡から三種の異なる文字が発見されたのである。エヴァンズはそれらの文字をヒエログリフィック（クレタ聖刻文字、図13）、線文字A、線文字Bと名づけた。

　その時点から、古代エジプトのヒエログリフ解読合戦と同じ状況が世界中で生じた。第二のジャン＝フランソワ・シャンポリオン（Jean-François Champollion）を目指す戦いが始まったのである。そのなかから一九五二年、ついに線文字Bがギリシア語であることが判明し、その解読に建築家のマイケル・G・F・ヴェントリス（Michael George Francis Ventris）が成功することとなった。文字が解読されることにより、クレタ島のミノア文明の実態が徐々に明らかになり、少なくともクレタ島の宮殿時代の終わり頃に相当すると考えられている紀元前十五世紀中盤に、その地域を支配していたのがギリシア語を話す人々であったことが確認された。

彼らこそが古代エジプトにおいてケフティウと呼ばれた人々であった。彼らが朝貢により、どの程度古代エジプト王の庇護を得たのかは明らかではないが、ミノア文明の最盛期である宮殿時代の終わりは、外敵の侵入により決定づけられた可能性がある（その他の説として内部崩壊説、あるいはその前後に大規模な自然災害があったと考える研究者もいる）。その脅威に対するためにクレタ人たちは、古代地中海世界の盟主であった古代エジプト王国に援助や庇護を求めたのかもしれない。

3　アクロティリ遺跡のフレスコ画とキュレネ

「エーゲ海のポンペイ」

ミノア文明における古代エジプトの影響を考える際に、クレタ島北方に位置する古代の火山爆発でよく知られた、サントリーニ島のアクロティリ遺跡について触れないわけにはいかないであろう。

一九六七年にキクラデス諸島の一島であるサントリーニ島のアクロティリ遺跡で一群の見事なフレスコ画が発見された。これらのアクロティリのフレスコ画は、そのほとんどが部屋の内壁に描かれていた。草花紋や渦巻紋など自然主義的なモチーフを持つ特徴的な土器の出土例から、後期ミノアＩＡ期（前一六七五／一六五〇―前一六〇〇／一五五〇年頃）に年代づけられている。この時期の次の段階である後期ミノアＩＢ期（前一六〇〇／一五五〇―前一四九〇／一四七〇年頃）の土器がアクロティリで出土していないことから、紀元前二千年紀中頃にサントリーニ島の噴火が起こったと考えられているのである（紀元前二千年紀におけるミノア文明の編年は現在、エヴァンズ以来の伝統的な低編年年代とサントリーニ島の爆発を紀元前一六二八年頃と想定する高編年年代とで意見が分かれている[4]。後者については、年輪分析の結果によって、噴火の噴煙の影響のために太陽光が遮られ気温が地球規模で低下したことによる霜害が紀元前一六二八年にみられることが確認されており、またグリーンランドの半永久凍土の氷冠の分析からは、同時期に硫黄を多く含んだガスから形成された硫酸の影響である酸性の層がみつかっている[5]。これら二つの編年の間には七十年ほどの開きがある。もし低編年年代を採用した場合、サントリーニ島の噴火が起こったのは、紀元前一五五〇年頃となり、それはエジプトの第二中間期末に相当することになる。エジプトの黄金期直前であるその時期に、近隣で大きな天変地異があったとは現時点で確認できていないため、本書では新しい研究成果を踏まえた高編年年代を採用する）。

図14　ナイル河の風景を描いたとされるフレスコ画

そしてその際に地上に降り注いだ大量の火山灰と軽石とによって、町全体が埋もれてしまったために、調査隊によって遺構が発掘された際、保存状態が非常に良好であった。アクロティリ遺跡が「エーゲ海のポンペイ」と呼ばれる所以である。

このアクロティリのフレスコ画では、地中海を船で行き交う人々の様子や、クレタの影響が明らかにみられる船団と王宮が描かれているものや、化粧をして美しく着飾った女性たちを描いたものがよく知られている。エジプトやメソポタミアの壁画やレリーフの主題は、神々や王たちに関するものであったが、クレタ島を代表とするエーゲ海の古代絵画の主題には、神々や王よりもそれ以外のものが多い観がある。あるいは季節を感じさせるようなモチーフが多いとも言えるかもしれない。それらのなかでも特に紀元前十七世紀に年代づけられているナイル河の風景を描いたとされる幾つかのフレスコ画（図14）は、ミノア文明の影響下にあったアクロティリ遺跡が外部世界と接点を持ち、それを通じて文化的影響を享受していた証拠として注目すべき事例である。

また、パピルスやアフリカ大陸を連想させる青色のサルを描いたフレスコ画の存在は、アクロティリの人々がエジプトと接触を持ち、文化的影響を受けていたことの証拠となる。古代地中海の文化は、互いに密接に関連しながら発展していたのである。

さらに、ミノア人たちと外部世界との接点を示す資料が知られている。シリア・パレスティナでミノア文明のものと考えられる遺物が幾つも出土しているのである。このことは、ミノア文明に属する人々が活発に周辺地域を訪れていたことの証拠と言えるであろう。クレタ島とサントリーニ島、エジプト、そしてシリア・パレスティナという三地域の関係は、古代から現代にまで続く地中海交易の特徴である海流と季節風を利用した反時計回りの交易路が当時から主要な交易ルートであったことを示唆している。(6)

リビアへの移民

当時の交易ルートを考える際に、上述した三地域以外にもエジプトから地中海沿岸を西に進んだ現在のリビアを重要視する声もある。エジプトと隣接するリビアは、同じ北アフリカ地域に属し、プトレマイオス朝時代には、一部がエジプトの影響下に組み込まれていたことが知られている。そのため地理的な見地からエジプトの延長に過ぎないと認識してしまいがちであるが、アクロティリ遺跡のフレスコ画のなかで最もよく知られている、両手にシイラを持つ少年の図（図15）やボクシングをする少年の図（図16）などに描かれた人物たちは、

リビア人を表しているのだという説がある。(7)

古代エジプトの図像にしばしば描かれるリビア人の髪型と類似することなどを根拠としたこの説は、まだまだ推測の域を出ないが、アクロティリ遺跡を発掘したスピリドン・マリナトス（Spyridon Marinátos）が、リビア沿岸部とアクロティリとに接触があったことを示唆している点は注目に値する。(8) またテラ島とも呼ばれているサントリーニ島の人々がクレタ島と密接な関係を持つデルフォイの神託に基づき、紀元前六三〇年頃に現在のリビアのキレナイカにあたるキュレネに植民したとする有名な記述が知られている。彼らの移民活動について、ヘロドトスはデルフォイの巫女の言葉を借りながら、次のように語っている。

図15　シイラを持つ少年の図

図16　ボクシングをする少年の図

> バットス（引用者注：のちのリビアの王）よ、汝は己れの言葉について訊ねようとて参ったのじゃが、主ポイボス・アポロンは羊飼うリビアの国へ、新しき町

を築くべく汝を遣わされるぞ。（ヘロドトス著、松平千秋訳『歴史』第四巻一五五章）

バットスはこの神託を無視してテラ島へと帰国するが、その後テラ島で災難が続いた。そのため再びデルフォイへと神託をうかがいに使者を派遣したのである。すると巫女は次のように応じた。

……バットスとともにリビアのキュレネに新しい町を造れば、事態は好転するであろうと答えた。そこでテラ人は二隻の五十橈船《とうせん》とともにバットスを送り出した。（同巻一五六章）

その後リビアへと向かった彼らは、上陸を思い留まり、テラ島へと引き返すことを選択する。しかし、テラ島の人々は彼らに石を投げつけるなどして追い払い、それを認めなかったため、彼らは再度リビアへと赴きリビア沿岸部の島に植民した。その後、リビア本土に移住し、約半世紀後の三代目のバットスの時代に神託による約束の地キュレネにたどり着いたのである。あるいは他の史料として、ピンダロスの『ピュティア祝勝歌』には、アポロンによる強く美しき娘キュレネに対する求愛の文脈において、次のように記されている。(9)

……そしてあなた（引用者注：アポロン）は、海を越えて彼女（同：キュレネ）をゼウスの比類なき園へと運ぶおつもりなのです。そこであなたは彼女をある都市〔すなわちキュレネ〕の支配者たらしめ、そして草原に囲まれた丘の上で彼女の周囲に島民をお集めになることでしょう。

ヘロドトスやピンダロスの記述をそのまま歴史的事実として鵜呑みにできないのは当然であるが、火山を持つサントリーニ島が噴火の影響、あるいは噴火前にあったとされる大地震によって社会的混乱に陥り、それが原因で島民の一部がリビアへと移住した可能性は十分考えられる。大著『地中海』で知られる歴史家フェルナン・ブローデル（Fernand Braudel）は、自らの経験をもとに、サントリーニ島の噴火の影響の大きさについて他の例を挙げつつ比較し、次のように述べている。

……私は、一九四五年、ハンブルクの凄まじい空襲のあとで、町から上がった煙が雲になって流れてきたところを実際に目撃している。ハンブルクから百キロメートル先で、昼の日中に黒い雲がとつぜんわれわれを包んだのである。クラカトア島の火山の爆発によって、二百キロ離れた村はすっかり闇に沈んだという。残念ながら、自然は人間に勝る⑽。

ブローデルが語るように、人間は自然に対して圧倒的に無力な存在である。大地震にともなう津波を代表とする二次災害も考慮すべきであろう。津波災害の甚大さは、自然の持つ脅威とそれへの畏怖を被害者たちのみならず、映像のみでしか知らない我々の心にも深く刻みつける。古代においても同じようなことが起こった可能性がある。そしてその事実が時間の経過と共に伝説となったのだ。その伝説を、古代世界最高のストーリー・テラーであったヘロドトスが自らの物語のなかに積極的に採用したのかもしれない。ヘロドトスはテラ島に七年間雨がなく、島中の木々がすべて枯れてしまったと記している。また同じくヘロドトスの記述には、テラ人たちがリビアへの案内人を探す際にクレタ島に人材を求めたとあり、このことは地中海世界の北と南とをつないだのがミノア文明を育んだクレタ島の人々であった可能性を示唆している。バットスの母親がクレタ島出身であるとされている点も重要であろう[11]。さらに『ピュティア祝勝歌』にも登場するラピテス族の王女キュレネは、自らが地名の由来となったリビアのキュレネに来る途中にクレタ島に立ち寄ったと伝えられている[12]。ミノア文明を生み出したクレタ島は、いつの時代も常に地中海世界の中心にあり、人々と情報の流れを左右したのである。

クレタ島の生み出したミノア文明は、その美しいフレスコ画や装飾土器、あるいは壮麗な建築様式ゆえに、古代エジプト文明と同じくらいよく語られてきたが、これら偉大な二つの文明には間違いなく直接的な人為的接点があったのである。ミノア人たちは古代エジプト王に朝貢し、エジプトの壁画にみられるように、クレタ島の特産品を中心とした数々の貢物を贈った。壁画をみる限り、両者の間に敵意を介在させた対立はなく、交流は平和的なものであったようだ。おそらくそのような平和的交流の目にみえる結果のひとつが、次の章で扱うエジプトのアヴァリスで発見された牛跳びの図（図24a、七〇頁）である。また第3章で紹介する新王国時代第十八王朝後半のアマルナ美術との関係も指摘されている。ミノア美術の特徴とされる動植物をモチーフとして描く明るい表現方法は、そのままアマルナ美術にも当てはまるからである。

いずれにせよ、古代エジプトがまだ自らの長い歴史の折り返し地点にあったとき、ミノア文明は滅びのときを迎える。美しくも悲しい伝説を創造し、数々の美しいフレスコ画を描いた人々が、どのようにしてその文明に終止符を打ったのかはいまだ議論の分かれるところではあるが、いかなる外圧や自然災害が彼らを襲ったとしても、ミノア文明の担い手すべてが殲滅されたとは考えられない。彼らの一部はクレタ島を離れ、新天地を目指したはずである。彼らの新天地がどこであったのかはわからないが、エジプトやリビアは地理的にほど近く、少なくともその有力な候補地である。そして文化は拡散し伝播するのである。

第2章　異民族ヒクソスの時代

クレタ島でミノア文明が栄えていた時期、エジプトは繁栄期の中王国時代（前二〇五五—前一六五〇年頃）から、社会的混乱期とされる第二中間期（前一六五〇—前一五三九年頃）へと向かいつつあった。当時のエジプトでは、エジプト人からみれば異民族であったヒクソスと呼ばれる民族の社会内における台頭がみられた。彼らヒクソスは、戦闘用二輪馬車とそれを牽《ひ》くウマ、青銅製の武器（三日月形剣、短剣、鎧、兜）、そして複合弓とともに、中王国時代後半に東方世界のシリア・パレスティナからナイル河谷に移民・移住して来た人々の子孫と一般的には考えられている。そして後の時代のヒクソスの王たちがセム系の名前を持っていることから、セム系の民族であろうと考えられているのである（セム語族と呼ばれることもあるが、この用語は西アジアから北アフリカにかけて存在する諸部族の総称でもあるため曖昧な概念である）。またヒクソスという名称の由来は、ヨセフスによるマネトの『エジプト史』の引用部分で、ヒクソス（ヒク＝王、ソス＝牧人）とは、「牧人王」とか「捕虜となった牧人」に由来するという説が述べられている。しかしながら実際は、エジプト語の「異国の支配者」、あるいは「砂漠の支配者」という意味のヘカ・カスウトがその語源と考えられている。中王国時代には、ヘカ・カスウトという言葉がシリア・パレスティナ地域の支配者を表す用語として用いられていたことが知られている。

紀元前十七世紀前半になると、インド・ヨーロッパ語族であると考えられているヒッタイト人がアナトリアに移住し、ハットゥシャ（ボアズキョイ）を新たな都として帝国を築いた。この動きに続いて、メソポタミアにはカッシート王国が、そしてユーフラテス河上流には、ミタンニ王国が出現する。彼らの移動と移住は、本来それらの地域に住んでいた土着のセム系遊牧民族をも活性化させ、西方、あるいは南方への移動を促した。序章ですでに述べたが、民族単位の大規模な動きは「ゲルマン民族の大移動」よりも遥か昔に古代オリエント世界では生じていたのだ。ヒクソスの動きは、その大きな流れの先駆けであった。

1　文献に描かれたヒクソス

「残忍な侵略者」は実像か？

ひとつの民族集団が移動すると、その移動先に元来暮らしていた人々は、さらにその外へトコロテン式に押し出されることになる。その人々の波がこの時期の古代オリエント世界全体に大きな影響をもたらした。その大きな動きの煽《あお》りを受け、おそらく本来シリア・パレスティナ地域に暮らしていた人々が故郷を追い出され、陸続きであった隣のエジプトに侵入し始めることになったと考えられる。現在のエジプトの国土のほぼ東北端に相当するデルタ東部にはそれ以前から、中王国時代のアメンエムハト一世が建築した要塞、いわゆる「支配者の壁」が存在していたことから、規模は違えどもこれまでにもエジプトのデルタ地帯に異民族の侵入がたびたびあったと推測できる。本来ヒクソスもそのような移民の一団であったのであろう。

そのヒクソスについて、後のプトレマイオス朝時代にエジプトの歴史を書き記した神官マネトは、自ら著した『エジプト史』において、彼らのエジプト侵入について次のような記述を残している。

トゥティマイオス王の治世において、私には理由がわからないのであるが、神の一撃が我々を撃った。不意に東方から我々の国に正体不明の侵入者が勝利を確信して進軍して来たのだ。暴力でもって、彼らは易々とこの国を占領した。この国の支配者たちを制圧し、続いて無慈悲にも我々の町を焼き払い、神々の神殿を徹底的に破壊し、この国の人々すべてに敵意を持って残酷に扱った。虐殺された者たちも妻子を奴隷とされた者たちもいた。最後に彼らは、仲間のなかからサリティスという者を王に選び出した。彼はメンフィスに居を定め、エジプト全土から貢物を徴収し、戦略上最も有利な地点に守備隊を配置した。(Manetho, Fr.42)

ここではヒクソスの残忍性、残酷性が印象的に述べられている。それまで異民族によって支配されるという経験を持たなかったエジプト人たちは、ヒクソスによって苦悩や屈辱感、あるいは絶望感を味わったのかもしれない。さらにマネトは、ヒクソスについての次のようにも述べている。

彼らは、ナイル河のブバスティス支流東部の好位置にあるサイスに町を造り、古来の宗教伝統に則ってアヴァリスと呼んだ。(Manetho, Fr.42)

これらのマネトによる記述からは、あるときヒクソスが一気に怒濤の如く大集団でエジプトに入り込み、圧倒的な武力でもってエジプトを占領したというイメージをうける。そして異文化宗教をエジプトに持ち込み、強引にデルタ地域に新しい都を造ったということになっている。しかしながら、ヒクソスに対する現在の歴史家たちの評価は異なっている。ヒクソスはそれほど凶暴な集団ではなかったというのだ。

マネト『エジプト史』は基本史料であり、たしかにその記述は歴史的事実と一致すること多々である。が、しかし、信憑性が乏しいとされる記述も多い。何せ紀元前三世紀初頭に書かれたものであり、その上、マネトによって書かれた原典が現存せず、他の書物に引用された断片しか残っていないのである。書かれた当時、あるいは引用部がある書物が作られた当時の時代背景や社会状況による脚色が少なからず見うけられるのだ。

ヒクソスの時代でもある混乱の第二中間期は、マネトの時代から千五百年ほど前の出来事であるので、彼の記述を全面的に信用するというわけにはいかない。現在の歴史小説や歴史映画でも、エンターテインメント性を高める脚色がなされることがあるが、それと同じようなことが行われていた可能性がある。現在から千五百年前というと、日本では古墳時代に相当する。日本人である我々にも日本のそんな昔の時代のことをまるでみて来たかのように正確に描写する術《すべ》はない。たとえエジプトにはもうすでに文字があったとしても、それと状況は大差ないのである。

しかしその一方で、考古学やそれに付随する科学的な調査手法によって明らかとなった事実が、古代の記述と一致することもしばしばある。文献資料として後世に伝わったものと、考古学資料として最近発掘されるものとの見極めと、そのバランスによって過去の歴史の再構成が試みられている。我々は「世界史」という大海を泳ぐ一人のスイマーのような存在に過ぎない。息継ぎのたびに目に飛び込む僅かな景色を拾い集めて、自らが泳ぎ進む速度＝時間の流れを考慮しながら、歴史の全体像の復元を試みるしかないのである。

出土した石碑の語るヒクソス

マネトによって伝えられたヒクソスの武力による侵略や略奪行為は、エジプトの歴史上初めての経験であった異民族支配による屈辱感や怯え、恐れというものが生み出したフィクションであったのではないかと思われる。

あるいは、古代エジプトの王たちがしばしば行ったように、自分の王位継承の正統性を示すために後の時代に創り出されたものが、さらに後の時代に伝えられたのかもしれない。王

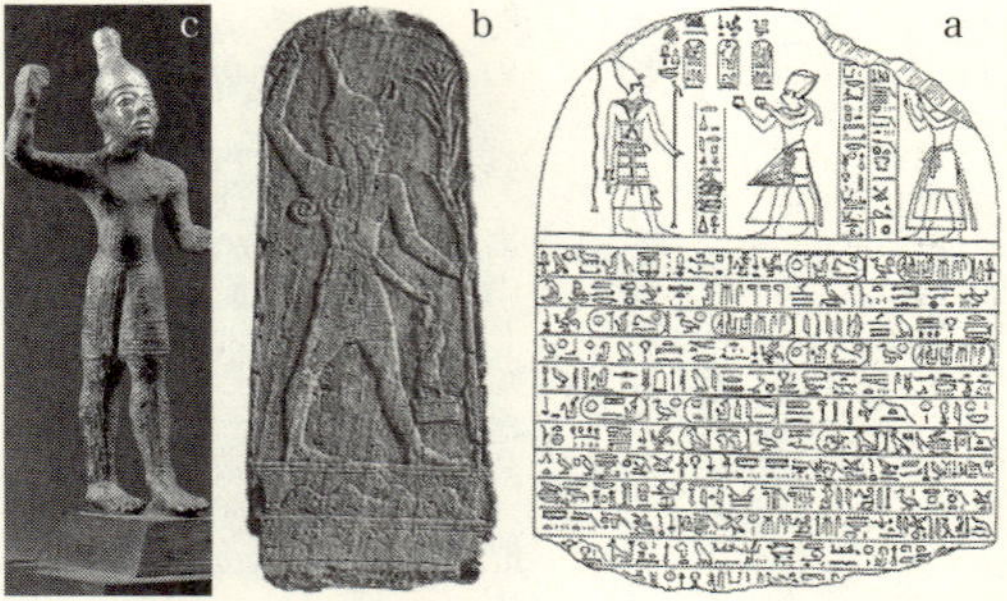
図17　タニス出土の「四百年祭碑」とバアル神像

である自分が異民族に支配された混沌のエジプトを解放し、エジプトに再び安定と平和と秩序をもたらしたのだということを強調するために、ヒクソスに悪いイメージを、そして自分には良いイメージを持たせようとしたのかもしれないのである。そしてその可能性はかなり高い。

　マネト以外の史資料からも当時のデルタ地帯に異民族が侵入していた事実が知られている。東部デルタの大都市タニスから出土したいわゆる「四百年祭碑」と呼ばれる石碑[1]（図17ａ）がそれである。新王国時代第十九王朝のラメセス二世によって建てられたこの石碑には、ヒクソスが崇めていた嵐の神バアルと同一視されていた古代エジプトのセト神に対する信仰のデルタ地帯定着を記念して、セト神崇拝開始四百年祭が行われたということが記録されている。

　この石碑の上の部分をみると、三人の人物が描かれていることがわかる。向かって左側が王の礼拝を受けているセト神である。ここで注目すべきなのはセト神の服装である。このセト神の服装は、西アジア人風であり、西アジアの神であるバアル神（図17ｂ・図17ｃ）と同じなのである。バアル神は、シリア・パレスティナを中心とした地中海世界で広く信仰されていた嵐の神であった。つまりこの石碑は、エジプトの嵐の神であったセト神と同一視されていたシリア・パレスティナの嵐の神バアル神を信仰する西アジアの人々が、移住後四百年経ちエジプトに定着した記念として建てたものと考えられるのである。そしてこの西アジア人とはヒクソスであり、彼らがエジプトに定着したという意味に受け取られてきたのだ。

ヒクソスがどのようにしてエジプトへやって来たのかは、その具体的なルートも動機も明らかではない。「四百年祭碑」の記述から考えると、マネトの伝える攻撃的なヒクソスのイメージとは異なり、エジプト人に特別悪い印象は与えていなかったようである。むしろ彼らは、一気にエジプトにやって来たのではなく、平和裏に徐々にエジプトに移住して来て、エジプト文化を受容していった人々であったと考えるほうが現実的であろう。

分割と衝突

中王国時代末期、あるいはそれ以前から、緩やかにエジプト社会に浸透していったヒクソスは、後に新王国時代の幕を開ける第十八王朝の王アハモセによって最後の拠点のシャルヘンが陥落させられるまで、ファラオを名乗り何代にもわたってエジプトを支配したと考えられている。シャルヘンにおける両軍の実際の攻防についてはほとんど知られていないが、本書の第6章において登場する第十九王朝のメルエンプタハ王の治世に書かれたとされる、アハモセの父であったテーベの第十七王朝のセケンエンラーと同時代のヒクソスの王アペピ

（アポピス）にまつわる話が断片的に残されている。「セケンエンラー王とアペピ王の争い」と呼ばれているものがそれである。

ヒクソス支配からの解放戦争のきっかけとなった事件が述べられているとされるこの史料からも、エジプトにおいてヒクソスの王がどのように位置づけられていたのかが読み取れる箇所がある。そこには、「アペピ王は、南の町の第一人者であるセケンエンラーに挑発的な手紙を送ろうと考えた」とある。王は書記たちや賢者に内容を考えさせた手紙を使者に預けた。その手紙を持って南の町、つまりテーベへと向かった使者はセケンエンラーの前に連れてこられ、次のようにアペピ王からの手紙を読み上げたのである。

アペピ王があなたに次のように言うようにと私を遣わしました。「町の東の沼からカバを追い払うようにさせよ。それらが昼も夜も私の眠りを妨げるのだ。鳴き声が町の人々の耳を煩わせるのだ[2]」。

それを聞いたセケンエンラーは困惑してしまう。それは、この謎かけのような手紙の意味がわからなかったからではなく、その手紙の文句がセケンエンラーを罠に陥れる意図を持っていることに気づいたからであった。手紙のなかで示されたカバは、ヒクソスであるアペピ王の支配を快く思っていなかったエジプト人の不満分子たちを暗に指しており、エジプト人であるセケンエンラー自身の手で彼らを始末しろという謎かけだったのである。つまりヒクソスであるアペピは、エジプト人同士を戦わせようという魂胆であった。

そのうえ、セケンエンラーにとってさらに大きな問題もそこには含まれていた。エジプトではカバは悪の象徴でもあり、そのカバを狩ることは同時にこの世の秩序＝マアトを保つ王の義務、つまりエジプト王だけに許される神聖な儀式であったからである。もしアペピ王の言葉に従いカバ狩りを行ったとすれば、それはすなわちアペピ王ではなく、自分が正統なエジプト王であると宣言するのと同じ意味を持ってしまうのだ。困ったセケンエンラーは家臣を集めて作戦会議を開くが名案は出ず、そこでこの物語の続きの部分は千切れていて結果は不明となっている。しかしその後のヒクソス追放劇を考慮するならば、おそらくセケンエンラーはアペピ王との全面戦争に突入したと推測できる。

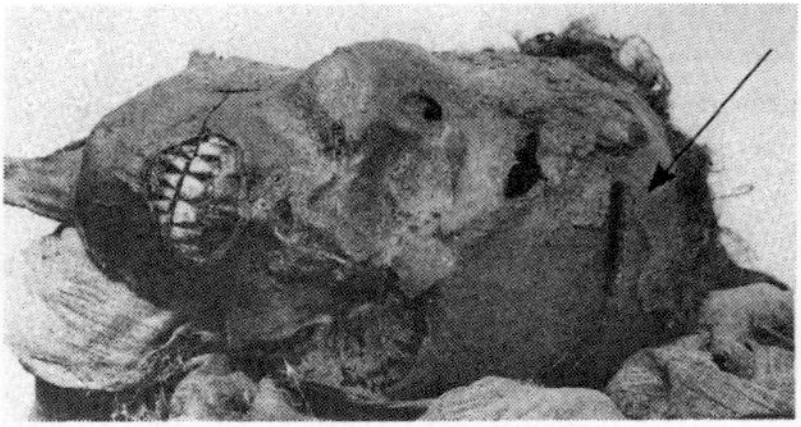

図18　セケンエンラー王のミイラ

この「セケンエンラー王とアペピ王の争い」の内容からは、アペピが上から目線でセケンエンラーに対しているような印象を受ける。またセケンエンラーは「南の町の君主」と繰り返し呼ばれているのに対して、アペピは常に「王」と呼ばれている点も注目される。しかも、租税も生産物もすべて貢物としてアペピへと送られたとある。つまり、エジプト語で書かれたエジプト人側の史料である「セケンエンラー王とアペピ王の争い」においてでさえ、当時の正統なエジプト王＝ファラオはヒクソスのアペピ王だという認識であったのである。そして、セケンエンラーは南の町＝テーベの王という位置づけであった。

セケンエンラーの死もまたヒクソスと関係がある。死因のひとつとなった額の傷痕が彼のミイラから確認されている（図18）。そこにみられた傷痕は、明らかにエジプト製の武器ではなく、デルタ地域のヒクソスの都アヴァリスとされるテル・エル＝ダバア（Tell el-Daba）で発見されたような中期青銅器時代の斧によるものと考えられる。

以上のことは、ヒクソスとテーベの君主が上下にエジプトを分割しながら支配していたこと、そして両者は幾度となく武力衝突を起こしていたことを明らかにしている。しかしながら、ヒクソスを描いた史料はギリシア・ローマ期のもの、あるいはエジプト側のものに偏り、真実をみえにくくしている。そこで、ヒクソスの実態を少しでも明らかにするため、考古学的成果を基に彼らの文化に注目してみたい。

2　エジプト王となったヒクソスの実像

最初の外国人ファラオ

ヒクソスは東方世界からエジプトへとやって来た異民族であるとこれまで考えられてきた。その根拠として、第十二王朝後期に年代づけられているアヴァリスの墓の盗掘跡から出土した巨大な石像の一部が挙げられている（図19ａ）。マッシュルーム形の頭部と黄色によ

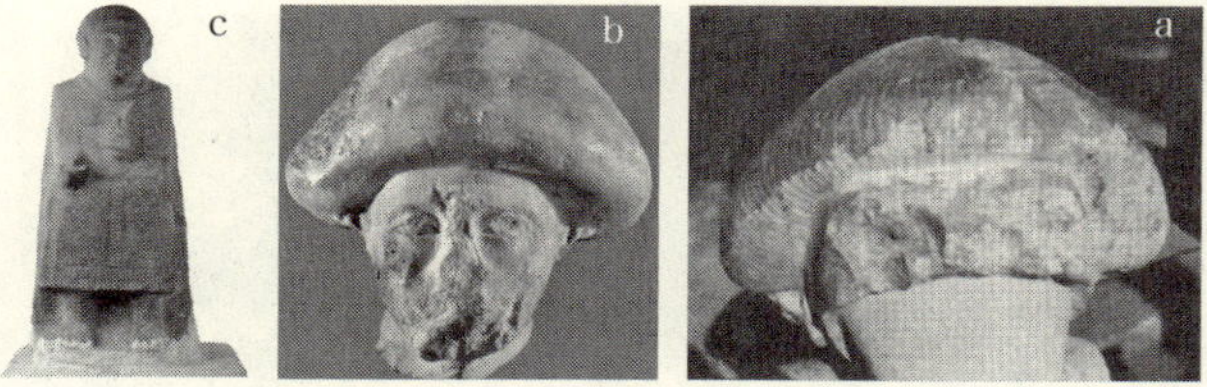

図19　マッシュルーム形の頭部を持つ石像

って表現された皮膚、そして図からはっきりとは確認できないが肩へと掛かる棒状のものが描かれていることから、この石像はエジプト人ではなくアジア人を表したものと想定されている。東デルタ地域出土とされている高官の石灰岩製彫像の頭部も知られている（図19b）。これとほぼ同じ特徴を持つ玄武岩製の石像が北シリアのエブラ遺跡（テル＝マルディフ）で発見されている[3]（図19c）。

　王宮の建築構造も北シリアで紀元前四千年紀以降、伝統的に採用されてきたものと一致している。たとえばシリアのマリ遺跡（テル＝ハリリ）と同様に、真ん中にある長方形の空間をたくさんの部屋が取り囲むように配置されていた。また、その王宮に隣接するように墓群が形成されており、そこからシリア・パレスティナ製の武器が数多く出土している。おそらく軍人として当時のエジプト王家に仕えていたこれらアヴァリス在住の人々を核としてコミュニティーが生まれ、徐々にエジプトの社会構造の中枢部へと入り込む人々も現れたのであろう。そしてそこからついにエジプト王となる人物が出現したのである。

　その過程を示す例が二つある。そのひとつが第十二王朝のセベ

図21　ベニ・ハサンにあるクヌムホテプ二世墓内の壁画

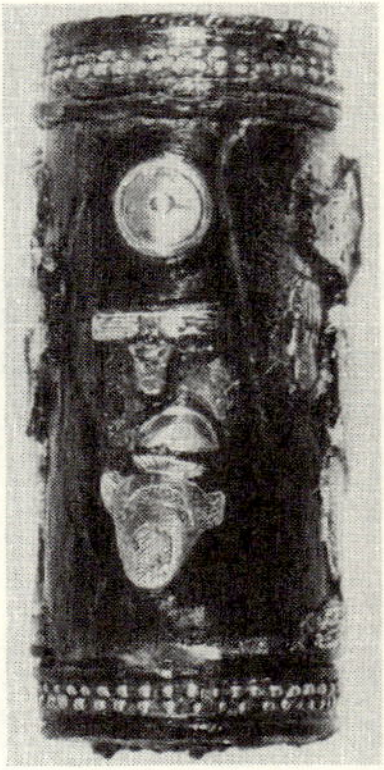

図20　ヘテプイブラーの名前が記された儀礼用棍棒の一部

クネフェル女王の執事長（大家令）であったヘテプイブラー・アアムサホルネジュヘルイトエフという名前の人物であり、ヒクソスであった可能性が指摘されている。その名前のなかにある「アアムサ」が古代エジプト語で「彼はアジア人の息子」という意味であることから、アジア人か少なくともアジア人の子孫であったことがわかる。彼は第十二王朝最後の王であるセベクネフェル女王の執事長にまで大出世を遂げた人物であり、その女王から王位を奪ったと想定されることもある。もしこの指摘が的を射ているとするならば、ヘテプイブラー・アアムサホルネジュヘルイトエフ＝セベクヘテプ一世と呼ばれている人物は、東方世界からやって来てエジプトの王位を得た外国人のファラオであったということになる。つまり、最初の外国人＝ヒクソス出身のエジプト王は、ヒクソス朝とも呼ばれる第十五王朝の王ではなく、第十三王朝の彼ということになるのである。さらに彼の名前、ヘテプイブラー・アアムサホルネジュヘルイトエフが記された儀礼用棍棒の一部④（図20）が先述した北シリアのエブラ遺跡の王墓から出土していることも両者間の密接な関係以上の歴史的事実を示唆していると言えそうである。そしてもうひとつの例が図21の壁画にみられる人物たちである。

中エジプトのベニ・ハサンにある、クヌムホテプ二世という名前の貴族の墓にみられる壁画がそれである。クヌムホテプ二世は、第二中間期前の中王国時代第十二王朝期の人物である。この壁画には古代エジプト人とは異なる民族が描かれている。彼らは巨大な角を持つガゼル（またはオリックス）を貢物として持参してきた人々のようである。さらにこの壁画では、先頭の人物に文字が付属しているのがわかる。それらヒエログリフの意味を読み解くと、彼の名前はイビシャで、砂漠の民ベドウィンの首長であった。この砂漠の民ベドウィンの首長という意味のヒエログリフは、後の時代にヒクソスを指す言葉として使われることになる。つまり、ここで描かれた人物たちは、ヒクソスの祖先である可能性がかなり高い。

服装などを考慮すると、彼らは明らかに西アジアからやって来た人々であった。そして、この壁画の描かれ方はネガティブな印象を与えない。やはり、後にヒクソスと呼ばれるようになる東方世界からやって来た人々は、いきなりエジプトに暴力的に侵入して来たのではなく、このイビシャのように、徐々にエジプトへとやって来て、ナイル河畔に定住していったのであろう。この壁画はそのことを物語っている。

自然環境の変動がもたらすもの

ここで少しこの壁画を違う観点から、当時の時代背景を考慮して捉えなおしてみたい。周辺諸地域からやって来た他民族が手土産として持参したのが、金でも宝石でもなくガゼルであったことに、いかなる意味があるのだろうか。

ガゼルは確かに貴重なタンパク源であるだけでなく、その肉は美味しく、薬草を食すために薬効があると考えられていた。そうした意味では、それなりに価値があったと言えるだろう。だが、ガゼルを捕らえて食べるという話は今でもサハラ砂漠を訪れるとよく耳にすることから、手近なところで捕まえることができる動物であったはずだ。そのようなものに、貢物にするほどの価値があったと言えるだろうか。

ここで考慮するべきは当時の気候である。この壁画が描かれたと思われる中王国時代末期から、ナイル河谷は乾燥化が激しくなり始めていたと考えられている。その結果、ガゼルのようなステップ地帯に生息する動物たちが激減していた可能性が想定できる。あるいは、乾燥化によってナイル河の水位が減少する期間が仮に長期化していたとすれば、飢餓に近い状況が生じていた可能性も考えうる。

もしこの時期、すなわち中王国時代末からその直後の異民族の王を戴く第二中間期と呼ばれる時代に、気候変動がそうした影響を及ぼしていたとするならば、エジプトに異民族が社会的にも政治的にも無理なく侵入しうる隙は十分にあったと言えるであろう。

そのひとつの傍証として、先ほど紹介したシリアの嵐の神バアル（図17b・同c、五八頁）の存在があげられる。バアル神は東地中海世界において、ちょうど第二中間期にあたる時期からあらゆる神々の最高位に立つ神として絶大な影響力を持ち始めるからである。その背景として当時の気候の乾燥化が指摘されている[5]。乾燥化は雨を呼び込む嵐の神の重要性を増大させ、天候を左右する力を持つとされるバアル神がますます重要視されることになったと考えうるのだ。その嵐の神を崇めるヒクソスは、異民族でありながらもエジプト社会に問題なく受け入れられ、浸透していったのかもしれない。

図22　リンド数学パピルス

王名にみえるヒクソスのアイデンティティ

ヒクソスはエジプト人とその文化をよく知り、時間の流れとともにほぼエジプト人化していったため、ヒクソスの王たちは無理なく古代エジプトの基本的伝統を継承した。たとえば伝統的な王の称号をカルトゥーシュ（古代エジプト王の「即位名」と「誕生名」を囲む楕円形の枠。フランス語で銃の薬莢を意味する）とともに用いたり、従来の行政形態を維持するためにエジプト人を官僚に起用したりしたのである。また、ウエストカー・パピルスやリンド数学パ

図23　キアンのカルトゥーシュを持つスフィンクス像

ピルス[6]（図22）などのパピルス文書が、彼らの時代に模写されていたことも重要である。つまりヒクソスは、エジプト文化を排除することなく積極的に受け入れていたのである。尊重していたとすら言えるほどである。エジプト国内の遺跡からシリア・パレスティナ製品が大量に出土しているにもかかわらず、王に関する遺物に東方的要素はほとんどみられない。このことは、ファラオとなったヒクソスの王が意識的に伝統的なエジプトの王として振る舞おうとした結果であろう。

しかしながら、ヒクソスはバアル神と同一視したエジプトのセト神を主神とし、シリア・パレスティナの女神アナトとアシュタルテを崇拝していたことも確かである。先祖伝来の精神的な拠り所である宗教については、完全にエジプト人化することは難しかった。それは過去の古代エジプト王と同様にカルトゥーシュを用いたにもかかわらず、第十五王朝の王たちが王名にキアンやアペピといったセム系の名前を使用していたことにも反映されている。民族的アイデンティティの重要性をヒクソスは十分に認知して、強く意識していた。

また、それらヒクソス王のキアンやアペピの名前を持つ遺物がエジプト外部で発見されている点にも注意が必要である。たとえばイラクのバグダードでは、キアンのカルトゥーシュを持つスフィンクス像（図23）、トルコのボアズキョイでは、同じくキアンのカルトゥーシュを持つ黒曜石製の壺の断片、クレタのクノッソスでは、同王のカルトゥーシュを持つアラバスター製の水差しの蓋などが出土している。

異民族ヒクソス出身の王であったにもかかわらず、キアンは間違いなく強力なエジプト王として周辺世界に知られていたのである。さらにゲゼルやイェリコにおいても第十五王朝の王家の印章が出土しており、(7) ヒクソスがシリア・パレスティナを支配していたことが知られている。

3　ミノア風の「牛跳びの図」

アヴァリスとクレタ

ここからは、ヒクソスと第1章でも触れたクレタ島について、エジプトを媒介としながら考えてみたい。クレタ島は古代ギリシア世界の最南端に位置していたことから、最もエジプトに近いギリシアであった。先述したクノッソスで発見されたアラバスター製の水差しの蓋に「完全なる神、セウセルエンラー、ラーの息子、キアン(8)」と記されていたことが、それを物語っている。キアンはヒクソス出身の第十五王朝のエジプト王の名前であったことはすでに述べたが、ナイル河のデルタ地帯にあったヒクソスの都アヴァリスからは、「牛跳びの

図24　アヴァリス（a）とクノッソス（b）で発見された「牛跳びの図」のフレスコ画

図」などの典型的なミノア文明のモチーフと技法を使用したフレスコ画が出土している[9]（図24ａ）。驚くべきことにこのフレスコ画は、一九〇〇年にエヴァンズによってクノッソスで発見された大量の美しいフレスコ画の代表的モチーフである牛跳びの図と構図的に同じものであったのである[10]（図24ｂ）。

　エジプトの伝統的絵画手法から明らかに逸脱した躍動感を感じさせるこれらのフレスコ画は、この時期クレタ島（あるいはミノア人たち）とエジプトとが密接なつながりを持っていたことを強く示唆している。そして、そこにヒクソスの都であったアヴァリスが絡むのである。

　現在のテル・エル＝ダバアに相当するアヴァリスは、第一中間期から新王国時代初期の遺跡を含む、デルタの北東に位置する遺跡である。一九六六年以来、マンフレッド・ビータク（Manfred Bietak）主導のオーストリアの調査隊によって、継続的に大規模な発掘がなされている。アヴァリスはすでに第九王朝から第十王朝にかけて王家の所領として築かれていた。第十二王朝の間、国家による開発が進んだが、第十五王朝においてヒクソスの首都としてさらに台頭したのである。

この町とその周辺地域は、中王国時代後期の間にはすでに、シリア・パレスティナからの人々の移住が行われていたと考えられている。このことは、シリア・パレスティナに特徴的な居住地内におけるロバの埋葬習慣の存在から明らかである（図25）。つまり、我々はこの特徴的な習慣の存在から、彼ら東方世界を起源とした移民たちが、エジプト国内に居留地を作り、定住に成功したことを知るのである。

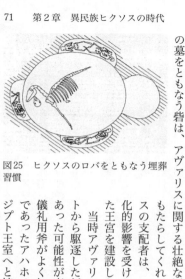

第二中間期末期、テーベ軍はデルタの外へ、つまりエジプト外部へとヒクソスを追い出すことに先立ち、彼らの都のアヴァリスを包囲した。その際の戦いにおいて命を落とした人々の墓をともなう砦は、アヴァリスに関する壮絶な歴史的事実を物語る考古学的証拠を我々にもたらしてくれている。新王国時代初期におけるアヴァリスの支配者は、この地にミノア文明下のクレタ島からの文化的影響を受けた牛跳びの図のフレスコ画で装飾が施された王宮を建設したのである[11]。

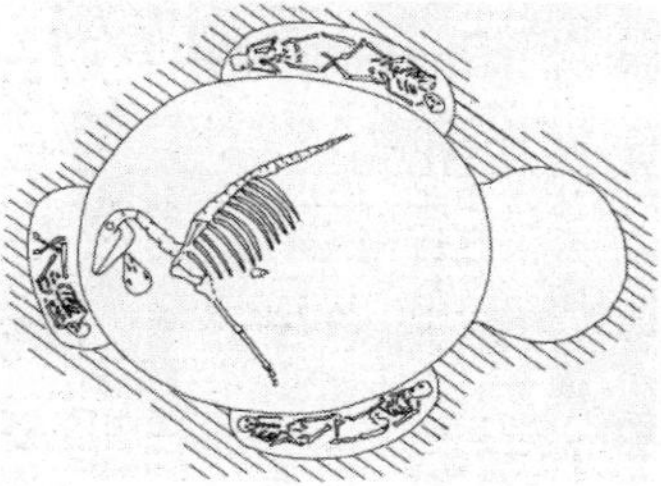

図25　ヒクソスのロバをともなう埋葬習慣

当時アヴァリスを支配していたのは、ヒクソスをエジプトから駆逐した新王国時代第十八王朝初代の王アハモセであった可能性が高い。彼の所持品としてミノア風の短剣や儀礼用斧がよく知られているし、おそらく彼の王妃の一人であったアハホテプ二世は、ミノア文明影響下の島からエジプト王室へと嫁いで来た女性であった[12]。アハモセは、メンフィス、テーベ、ヘリオポリスなどエジプト各地の有力な伝統的宗教都市の再建に尽力した人物として知られている[13]。アヴァリスもまた南のブヘン同様、東からの侵入者を想定した拠点に位置づけられていたに違いない。しかしアヴァリスは、新王国時代後半のラメセス朝期の王たちが近郊に新たな首都ペル・ラメセスを建築した第十九王朝期までに大部分が放棄されたと考えられている。

国際化されたナイルデルタ

もともとヒクソスの都として最盛期を迎えたアヴァリスにおいて、なぜクレタ島のミノア風の牛跳びの図が描かれたのであろうか。そのことを知るには当時の国際情勢や社会状況を考慮に入れる必要がある。実はミノア風のフレスコ画が出土しているのは、エジプトのアヴァリスだけではない。ほぼ同時期に、現在のシリアのウガリト、マリ[14]、アララハ、カトナ、そしてイスラエルのガリラヤ湖近くのカブリにおいても、ミノア風のモチーフを使用したフレスコ画が発見されている[15]（図26）。

ウガリト（ラス・シャムラ）は現在のシリアの東地中海沿岸に位置し、エジプトをはじめとしてキプロスやエーゲ海の島々との交易やバビロン、マリ、エマルなどの内陸部の都市国家とも密接な関係にあった。マリはユーフラテス河中流域に位置し、東西交易の中継地として繁栄した。現在でも残っている日乾レンガ製の王宮跡で知られている。アララハ（テル・アチャナ）はシリア北部に位置し、地中海沿岸部とメソポタミアとを結ぶ交易の要衝として

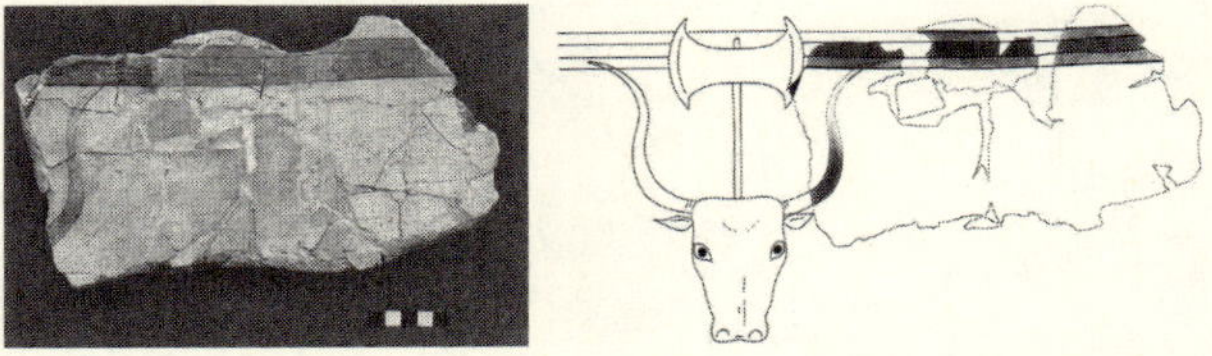

図26　アララハ出土のミノア風フレスコ画とその復元図

知られていた。カトナ（テル・ミシュリフェ）はシリア中央部に位置し、交易の拠点として勢力を誇った。アマルナ文書においてもその名前は知られている。また副葬品をともなう王墓も発見されている。そしてカブリはガリラヤ湖近くに位置するため、東西南北を結ぶ交易路の起点として機能した重要な存在であった。

いずれの都市国家・王国も人・物・情報が入り組む場を形成していたのである。またこれらの場所で発見されたフレスコ画のほとんどが、アヴァリスと同じく王宮内で発見されている点も注目すべきであろう。そしてエジプトのアヴァリスは、それらミノアの文化的影響の最西端に当たるのである（地図②）。

この時期にはエジプトのデルタ地域は、これまでにないほどの規模で国際化されつつあり、さまざまな外国人たちが周辺諸地域からやって来ていた。ヒッタイト、ミタンニ、古バビロニア、カッシート、アッシリアなどの東方世界の強国が次々と覇権を争ったこの時期は、古代オリエント世界の西方で独立していたエジプトへ彼ら外国人たちがやって来た時代でもあった。異民族ヒクソスですら歴史から完全に抹殺されたのではなかった。アハモセの後継者アメンホテプ一世がヒクソスのシリア・パレスティナにおける宗主権を正統

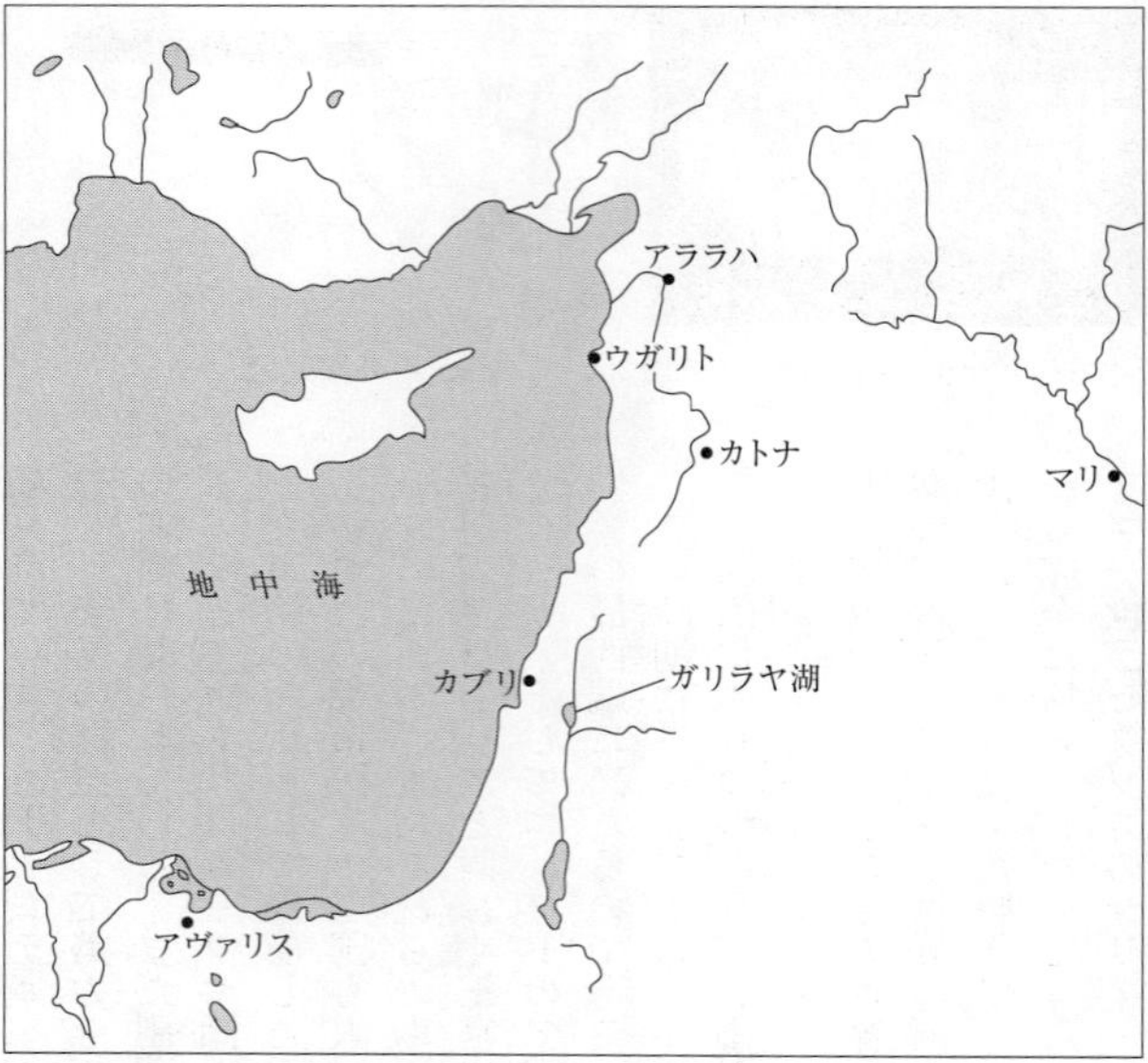

地図②　ミノア風のフレスコ画が発見されている場所

な形で継承していることを示すため、ヒクソスの王アペピの娘ヘルティ（ハラス）を王妃としたとする説[16]がある。あるいは、アヴァリス出土の石碑で知られるタニィ王女がテーベの第十七王朝出身であり、アペピ王と結婚していたとする説もある。[17] 国際的な政略結婚は新王国時代のひとつの特徴とも言えるが、その始まりがここにすでにみられるのである。

群雄割拠するメソポタミアとレヴァント、あるいはシリア・パレスティナという東方世界と台頭しつつあったギリシア世界との接点となったのがエジプトなのであった。そしてそのなかでも当時地中海世界において、最も情報の集まる場のひとつがエジプトのデルタ地域であった。クレタ島から訪れた人々のもたらした明るく開放的なミノア文明の文化的影響は、来るべきエジプトの国際化の時代である新王国時代の幕開けにとって象徴的な出来事であった。ヒクソスによるデルタ定着と開発、そしてその後の支配は、エジプト人たちにデルタ地域の重要性を再確認させたのである。そしてそれは、本格的に地中海世界へと開かれた国際的エジプト王国の始まりであった。それゆえに第十八王朝初期の王たちは、引き続きそこを重要視し、王宮を置いたのである。

新しくエジプトの支配者となったアハモセはヒクソスの都としてのアヴァリスを破壊し、その地に新たなる王宮を建設した。デルタの拠点として重要度を増した新たなアヴァリスは、ラメセス朝期の都ペル・ラメセス建設の下地となった。そしてナイルのデルタ地帯は、その後のリビア朝期におけるリビア人王たちによる支配、あるいは手薄になった上エジプトが原因であるヌビアからのピイ王の到来とその後のヌビア人王たちによる支配、ギリシア人商人の活動をデルタの都市ナウクラティスに許可したアハモセ二世（アマシス）の政策、そしてアレクサンドロス大王による新都アレクサンドリアの建設とそこからのプトレマイオス朝の支配と繁栄の舞台となったのである。

第3章　アクエンアテン王の宗教改革と多神教世界

アクエンアテンは、その風貌の異様さと世界最古の一神教の提唱という事績から、古代エジプト歴代のファラオたちのなかで最もよく知られている人物の一人である。彼と彼の治世について大学教育の前段階ではおおよそ次のように紹介されている。

紀元前十四世紀の古代エジプト王アメンホテプ四世は、古代エジプトの伝統的な多神教崇拝を禁止した。そして唯一神としてアテン神を掲げ、人々に信仰を強要し、王権の強化をはかった。自らの名前もアメンホテプからアクエンアテンへと改名し、テーベからテル・エル＝アマルナ（略称はアマルナ）に遷都した。この宗教改革は、アクエンアテンの死によって幕を下ろしたが、一時的にエジプトの古い伝統を破り、アマルナ美術と称される古代エジプトにおいては珍しい自由で写実的な美術様式を生み出したのである。この時代は都のテル・エル＝アマルナにちなんで、アマルナ時代と呼ばれている。

以上は、アクエンアテンに関する説明として十分なものではあるが、ここに述べられている情報から、アクエンアテンという存在の歴史的意味を理解することは困難である。そこで本章では、古代エジプト特有の神々の世界と一神教の祖とされるモーセとに焦点を当てながら、アクエンアテンという不世出のファラオの実像に迫ってみたい。

1 古代エジプトの神々の世界と創世神話

多神教世界エジプトと一神教の起源

我が国のエジプト学の先駆者の一人であった加藤一朗は、古代エジプトの多神教世界を「神々のジャングル」と形容した。(1) これは出雲大社に集う八百万《やおよろず》の神々の伝統を持つ我々日本人には、比較的理解しやすい感覚であろう。しかしながら、実際の研究フィールドがアッラーを戴く絶対的なイスラームの一神教世界であるエジプトであったこと、そしてナポレオンのエジプト遠征やシャンポリオンのヒエログリフ解読の例でもわかるように、学問としてのエジプト学がキリスト教やユダヤ教を歴史基盤とした西欧世界で始まったことは、知らず知らずのうちにノーマルな「一神教」に対するアブノーマルな「多神教」という単純な構図を前提としたのである。一神教信者にとって、崇めるべき唯一神への信仰は絶対的であり、すべての個人のアイデンティティの根源でもある。そしてそのことが自然と一神教の起源への探究心を生み出したのだ。

最初に人々の注目を浴びたのは、旧約聖書の「出エジプト記」で知られたモーセであった。トトモセ（トトメス）やアハモセ（イアフメス）という古代エジプトの人名に類似していることから、おそらく古代エジプトに由来する名前であろうこの人物は、後の世にユダヤ教の祖として知られるようになる。シナイ山において十戒を授けられたモーセに率いられた民は、ヤハウェを唯一神として崇め、波瀾の放浪の末、約束の地カナンに定着するのである。多神教世界であったエジプトから脱したモーセから始まる一神教の歴史は、キリスト教とイスラームとを巻き込み、ときには悲劇を伴いながら、人類の歴史と複雑に絡み合うが、その一神教の起源をモーセではなく、古代エジプト王アクエンアテンに求める説が存在している。

太陽神ラーとテーベの主神アムン

ヘリオポリス（古王国時代以前から）、ヘルモポリス（中王国時代から）、そしてメンフィス（新王国時代から）で発展した創世神話の例からもわかるように、古代エジプト文明は、その誕生の瞬間から常に複数の神々と共に歩みを進めてきたとされる。それぞれの創世神話が固有の起源を持っており、その上、多神教特有の神々間の複雑な相互関係のため、混沌としている観が否めない。たとえば最古の創世神話であるヘリオポリスのものでは、九つの神々（ヘリオポリスの九柱神）が登場する。最初に混沌の海ヌンから現れ、原初の丘に立った創造の神アトゥムは、自身の体液（精液）から息子であるシュウと娘であるテフヌトを作り上げる。(2) さらに彼らから生まれた兄妹である大地を表すゲブと天空を表すヌトがオシリス、イシス、セト、ネフティスを生み出した。ここに九柱神が出揃い、世界は始まるのである。

創世神話は、世界中であらゆる時代に個々に発生し、民族・部族の数だけそのヴァリエーションが知られているが、古代エジプトの創世神話ほど古く、そして登場人物（神々）の個性・属性が明確なものは少ない。ストーリー性が極めて高いのである。このことは、古代エジプトでは神話自体の持つ目的が不特定多数の人々を対象にしていたことを意味する。古代エジプトの創世神話は、壁に囲まれた外界から隔絶された空間内のみならず、その外部世界に暮らすあらゆる階層の人々に対して積極的に開かれていたのである。創世神話という一種の聖なる物語は、その都市に信者＝人口を集める宣伝手段であったのである。特に古代世界においては、時代が遡れば遡るほどマンパワーの威力は増す。人口の増加は都市の潜在能力の向上を意味し、周辺地域におけるその都市の権威を高めていったのである。

おそらくヘリオポリス以外の都市にも、早い段階から創世神話は存在していた。それらの創世神話を持つ町や都市は、かなり早い時点で、ヘリオポリスに併合されたのであろう。それと同時に、それぞれの創世神話も併合されていったと考えられる。創世神話中の複雑な神々の関係は、そのような歴史的背景を反映しているのかもしれない。第四王朝にジェドエフラー王によって、サ・ラー名（ラーの息子名）と呼ばれる新たな王の称号が採用され、第五王朝にはヘリオポリスのラー神殿を模範とした巨大なオベリスクを持つ太陽神殿（図27）が建設されるなど、古王国時代に太陽神ラーに対する信仰は頂点に達した。そして、その後もエジプトの主要な神として強大な権威を維持し続けたのである。

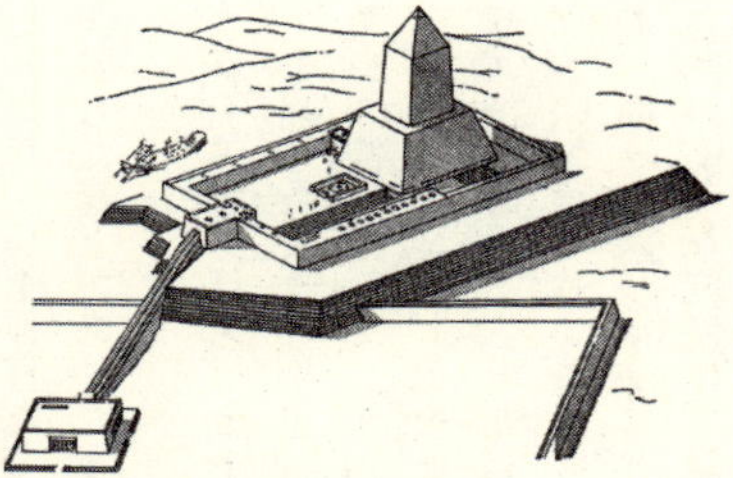

図27　太陽神殿復元図

古代エジプトではしばしば神々同士の習合がなされるが、太陽神ラーの場合はそれが顕著であった。あらゆる神が習合を通じて、太陽崇拝に組み込まれていったのである。たとえばラーはソベク神と習合してソベク＝ラーとなり、モンチュ神と習合してモンチュ＝ラーとなった。ホルス神と習合した場合は、ラー＝ホルアクティ神と呼ばれた。あるいは同じ太陽神としての属性を強く持つアトゥム神とさえ習合し、アトゥム＝ラーとなったのである。特にアムン神と習合した結果であるアムン＝ラー神となったヘリオポリスの太陽神ラーは、エジプトにおいてさらにその重要度と影響力を増していった。

少なくとも古王国時代には作成されていたピラミッド・テキストにまで遡ることができるテーベの主神アムンは、中王国時代のメンチュホテプ二世の頃に勢力を拡大し、アメンエムハト一世の治世には、テーベを拠点としてエジプトの最高神となった。そして新王国時代には、太陽神ラーと習合して国家神アムン＝ラーとなるのである。古代エジプトの帝国主義の時代とも称されるレヴァントやシリア・パレスティナ地域を支配した強力な新王国時代のエジプトを加護したのが、この太陽神アムン＝ラーであった。エジプト王は戦いの勝利をこの神に祈り、勝利後もアムン＝ラーに感謝の印として多大な寄進を行ったのである。その結果、アムン＝ラーに仕えたアムン＝ラー神官たちの権力は拡大、増長し、しばしば王権の存立を揺るがす事態にまで発展したほどであった。

ラー、オシリス、セト、ホルス、ファラオのコスモロジー

上述したような創世神話と主たる神々の基礎的枠組みの延長線上に、オシリス神とその妻イシス神、そして息子のホルス神の活躍を描いたオシリス神話がある。本書の序章で内容を簡単に紹介した、弟セトによる兄オシリスの殺害とホルスによる権力闘争の勝利というオシリス神話のストーリーは、世界の創造と王権の観念とを強く結びつけた。そして、古代エジプト宗教は間違いなく多神教であったが、そこにはオシリス神話に登場する神々を筆頭とする、神々のパンテオン＝序列が明確に存在していた。ベス神（図28）やタウェレト神（図29）のような庶民にも身近な下級の神々とパンテオンの最頂点に君臨するアムン＝ラーのような存在が同列に表されることはない。古代エジプトの歴史のかなり早い段階からそこには明らかな線引きがなされていた。太陽神ラーが天上の神々の世界、ホルスの化身であるファラオが地上の人間たちの世界、そしてオシリスが冥界にある死者の世界を支配するのだとはっきりと区別されていた。そこに、ある段階で砂漠の支配者としてのセト神が登場するのである。

一般的に宗教、あるいはそれに類似するものとは、不可視の存在に畏怖の感覚を伴って向けられるものであり、そのことがイスラームにおける偶像崇拝禁止という考え方の根本にも

ある。しかしながら、古代エジプトでは様相が異なっていた。古代エジプト人たちは一般的に、神々の存在する不可視の空間が自分たちの前に広がっていることを認識していた。空には太陽神ラーがおり、地下には冥界の神オシリスがおり、砂漠には混沌の神セトがおり、そして地上にはホルス神の化身であり現人神《あらひとがみ》であるファラオが秩序＝マアトにより世界を治めていたのである。おそらく古代エジプトでは、こちらの世界＝「現世」とあちらの世界＝「来世」とに関して、現代人のような感覚での区別はなかったのであろう。

古代エジプト人たちのまわりに存在した世界は、その長大なナイル世界の歴史を通してほとんどの時期が多神教的空間であり、そのなかで唯一神を崇める一神教は、まったく稀有な存在であったのである。それゆえにアクエンアテンとモーセの存在は、早くから人々の注目を集めてきた。たとえば後の時代に二元論としてのイデア論を掲げるプラトンの『パルメニデス』に説かれた「一なるもの」に影響を受け、それを理解しようと努めた哲学者プロティノスは、エ

図28　ベス神の彫像

図29　タウェレト神の彫像

ジプト出身でアレクサンドリアにおいて十年以上学んだ人物であった。また、ピュタゴラスもエジプトで過ごした経験を持つ。彼は有名なピュタゴラスの定理をエジプト人から学んだだけではなく、魂と肉体の存在を説く二元論もその偉大なる伝統的多神教世界の宗教から影響を受けたと考えられる。古代エジプトは神々の溢れる国であったが、それゆえに唯一神に対して深く思考をめぐらす場でもあったのであろう。古代ギリシアの哲学者たちもその例外ではなかったのではないか。

2　アクエンアテンは一神教の祖か?

世界宗教となる可能性

今も世界に影響を与え続けている一神教の起源について考える際に、避けて通ることができない人物が二人いる。そのうちの一人がアメンホテプ四世＝アクエンアテンである。異端の王との異名を持つこの比類なき古代エジプトのファラオは、しばしば一神教の祖として語られてきた。このことは、彼が伝統的多神教世界であった古代エジプトにおいて、アテン神を唯一神として崇めたと考えられていることに端を発している。

ジェベル・エル＝シルシラの石切り場に彫り込まれた巨大な石碑にみられるように(3)即位当初はアムン＝ラー神を讃美していたこの王が、アテン神へとその信仰対象を大きく転換する。図像的には、アテン神はもともと太陽の円盤を被っているハヤブサの頭部を持つ男性として描かれていたが、古代エジプト新王国時代第十八王朝期に蛇神ウラエウスを伴う太陽円盤、あるいはその太陽円盤から下へ向かって放たれる先端が女性的で繊細な手のひらになった光線を意味する存在へと変化したと考えられている。B・マンリー（Bill Manley）の言葉を借りるならば、「太陽神ラー＝ホルアクティという古代の図像は、アメンヘテプ三世の死後に、ハヤブサの羽のついた円盤から人間の腕のついた円盤というデザインに変えられた」[4]のである。その手に古代エジプトの生命の象徴であるアンクを握って表されることもあった。図30ではアクエンアテンとその妻ネフェルトイティ（ネフェルティティ）、そして娘メリトアテンらが守護なる光の下にいて、アテン神である太陽円盤へ捧げ物をしている。

図30　アテン神へ捧げ物をするアクエンアテンとその家族

この太陽円盤崇拝を描いた数々のレリーフで知られるアテン崇拝は、アクエンアテンの治世に先立つ幾つかの図像（図31）の存在から、彼の先王であったアメンホテプ三世治世に始まったと考えられている。

その後、「アテン神に有益なる者」（アクエンアテン）であると自ら名乗り、名前を変えた息子のアメンホテプ四世によって、独占的な地位を与えられ

図31　アメンホテプ三世とアテン神

た。たとえば、彼がアテンに王の称号を与え、「王と神による共同統治」を行ったことが知られている。アクエンアテンは、カルナク、メンフィス、セセビにアテン神のための神殿を建立したが、その信仰は、新しい首都であるアマルナと最も密接に結びついていた。アマルナのアイの墓に彫り込まれた「アテン讃歌」は、新たに創造された公の神学を表現したものである。そこでは古代エジプトの伝統であった「多神教崇拝」が否定されただけではなく、死後の世界の存在を信じる「来世信仰」も拒絶された。アテン神は、この世と同様にあの世も支配し、昼夜を問わずアテン神が天に輝くときにのみ人々は生を享受できるとしたのである。

古代エジプトの宗教文学において特別な位置を占める「アテン讃歌」であるが、「アテン大讃歌」として知られる長い讃歌と「アテン小讃歌」として知られる短いものの二つの版がある。そのいずれも、あらゆる生命の源、世界の維持者として、エジプトのみならず他の国にも等しく恵みを与える太陽神アテンを讃美する、アクエンアテンの特殊な神学理論を提示している。こうしたアテン信仰は、世界宗教となる可能性を秘めていたのだと言われることもある。

アクエンアテンは自らを神の真実を知る唯一の存在であるとし、これまで神々の意思を解釈する立場にあった神官たちを意図的に排除した。それはアクエンアテンが神王としての伝統的な古代エジプト王たらんとすることを目指した行為であった。

大転換をもたらした最強のファラオ

アテン信仰は、アクエンアテンと王妃ネフェルトイティ（ネフェルティティ）を中心とした王族や近しい官僚たちのための独占的な宗教であり、一般大衆の支持はほとんどなかった。アクエンアテンの死後王位に就いたスメンクカラー（アクエンアテンの弟あるいは息子であったと考えられているが、王妃ネフェルトイティがスメンクカラーという別名を名乗り、王として即位した可能性もある）から王位を引き継いだトゥトアンクアテン（アテン神の生きる似姿）がトゥトアンクアムン（アムン神の生きる似姿）へと改名したことからも明らかなように、アクエンアテンの死後すぐにアテン信仰は衰退した。

だが、そうしたことをもって彼を「異端の王」と呼ぶことは適当ではない。むしろ女神を両脇に従えたトライアド像（三体像）を大量に製作した古王国時代第四王朝のメンカウラー王や、ピラミッドではなく巨大なマスタバ墓（主に王族や貴族のために造られた台形の墓、マスタバ・ファラウン）の建設を命じたシェプセスカフ王のほうが、よほど異端と呼ぶにふさわしいように思われる。あるいはハトシェプスト女王をそこに含めてもよいかもしれない。少なくともアクエンアテンは、信仰対象として珍奇な属性を持つ神を選んだわけではなく、誰からも受け入れられる要素と伝統を持つ太陽神を選択しているのである。この点は大林太良《たりょう》の次の言葉によって的確に言い表されている。

……太陽と王権の結びつきが顕著に出てくるのは、辺境からやってきて、乗り込んできた支配者が太陽を王権のシンボルとする場合がしばしばあることです。ことに統一する国家の中に、たくさんのいろいろな民族が住み、違う伝統をもった文化が存在している。そういう場合には、太陽は統一する側にとってたいへん便利な象徴として用いられます。(5)

つまり、国を治める際にアクエンアテンが用いた選択は決して異端的ではなく、むしろ正攻法であったのである。もし異端であると呼べる側面があるとすれば、それは「アテン讃歌」の内容にみられる神学理論であろう。

一部の研究者は彼が、古代エジプトの伝統的な多神教を破棄して狂信的にあるいは純粋にアテン神への一神教に帰依したと考えている。だが、これまでにも我が国のアクエンアテン研究の先駆者である屋形禎亮《ていすけ》を中心にしばしば指摘されてきたように、富と影響力を持ち過ぎたアムン神官たちを王権のまわりから排除しようとしたと考えるべきであろう。(6) 彼が治世第六年（あるいは第五年）の改名後の数年間、シュウやホルアクティの名前を公式名に含めていた点や、それらの神名が削除された後もラー神を認めていたという事実は見過ごすことはできない。(7) あるいは、後の時代の第二十王朝後期におけるテーベの宗教権力とデルタの王権との対立という構図との類似性も指摘できよう。

古代エジプト史の正統から逸脱した一神教者、あるいは一神教の祖としての古代エジプト王アクエンアテンというイメージは、後の時代の一神教者たちが描いた幻想に過ぎない。少なくともエジプトにおいて、唯一の神を崇拝するという考え方は、異民族ヒクソスの時代である第二中間期においてすでにみられる。以下は「セケンエンラー王とアペピ王の争い」からの引用である。

> アペピ王は、彼の主としてセト神を選び、次に国内においてセト神以外の神を崇拝することを禁じた。(8)

ヒクソスは外国人であったが、エジプトの伝統に則り、エジプト王として国を治めた。それゆえに、上記の「セト神に対する一神教」を無視して、アテン信仰のみを古代エジプトの一神教として論じるのも問題があろう。

彼の彫像の外観からしばしば指摘される身体的な欠陥、あるいは病的なイメージもまたアクエンアテンが神に近づこうとした表れであり、彼の「聖なるイメージ」を強調しているに過ぎないのである。これまでにマルファン症候群をはじめとしてさまざまな病名が推定されてきたが、いずれも根拠の薄いものばかりである。むしろアクエンアテンは、妻のネフェルトイティの影響力とともに、古代エジプトにおける伝統の両輪である宗教と美術に大転換を与えることができた最強のファラオであったと位置づけられるべきである。

その大いなる反動と言うべきであろう、古代エジプト史において彼とその記憶が抹消されたことは、J・アスマン（Jan Assmann）の言葉を借りるならば、「エジプトにおいて、一神教は遺言書を遺すこともなく消え去った」のであった。(9)

3　古代エジプトとモーセ、旧約聖書

シシャクとシェションク

一神教の起源に関して議論する際に、モーセに触れないわけにはいかない。絶対神ヤハウェを唯一の存在として崇めるモーセは、アクエンアテンとは異なり明らかに一神教者として我々の前に姿を現す。しかしながら、世界中の人々が一神教の祖として認める彼の実在性について歴史学の観点から議論することは難しい。ひとまずここではモーセは実在の人物であった、あるいはモーセのモデルたる人物は実在したという立場から論を進めたい。

モーセを実在の人物であると考える人々のなかには、彼がアクエンアテンの治世に官僚としてエジプトにいたと主張する研究者もいる。つまり、モーセが古代エジプト社会の一員で

あり、なおかつ王に近しい立場にあったとするのである。心理学者S・フロイト(Sigmund Freud)を代表としたこのような立場の人々は、モーセの一神教とアクエンアテンの宗教改革＝世界最古の一神教とを結びつけようとする。[10]彼らによれば、モーセはアマルナ時代のエジプト宮廷と深いつながりを持っていたので、アクエンアテンから多大な影響を受け、その結果としてユダヤ教が誕生したのであった。

しかしながら、モーセの民を指す「イスラエル」という単語がはじめてエジプトにおいて現れるのは、第6章でも述べるアクエンアテン以後の王であるメルエンプタハ（在位前一二一三―前一二〇四年頃）の治世においてであった。メルエンプタハによって従属させられた国名と民族名のリストにイスラエルは記されている。メルエンプタハ以前から彼らが存在していた可能性はあるが、現時点では保留しておくべきであろう。今後さらに古い資料が発見される可能性もあるが、どうやらアクエンアテンとモーセとを結びつけるには、時間的差異の克服が第一条件となろう。

だが、旧約・新約双方の聖書において、確かにエジプトについて言及はされているものの、古代エジプトの文献や考古資料によってそれを裏付けることは大変難しい。聖書の記述者が重要だと認識した出来事は、古代エジプト人が彼ら自身の必要のために記録した事柄とは、必ずしも一致しない。さらに言えば、旧約聖書に描かれた出来事に対する正確な年代を求めることも極めて困難であり、発掘を通じて研究者たちによって再構成されたエジプトにおけるそれらの出来事に対する描写は、少なくとも現時点ではお互いに結びつかないのである。最大の関心の的は「出エジプト記」に関する記述であるが、同時代の古代エジプト人側の視点からこれらの出来事に最もふさわしい歴史的事実がどれに当たるのか、いまだ意見の一致はみられない。

しかしながら、このことは旧約聖書の古代エジプト史における無意味さを示しているわけでは決してない。旧約聖書には幾人かの古代エジプト王の名前が登場するが、最も知られている王の一人としてエジプト王シシャクが挙げられるであろう。旧約聖書の記述によると、ときのエジプト王シシャクは、ダヴィデ王とソロモン王の栄華の後に二つに分裂した王国のうち南のユダ王国に攻め入り、首都エルサレムのヤハウェ神殿と王宮を襲い、その宝庫からすべての財宝を略奪したのである。旧約聖書の「列王記」には次のように記されている。

レハブアム王の治世第五年に、エジプトの王シシャクがエルサレムに攻め上って、主の神殿と王宮の宝物を奪い取った。彼はすべてを奪い、ソロモンが作った金の盾もすべて奪い取った。(「列王記」上14：25－26)

ここで描かれたエジプト王シシャクこそ、カルナクのアムン神殿第一中庭入り口であるブバスティス門横に刻まれた戦勝記念碑にかの有名な民族リスト(11)(図32)を記した古代エジプト第二十二王朝の王シェションク一世であると、ほぼ同定されているのである。

両者を同一人物とすることに反論もあるが、何よりも「シシャク」と「シェションク」とでは、反論の余地がないほど名前が似すぎている。だが、同一人物ではないとする立場の研究者たちは、「列王記」（上11：40）の記述をもとに、後に王となるヤロブアムがソロモン王によって国を追われ、シシャクの治めていたエジプトに避難していた点を重視している。ヤロブアムはソロモンの死後にイスラエルの民の懇願に応えてエルサレムへと帰還したからである。彼らはおそらくシシャクとヤロブアムとが親密な同盟関係のような状態にあり、ヤロブアムの故郷であったエルサレムにシシャクが積極的に攻め込み、宝庫から財宝を奪うのはおかしいとするのである。そして実際にカルナクの戦勝記念碑のリストにエルサレムが含まれない点を指摘している。

図32　シェションク一世の戦勝記念碑のなかの民族リスト

いずれにせよ、旧約聖書と古代エジプト史との間には慎重に考慮すべき問題がまだまだ残されている。モーセをめぐる問題は、その最初でなおかつ最大の事項なのである。

西方砂漠のセト神図像

一神教の問題は、キリスト教に関する問題へと転換されていく。聖書が展開した世界観は、エジプト

図33　バガワットにあるコプト教徒の巨大なネクロポリス

の西方砂漠地域で始まった砂漠の隠者を起源とした修道院活動やキリスト教の一派である現代エジプトにおけるコプト教の定着からもわかるように、古代エジプトが培ってきた伝統をその背景に従え、現在にまでおよんでいる。たとえばワディ・ナトルーン近郊のアブ・メナには、紀元後三世紀の殉教者アレクサンドリアの聖メナスにちなんだ修道院があり、カルガ・オアシスのバガワットの巨大なネクロポリスには、コプト教徒のための二百六十三基の墓が確認されており[12]、現在でもキリスト教徒が大挙して巡礼に押し寄せる（図33）。

そこには、聖者と聖書にちなんだ美しいフレスコ画がたくさん残っている（図3、七頁）。砂漠のなかに存在するそれらのイコンから、我々は人々の持つ信仰の深遠さと宗教の強い影響力とを感じずにはいられない。次に述べるのはその一例である。

古代エジプトのタイムカプセル的存在である西方砂漠のオアシス地域では、ひとつの特殊な図像が知られている。それは、ナイル河谷においては砂漠の神・異民族の神として知られていたセト神が邪悪な蛇アペピを槍でもって倒すというものである。「毒を以て毒を制す」、あるいはセト神の「負から正への性質の変換」と言ってもよいこの図像の最もよく知られた例は、カルガ・オアシスのヒビス神殿の壁面に描かれた翼を持つ巨大なセト神のレリーフである。[13]

このモチーフは、キリスト教の聖ゲオルギウス、つまり聖ジョージ信仰として後の時代に受け継がれた。[14] カルガ・オアシスには、聖ゲオルギウスを描いた図像があることが知られている。上述したバガワットのネクロポリスの例でもわかるように、西方砂漠地域にドラゴン・スレイヤーとしての聖ジョージの図像が定着したのは、古代エジプト以来のセト神信仰とその図像の存在が示すように、もともとキリスト教が受け入れられやすい環境であったことが背景にあったのである。

アテン神を除いて最も一神教に近いイメージを持たれていたのが、異民族によって信仰対象とされることもあったセト神であろう。ホルス神＝王権とは相反する存在として砂漠の支配者の地位を与えられたセト神は、ナイル河谷から遠く離れた地と結びついたことが幸いし、アテン神のように急激に消し去られるのを免れたのだ。

もともと「メンフィス神学」において、悪ではなく、調和・和解・統合でもって謳われたセト神は、第二十六王朝（サイス朝）と第二十七王朝（ペルシア期）に実施された「ホルスとセトの神話」＝オシリス神話の再編纂によって、有罪の宣告を受け懲罰を受けるようになる。[15] その後、セトは外国の支配者としての外見で表現されるようになり、本来持っていた調和・和解・統合の意味を喪失する。セトは聖なる動物を喰らい、タブーを破る破壊と荒廃の神となる。まるでアマテラスに疎《うと》まれるスサノオのように振る舞うようになるのである。

悪という最大の負の要素を備えるようになったセト神とアテン神との相違点は、前者がホルスの対極に位置し、ホルス＝王権を際立たせる絶対的に重要な役割を持っているのに対し、アテン神は、自らを際立たせる対抗馬的存在をすべて拒絶したという点ではないだろうか。つまり善たるべき王権は、負の要素であったセト神を必要としたのである。あるいは王権は、セトを負の要素に故意に・戦略的に位置づけたのである。そのためセト神は、古代エジプト王権にとって絶対的に必要な存在となった。

アテンやラーを代表とする太陽神に対する信仰は、もともとエジプトがまだ絶対的な一人の王を持たず、各々の土地に根づいていた時期の部族的要素にその起源を持つ。太陽神と国家とが結びつく前段階のエジプトには、純粋な生命の象徴としての太陽神が存在していた(それはまた時代と地域を問わず存在した太陽信仰の一例である)。しかし、王の登場が国家の概念を生み出し、その結果、精神的な拠り所となっていた太陽に依存していた部族的コミュニティーはその形を変容したのである。

人為的に国家に取り込まれた太陽神は、露骨に人々に供物を要求し始めた。神聖からはほど遠い俗なる国家の手を通すことにより、太陽神の要求は、租税や徴兵へと形を変えていったのである。最終的に太陽神は、古代エジプトにおけるファラオの「絶対権力」による支配体制を最も純粋な形で表象し、あらゆる人々が目でみることができるような存在となったのである。おそらく現代人である我々にさえ強烈な印象を与えるアクエンアテン王の異様な姿、あるいはアマルナ美術は、王権を最もわかりやすくそれらを目にするすべての人々に表現しようとした結果生み出された現象であったのであろう。

アクエンアテンの死後、その都テル・エル＝アマルナは放棄され、アテン神の関連建造物は破壊され、王名表を含むあらゆる記念物から、アクエンアテンの名前は無残にも削り取られた（図34）。

図34　テル・エル＝アマルナの北の王宮跡

この経験は後の時代のエジプトに大きな影響を与えた。おそらくアクエンアテン王の前後では、神々に対する観念、あるいは感覚も変化したと思われる。この王の存在が古代エジプトに与えた衝撃は、それほどまでに強烈であったのである。アマルナ期以降、全エジプト規模で人々のなかに神々への個人崇拝がみられるようになったとアスマンは指摘している[16]。

それほどまでに大きな影響を後の時代のエジプトに残したアクエンアテン、あるいはその一族の宗教活動ではあったが、エジプト全体に、あるいはエジプト国民全体に浸透することはなく、結果的に短期間で挫折したことはこれまでに記したとおりである。仏教が医療や建築という側面における当時の先端技術を持っていたからこそ我が国に浸透したように、あるいはイスラームがその高度に発展した科学知識を伴って地中海世界へと拡大したように、宗教というものは、信仰によってのみ社会に組み込まれることは難しい。信仰を補完する何らかの特殊な要素を伴っていたときにのみ、宗教はその社会に定着するのである。アクエンアテンの求めたアテン信仰は、そういう意味では古代エジプト社会のなかに浸透し、定着する可能性はもともとなかった宗教形態であった。

第4章　アマルナ時代とアマルナ文書

　ギリシア・ローマ時代以前の世界の歴史、たとえば古代オリエント史や古代地中海史を大きな枠組みのなかに据えて明確に再構成することは困難を極める。その最大の理由は、扱う時間の流れが長大であり、また研究分野が地理的に多岐にわたること、そして何よりも古代史であるがゆえの圧倒的な資料不足にある。世界中で日々進展している考古学的発掘とそれに基づく研究成果が着実に積み重ねられてはいるが、そこから紀元前の世界史を十分に再構成するには、まだまだ情報が不足しているのである。たとえば、世界史の教科書に必ず登場するシュメール人たちやインド・ヨーロッパ語族と呼ばれる人々がどこからやって来たのかについて、我々はほとんど何も知らないし、ヒッタイトやミケーネ諸王国を滅ぼしたとされる「海の民」やさまざまな古代ギリシア・ローマの密儀の実態についても十分な知識は得られていない。その上、イエスやアーサー王の実在性についてさえも議論が絶えないような状況にある。

　そのような現状にあって、東地中海地域を含む古代オリエント史を語る上で欠かせない史料として、アマルナ文書と呼ばれているものの存在が大きな意義を持つことになる。そこからは当時の古代オリエント世界の勢力図が明確に読み取れ、それら諸王国やそれよりも規模の小さな都市国家とエジプトとの上下関係、あるいは諸王国と各都市の特徴などを知ることができるからである。外部世界が古代エジプト王国の動向に関心を持ち、常に目を向けていたことがわかる新王国時代の史料であるアマルナ文書は、いまだ我々が知りえない情報を保持し、完全に解明されることを待っている。

1　アマルナ時代以前のオリエント世界

エジプトによる「安定」とその退潮

エジプトと並ぶ古代オリエント世界のもうひとつの中心であったメソポタミアでは、シュメール人による最初の都市国家が出現した時期に、すでに周辺諸地域との活発な交流が認められる。たとえばアフガニスタン産のラピスラズリ交易やさらに東方のインダス方面とのカーネリアン（紅玉髄）交易などから、希少な原材料獲得のための人々の動きがよく知られている[1]。そこには国家規模での長距離交易活動の存在があった。そのような活動を活発に行ったメソポタミアの都市国家では、それぞれ独自の守護神を都市の中心であった神殿に祀り、長大な周壁で囲まれた都市国家同士が交易や戦争を通じて情報交換を行っていたのである。そして複数の異なる文化背景・歴史背景を持つ核となる地域から滲《にじ》み出すように、薄くはあるが広範囲にわたり情報は周辺地域へと広がっていった。おそらくそのような例のひとつがメソポタミア各地に伝わる洪水伝説なのであろう。

しかしナイル河谷を中心としたエジプトの状況は異なっていた。エジプトの都市は、メソポタミアやシリア・パレスティナのような独立した都市国家ではなく、中央の政府とそこに属する官僚たちによって周辺地域が支配される領域国家体制をとっていたと考えられている。ヒエラコンポリスやナカダなどの核となる都市が、広範囲にわたる周辺地域を官僚機構によって組織的に統治していた。ゆえにエジプトは、メソポタミアほど都市の領域が明確ではなく曖昧であり、そのことがエジプトの都市の動きを不明瞭なものとしてきたのである。

しかしながら、そのような領域国家が最初の古代エジプト王＝ファラオの下でひとつの国として統一されると周辺諸国との関係が明確になる。ファラオたちは国の事業として、金や銅をはじめとした希少な原材料を獲得するために、遠征隊をヌビアやプント（現在のエリトリアあたりに存在したとされているが、いまだ確定されてはいない謎の国）へと派遣したり、シナイ半島へ向かわせたりした。特に新王国時代初期の王たちは盛んに遠征を行い、周辺世界に安定をもたらした。あるいは、トトメス三世が行ったように、シリア・パレスティナ諸都市の統治者の長子を人質とする政策を実施した。彼らはエジプトの宮廷で王族や貴族の子弟たちとともに教育を施されることにより、帰国後もエジプトへの忠誠心を持ち、エジプト文化を尊重するファラオの臣下となったのだ。またミタンニやバビロニアなどの大国から王女をエジプトの王妃として迎えるという友好政策＝政略結婚を展開した（しかしながら、新王国時代まではエジプトの王女が諸外国へ嫁ぐことはなかった。第三中間期になってはじめて、エジプトの王女がイスラエルのソロモン王に嫁している。(2) 本書補章参照）。その結果、アメンホテプ四世＝アクエンアテンの先王アメンホテプ三世の時代には、王が直接軍の指揮を執るような大遠征もほとんどなく、シリア・パレスティナの属国と植民地としてのヌビアから大量の貢租がエジプトへともたらされたのである。しかしながら、この「帝国」と呼ぶにふさわしい安定と威信は徐々に失われ、それにともないエジプトの周辺世界は再び活発に動き出すようになる。そのような状況を最もよく我々に教えてくれるのが、アマルナ文書を代表とする文字資料である。

2　アマルナ時代の世界勢力図

「平和な時代」

古代エジプト史上、アマルナ時代と呼ばれているのは、新王国時代第十八王朝の一時期であると定義されている。あるいはまったくそれまで都市ではなかったテル・エル＝アマルナという場所に伝統的宗教都市テーベから遷都を行ったアメンホテプ四世とその前後の王たちの時代を指すと言ってもよいであろう。アメンホテプ四世は、治世第四年冬季（ペレト）四月四日に新都の建設を宣言し、治世第八年目までにはアマルナへの遷都を完了していたと考えられている。新都を取り囲むように境界碑（図35）が十五ヵ所に建立され、都市領域と外部とが厳密に区別された。

日本を代表するエジプト学者である近藤二郎は、中エジプトのアマルナへの遷都は、プタハ神を祀る北のメンフィスとラー神を祀るヘリオポリス、そしてアムン神官団の君臨する南のテーベ——つまり古からの確固たる宗教力を持つ古代エジプトの伝統的都市からの影響を削ぐために行われたと指摘する。[3] アクエンアテン（アテン神に有益なる者）と自らの名前を改めたアメンホテプ四世は、外部から何の影響も加えられないような隔絶された特殊な地理的空間を設定したというのである。そしてこの時代は、本来多神教国家であったエジプトが、アテン神を唯一の神として崇めた稀有な時代としてしばしば紹介されてきた。それは十六世紀のヨーロッパで起こったいわゆる「宗教改革」にちなんで、「古代エジプトの宗教改革」とまで言われる大変革の時代であったと一般的には認識されている（第3章参照）。

図35　テル・エル＝アマルナの境界碑

　古代オリエント世界全体を俯瞰してみると、アマルナ時代に相当する紀元前十四世紀後半はエジプトをはじめ、バビロニア、アッシリア、ミタンニ、ヒッタイト、アラシアなどの強大な王国が割拠し、お互いを牽制し合うことによって一種の勢力均衡状態が生じていた（地図③）。

　エジプトの支配下にあったシリア・パレスティナの都市国家の間で小競り合いが頻発していたことから、この

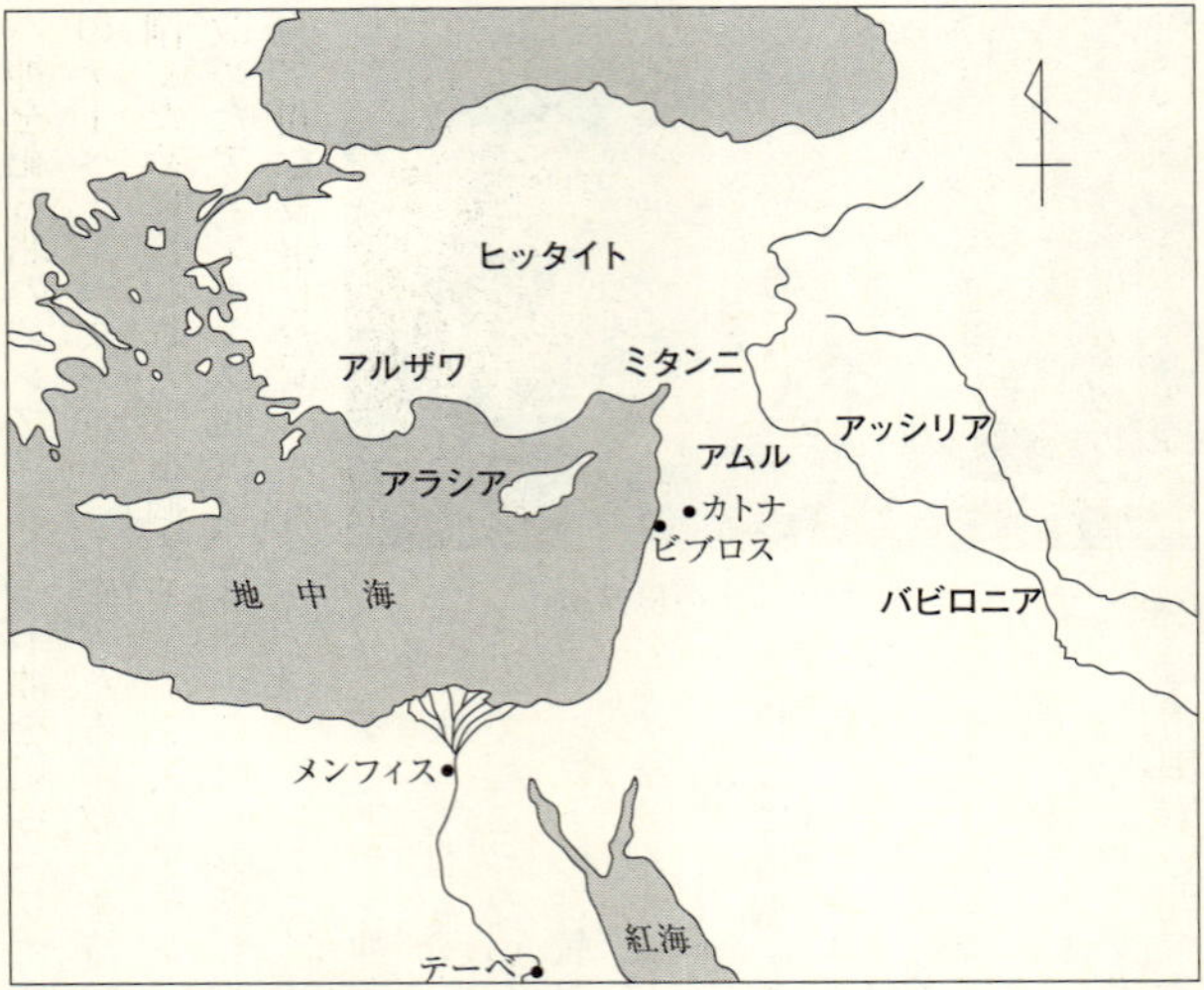

地図③　アマルナ時代の古代オリエント世界勢力図

時代の勢力均衡状態を単純に平和的と言い切ることは難しい。だが、エジプトやアッシリアのような大国同士の大規模な血で血を洗うような直接戦争がみられなかったという意味では「平和な時代」であったと言えるかもしれない。このような時代背景・社会状況の下、エジプトとその他の強国、そしてエジプトの属国であったシリア・パレスティナの都市国家群との間で、平和的な対話とも言える書簡（手紙）の交換が行われていたことが知られている。それが前述したアマルナ文書と呼ばれる一連の粘土板資料である（図36）。

　現在三百八十二点が発見されている粘土板のうち、三百五十点が書簡（交換品目録も含む）の体裁を取っているため（書簡以外にも書記の養成学校で用いられたと思われる三十二点の辞書の類や文学作品等も含まれている）、アマルナ書簡と呼ばれることもあるこれらの文書は、一八八七年に中エジプトのテル・エル＝アマルナで地元民によって偶然発見された。そこには楔形文字が記されていたため、発見当初は、価値のないもの、あるいは偽物ではないかと思われていたが、その価値を見抜いた大英博物館のW・バッジ（Wallis Budge）によって購入された。彼の卓見が後に古代オリエント史上最高の資料のひとつに位置づけられるようになるアマルナ文書を救ったのである。

通常エジプトで発見される文字資料は石に刻まれたものが多いが、アマルナ文書は粘土板文書として発見された。現在までに知られているアマルナ文書は、一通のフリ語と二通のヒッタイト語文書を除き、残りのすべては紀元前十四世紀のオリエント世界において国際共通語であったアッカド語で書かれていた。またアッカド語が母国語であるアッシリアとバビロニア以外の国からの書簡は、アッカド語の方言で記されていた。エジプトと諸外国との間で交わされたものであり、当時のエジプトと周辺諸国との外交関係を知る上で重要な資料となっている。

図36　楔形文字で粘土板に刻まれたアマルナ文書

外交書簡であるアマルナ文書には差出人

名と宛名が記されていることが多く、そこからアマルナ文書が紀元前十四世紀後半にエジプトの王であったアメンホテプ三世と、その息子であり後継者であったアクエンアテン王の治世に（その後のスメンクカラーやトゥトアンクアムンにまでおよぶ可能性もある）、エジプトと諸外国との間で交わされたものであることがわかる。しかし残念ながら、発見された文書はエジプトで保管されていたものだけで、エジプトから諸外国へ送られた書簡は、一部コピーと思われるものがエジプトに残されている以外にはいまだ発見されていない。

書簡が語る実態

それら交わされた書簡の内容は多種多様であり、アマルナ時代のオリエントにおける国際関係のほか、各々の国の特徴をも垣間見ることができる。その内容は大きく二種類に分かれ、ひとつはエジプト王とバビロニア、アッシリア、ヒッタイト、ミタンニ、アラシア、そしてアルザワなど強国の王たちとの間で交わされた書簡であった。そこで両者はお互いを「兄弟」と呼び合っていたことから、たとえそれらが慣用表現であったとしても、ある程度双方対等な立場にあると意識されていたと思われる。たとえば、エジプトとその他の強国との間では友好関係を深めるためにさまざまな贈り物がなされたことがわかっている。オリエントの強国からエジプトへは戦車やウマ、奢侈《しゃし》品のラピスラズリ、武器や工具の作製に不可欠な銅などが贈られ、エジプトからは黄金が使者や書簡と共に贈られたのである。またエジプトは、ミタンニやバビロニアとの間で王室間の国際結婚（＝エジプト王と外国の王女との政略結婚）を行い、絆をより堅固なものにしようと図っていたようである。また一般的にキプロスだと同定されているアラシア産の基底部が輪形の容器がエジプトとヌビアで発見されており、反対にキプロスでエジプトの石製容器やスカラベが発見されている点も、地中海を介した両者の友好関係の傍証となる。

もうひとつは、シリア・パレスティナ、あるいは東地中海沿岸地域に存在していたエジプトに隷属するビブロスなどの小都市国家の領主たちからのものであった。こちらのほうは少し内容の性質が異なっていた。たとえばカデシュ（次章で詳細に述べるエジプトとヒッタイトとの戦いで知られる）の北東に位置していたカトナのような比較的小規模な都市国家の君主は、エジプト王に宛てたその書簡のなかで、彼の忠誠心を示すために「エジプトの王へ、あなたの下僕、アキィズィの言葉をお聞きください。私は嵐の神であらせられる陛下の足元に何度も跪きます」（EA52）とさえ述べている。あるいはアムル王アジィルゥがエジプト王に宛てた書簡には、「我が主、我が神、我が太陽である王へ。あなたの下僕であるアジィルゥからの伝言。私は何度も我が主に跪く」（EA55）とある。完全に上下関係が明確にされており、そこにはエジプト王との対等な関係性はうかがえない。

さらにエジプトは、そのような属国には近隣諸国の状況などを調べさせ、安定したエジプト支配のために必要なさまざまな情報を提供させてもいた。属国のほうからも他の属国との紛争に関する苦情や、エジプトの介入を要請する、宗主国に援助を求めるような内容の書簡が送られてきていた。そのなかでも特にビブロスの領主リブ・アッディからの書簡には、周辺国によるビブロスへの圧迫とアムルやシドンなどの隣国による不正行為を訴えるものが多数あり、アマルナ文書においてその数は全体の約二五%と突出している。

古王国時代から、ビブロスは大型木材としてのレバノン杉などの交易を通じてエジプトと友好的な関係を保っていたと考えられているため、頻繁に書簡をやりとりしていたのであろう。実際、リブ・アッディからの書簡には、「グブラ（ビブロスの古代名）は、古よりエジプト王に忠誠を誓った都市」（EA106）という言葉が出てくる。このような数多くの書簡から、当時におけるエジプト支配下のシリア・パレスティナ諸都市の状況を我々はリアルに読み取ることができる。ただそこからは、どうしようもないほどの悲愴感とか絶望感などを感じ取ることはできない。つまり、多かれ少なかれ細部において不平不満はあるが（あるいは小規模な衝突はあるが）、全体としてみればこの時期オリエント世界は、それなりに安定した状態であったのであろう。

静かなるアプローチの時期

しかし、このような国同士による平和的な対話＝書簡の時期は終わりを告げ、古代オリエント世界は大国同士が領土拡張を目指す戦争が頻発する時代に再び突入することとなる。その予兆もまたアマルナ文書からうかがい知ることができる。もともと潜在能力は持っていたがいまひとつ伸び切れなかったアナトリアの国ヒッタイトが徐々に頭角を現し、領土拡張のために南下政策を採り始めたのである。このヒッタイトの動きによって、古代オリエント世界の強国のひとつであり、エジプトとは婚姻により密接な関係にあったミタンニは衰退し最終的に滅亡を迎える。さらにヒッタイトはシリア・パレスティナのエジプトの属国を奪取し、この地域におけるエジプトの覇権を喪失させることに成功する。また時をほぼ同じくして東方のメソポタミアでは、後にオリエント世界を統一することとなるアッシリアが台頭することにより、バビロニアの強国としての地位の喪失が明らかとなった。他方では、疫病によって島国アラシアが壊滅的な被害を受けるなどしており、アマルナ時代末期のオリエント世界では国同士がそれぞれに大きな問題を抱え、もはや書簡でもって平和的に外交ができる状態ではなくなっていたのである。

アマルナ文書は、古来常に戦争によって覇権を競い合っていた古代オリエント世界において、たとえ短期間ではあっても、王家同士で書簡を通じて平和的な外交が行われていた証拠として非常に価値の高い史料である。一般的には、アクエンアテンが行った実際の対外政策について、他の新王国時代のファラオたちと比べると比較的消極的であったとの意見が多く、その無関心さが原因で彼はその治世にシリア・パレスティナ地域の支配権を大きく喪失したのだと指摘されることもある。だが、たとえそれが正しい評価だとしても、アマルナ文書は古代オリエント世界を知る上で欠かすことのできない重要な史料と位置づけられていることは確かである。勝者側が遺した記録ではない形で諸国の詳細な事情や外交に関する思惑が読み取れる史料は貴重だからである。

アマルナ文書自体は、当時アケト・アテンと呼ばれていた都のテル・エル＝アマルナを放棄した際におそらくそのまま破棄されたと考えられている。またエジプト側からの書簡がほとんどなく、エジプト王への貢物リストなどが多々みられることから、先述したようにたとえ書簡のなかで「兄弟」と呼び合っていたとしても、当時の東地中海・オリエント情勢が明らかにエジプト優位のものであったことが読み取れる。たとえエジプト側からみて周辺地域の情勢が比較的安定していたとしても、とりわけ時代が下るにつれて、エジプト外の地域における小さなエリアでは「静」というよりも「動」の観が否めない。つまり、アクエンアテンの治世前後のエジプトは安定していたが、東地中海世界および古代オリエント世界という観点からみるならば、激動の時代へと向かう静かなるアプローチの時期であったと位置づけられるべきであろう。アマルナ文書はそのことを我々に教えてくれる。

3　ウル・ブルンの難破船と新たなアプローチ

水中考古学の進展

アマルナ時代の実態を解明する手掛かりとして近年注目されているものに、難破船（沈船）から引き揚げられた遺物群がある。主に東地中海地域で発見される難破船には、当時の交易品などが含まれており、これまで知られていなかったさまざまな情報を得ることができるのである。財宝を目当てにしたトレジャー・ハンティング紛《まが》いの難破船探しも多いが、学術的な調査も行われている。

　そのような難破船の発見例のひとつであるトルコ南部のゲリドニア岬沖で発見されたケープ・ゲリドニアの難破船は、一九六〇年当時にペンシルヴァニア大学の講師であったG・F・バス（George F. Bass）によって調査が開始され、青銅器時代のものと年代づけられている。[4]バスはその後テキサスA&M大学に水中考古学の講座を開設し、水中考古学のパイオニアとなった人物である。発見された船と積荷は、現在トルコのボドルム海底考古学博物館で展示されている。その他にも東地中海地域においては、プセリモス島近くのヤシ・アダにおいてローマ時代とビザンツ時代の船、[5]ロードス島北西のセルス・リマーヌ、あるいは北キプロスのキレニアにおいても難破船とその積載物が発見されている。[6]地中海以外でも紀元前三〇〇〇年頃の銅のインゴット、青銅製ナイフ、そして黄金製品などがみつかっているイギリスのデヴォン州にあるサルクームなど数多くの水中遺跡・難破船が知られており、[7]水中考古学の調査は、機材の進歩・軽量化によって徐々に一般化しつつある。

　一九八二年に南トルコのウル・ブルン岬沖で発見されたウル・ブルンの難破船は、それらのなかで我々に最もよく知られた存在である（地図④）。発見されたのは、全長が約十五メートルで、総積載量が約二十トンの杉材製の船であった。古代ギリシア人たちの大規模な交易活動は、本書第１章でも述べたように盛んであったが、さらに東方のシリア・パレスティナおよびアナトリア、あるいは東地中海世界においても同様の状況であったと考えられる。粘土板文書であるアマルナ文書とはまったく性格の異なる資料からも当時の情報が得られる。

地図④　東地中海における難破船の位置図

ウル・ブルンの難破船は、水深約四十四メートルから五十二メートルの海底に横たわっており、積荷はさらに下の水深六十一メートルの場所に散らばっていた。ミケーネのものを含む大小の壺が遺物としては大多数を占め、そのほかに、おそらくキプロス産のものと推定されている銅のインゴットが六トン、百五十個の容器に入っていた一トンの錫《すず》、エジプト産のガラスのインゴット（新王国時代第十八王朝のものと成分が同じであるとの指摘[8]がある）や黒檀《こくたん》・象牙・カバ牙など、エレクトラム（金と銀の合金）製のヒエログリフが彫り込まれた指輪の壊れたもの、プタハ神の名前を持つ飾り板、そしてエジプトの神ベス（図28、八三頁）の小像などがみつかっている。それ以外にも女神イシュタルあるいはアスタルテをモチーフにした黄金製のペンダント・トップ、鼈甲《べっこう》、琥珀《こはく》などの嗜好品も発見されている。遺物はケープ・ゲリドニアのものと同様、トルコのボドルム海底考古学博物館で展示されている。

船の目指した先は

発見された遺物のなかで最も注目すべきは、スカラベ形印章である。この古代エジプト特有の遺物は、表が甲虫のフンコロガシの形に模されており、裏側の平らな面には、古代エジプトの象形文字であるヒエログリフが彫られていた。[9] 幾つかのスカラベが発見されているが、そのうちのひとつに第十八王朝の王アクエンアテンの王妃であったネフェルトイティの名前が記された黄金製のものがある（図37）。そのため、このウル・ブルンの難破船は紀元前十四世紀後期以降に年代づけることができるが、一般的には紀元前一三一六年に年代づけられている。[10] 第十八王朝最末期に相当するこの年代は、細かな点で

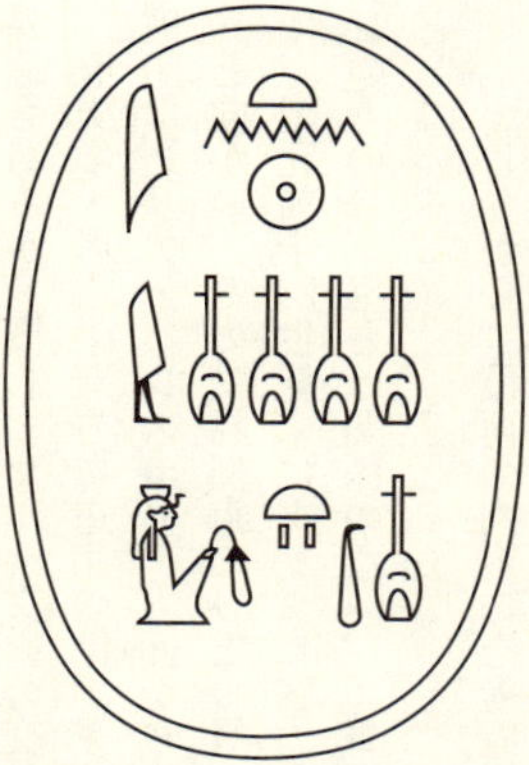

図37　ネフェルトイティの名前が記された黄金製のスカラベ

異論もあるが、概ねアマルナ文書の交わされた時期と一致すると言ってよいであろう。

歴史学・考古学双方に造詣の深いギリシア考古学者の周藤《すとう》芳幸は、このウル・ブルンの難破船はシリア・パレスティナ方面から出航し、キプロス島経由でリビア海に面するクレタ島へと向かい、その交易拠点のひとつコモスが船の目的地であった可能性を挙げている。そして、紀元前十四世紀末にクレタに強力な王権が存在していなかった点を指摘し、ウル・ブルンのものは王権とは関係のない、エジプトとの友好関係を利用した商業的な交易によるものとしている[11]。

しかしながら、積荷の内容物を考慮するならば、そこにはエジプトに関するものが一定の割合でみられることがわかる。つまり、船が出航したのはシリア・パレスティナではなく、やはりエジプトと考えるべきであろう。東地中海交易の定石通りに、季節風のエテジアンを利用し反時計回りでエジプトからシリア・パレスティナを経由してキプロスへと向かい、そこで銅を積み込んで目的地のアルザワへと向かったのではないか。

おそらくミタンニからエジプトに導入されたばかりの技法で作製されたガラスのインゴットやネフェルトイティの名を持つ黄金製のスカラベ印章の存在は、強くエジプト王家との接点を示しており、もし周藤の指摘するように紀元前十四世紀末にクレタに強力な王権がなかったのだとするならば、アマルナ文書（EA31）にも登場する現在の南トルコに相当するキリキアのアルザワが最終目的地であった可能性が高い。同時期にアルザワの隣国であったルッカ（EA38）の可能性もあるが、当時のアルザワには王権が確かに存在していた。アマルナ文書には、アルザワの王ルフンダラドゥの名前がみられるからである。

ウル・ブルンの難破船と同じ時期に同じような運命をたどった船はあるはずで、それらはいまだ複数海中に没しているだろう。それらのなかには、古代地中海および古代オリエント世界の歴史の定説を根底から覆すような遺物が含まれている可能性がある。海のアマルナ文書と呼んでもよいであろうこの種の資料の発見を今後期待したい。

アマルナ時代は、アマルナ文書の存在によってその重要性がクローズアップされるが、そこに記された内容のみならず、それらの流通過程にも注目すべきである。現在においてでさえ、エジプトからトルコまでは遠い。そして両国の間にはシリア・パレスティナ地域が存在する。どの時代においても大きな火種を抱えていたこの地域は、安全・平和裏に通過するだけでも大変なことだったはずである。陸路上では、大小さまざまな国家・民族からの友好的ではない接触があり、海路には嵐などによる難破・沈没がつきものであった。

そのような状況において、王家同士でやり取りがなされた書簡の持つ意味は計り知れない。その上、アマルナ文書とそれらを運んだ流通システム（おそらく海路・陸路双方）の存在は、アフリカ大陸北部と東地中海を含む古代オリエント世界において成立していた一種の「郵便システム」の存在を明確に示してもいる。おそらくウル・ブルンの難破船のような船は、そのようなシステムを円滑に機能させるために必要な要素のひとつであったのであろう。

第5章　ラメセス二世vs.ヒッタイト

古代エジプトに関心のある者が「カデシュの戦い」と聞いて真っ先に頭に思い浮かべるのは、エジプトの神殿の壁画に描かれた敵を倒す勇ましい巨大なラメセス二世の姿であろう（図38）。古代世界において例外的に長寿であった王として知られたこの古代エジプト王は、自らのイメージを作り出すことにかけては天才的であった。事実、ラメセス二世は古代エジプト史上最強のファラオとして認識されている。そしてそのイメージに大きく貢献したのが、カデシュの戦いであった。

古代世界屈指の軍事国家のひとつに数え上げられるヒッタイトとの衝突は、結果として最強の王ラメセス二世の永遠なるイメージを創造した。しかしながらその一方で、カデシュの戦いは相手国ヒッタイトの存在が世界史のなかで浮上する結果につながりもした。本章では、当時の社会背景とエジプトのライヴァル国家ヒッタイトに焦点を当て、なぜカデシュの戦いは有名であるのかについて考えてみたい。

1　エジプト帝国主義の時代

東方世界への伸長

当時の古代オリエント世界を代表するスーパーネイションであったエジプトとヒッタイトが、最終的にラメセス二世とムワタリによるカデシュの戦いという衝突に至ったそもそものきっかけは、ヒクソスによる異民族支配から抜け出したエジプト人たちが、外部世界へと目を向けたことにある。あるいはヒクソスの残党を一掃して禍根を絶つために、彼らの主な逃亡先であったシリア・パレスティナ地域に軍を進めたことと言い換えることも可能であろう。

伝統的に黄金と労働力のために南部のヌビアに軍事力の矛先を向けていたエジプトは、シナイ半島を越えた東方世界にも積極的に軍隊を派遣し始めた。当初それは、シリア・パレスティナ地域を支配下に置き、東方世界の勢力から自分たちの世界を防御するための攻撃であった。もちろんこの地域を押さえることは、重要な交易路、特に長距離交易路の確保とその独占をも意味する。しかし名目としては、ファラオによる秩序＝マアトを守るために必要な行動であったのである。

当初トトメス三世を代表とする新王国時代第十八王朝初期の王たちの活躍により、エジプトは大幅な領土拡張に成功する。そして先述したアクエンアテン一族のアマルナ時代にシリア・パレスティナの属州への影響力を喪失するが、その後第十九王朝のラメセス二世の治世にみられるように大きく盛り返す。このようにして新王国時代のエジプトが東方のオリエント世界に放った影響力を「帝国主義」とまで称することがある。それが現代の歴史家の使用する帝国主義（膨張主義・拡張主義）という概念とどこまで相通ずるものなのかを論議することは避けておこう。ここでは古代世界の帝国主義を、「外部世界に対する軍事力の著しく積極的な行使とその多大な影響力」という程度のイメージで捉えておきたい。

図38　敵を討つラメセス二世のレリーフ

エジプトが最も好戦的だった時代

エジプトの「帝国主義」が最大かつ最終的な段階に至ったのが、大王とも称される偉大なるファラオ、ラメセス二世の治世であった。ペピ二世とともに古代エジプト史上最も長寿で九十歳を超えてもなお権力を掌握していたラメセス二世は、最も多くの子供を残した王としても知られていた。また国内において活発に建築活動を行った人物でもあった。そのことから彼は「建築王」という異名で呼ばれることもある。その最大の成果は、当時のエジプト国境最南端に建設されたアブ・シンベル神殿で

図39　カデシュの戦いを描いたアブ・シンベル神殿の壁面

あろう。現代においてナセル湖の水位上昇とその後続いたアスワン・ハイ・ダム建設の影響による水没の危機に瀕したが、一九六〇年代に行われたユネスコ主導の遺跡救済キャンペーンにより移設され、現在もその重厚で壮麗なる姿を留めている。アブ・シンベル神殿を含む五つの神殿の壁面に、ラメセス二世はカデシュの戦いの経過を刻ませた（図39）。

　ラメセス二世は、国外においてはカデシュの戦い以外にも多くの戦闘行為を行った。軍人出身のラメセス一世により打ち立てられたラメセス朝期と呼ばれることもあるこの時期は、最もエジプトが好戦的な時代であった。そして宿敵となったのは、オリエントの強国ヒッタイトである。彼らもまた、鉄製武器を用いることによって世界史上に頭角を現した軍事国家であった。

　では古代エジプト史上最強とも言われるラメセス二世治下のエジプトと互角に渡り合ったヒッタイトとは、いかなる民族・国家であったのであろうか。ここからは、彼らの歴史と文化的特徴をみていきたい。その過程で我々はカデシュの戦いが起こるべくして起こった出来事であるということを知る。この時期でなければ異国の地を戦場として、二つの地理的に遠く離れた強大な王国同士が直接対決することはなかったのである。アマルナ文書からわかるように、新王国時代第十八王朝後半のアマルナ時代には明らかに円満な関係にあった両国は、数百年の間に古代世界における国際関係のなかで敵意を蓄積し、大規模な戦争を回避できないほどの敵対関係に陥っていった。

2　ヒッタイトの興隆

鉄とウマと戦車

古代オリエント史を語る上で、ヒッタイトは決して避けて通ることのできない存在である。鉄の冶金術（鉱石から鉄を取り出す技術）とウマを用いた二輪戦車であるチャリオットによって古代世界に名を馳《は》せた軍事国家ヒッタイトは、同じ王国として遥かに長い伝統を持つエジプトと対等に刃を交えるまでに発展する。

ヒッタイトの領土は、アナトリア、あるいは小アジアと呼ばれている地域に当たり、その大部分は現在のトルコ共和国に相当する。この地域には世界最古の農耕地のひとつであるチャタルホユックと呼ばれる遺跡があり、紀元前七〇〇〇年頃にそこで農耕を生活基盤とした人々の家屋には雄ウシやシカなどの野生動物をモチーフとする絵画や彫刻が多くみられることで知られている（図40）。またトルコ東部の遺跡ハラン・チェミにおいては、角を持つ雄牛の頭部の埋葬例が知られている。[1]

そのような高度に洗練された文化的伝統を持つ地域に、現在我々がヒッタイトと呼ぶ強力

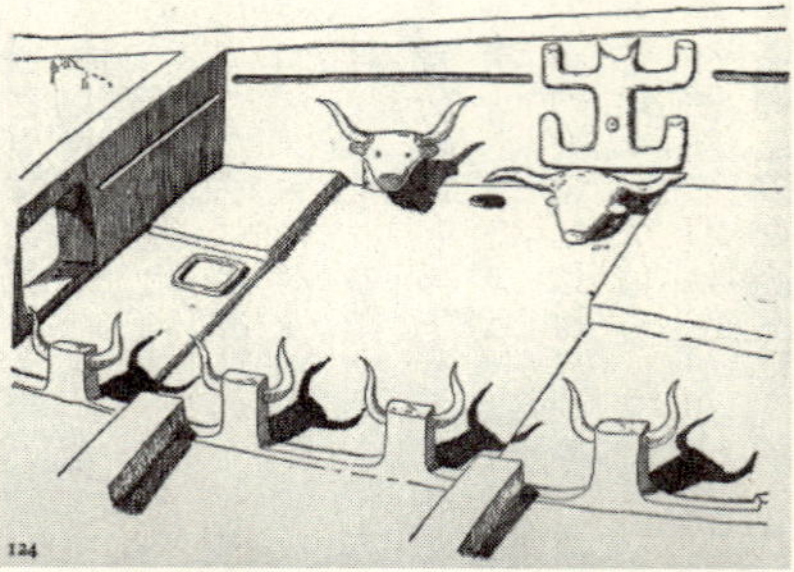

図40　チャタルホユックの家屋の雄牛のモチーフ

な王国が出現するのである。もともと高度な文化的ポテンシャルを保持していたこの地域は、冶金という特殊なハイテク技術を生み出したことから人類史にその名を永遠に残すことになる。現在では考えられないことであるが、古代世界では鉄は立派なレア・メタルだったのであった。ヒッタイト以前も鉄製品は存在していたが、それらは隕鉄《いんてつ》・自然鉄を加工したごく希少なものに過ぎなかった。

その新たな技術ゆえ、ヒッタイトは「鉄の国」という異名を持つ。鉄鉱石から鉄を造り出す技術と、その鉄とウマを用いた戦車がヒッタイトの特徴としてあまりにも有名であり、彼らは「鉄とウマと戦車により古代エジプト王国と互角に渡り合うまでに発展した小アジアの強国」と定義するほかない。現代世界の民族的枠組みを用いてヒッタイト人というものを定義することは困難である。

千の神々、七つの言語

というのも、彼らは当時の国際語であったアッカド語と本来のヒッタイト語以外にも数種類の言語を国内で並行して使用していたと考えられているからである。つまりヒッタイトというのは、異なる言葉を使用する複数の民族が寄り集まり形成された国家であった。その上、発展過程において近隣のアッシリア商人と接点を持ち、また、ヒッタイト王国成立以前に存在したルウィ人とパラ人や、フリ語を使用していた隣国のミタンニ王国の人々を吸収していったために、さらに複雑な社会状況・文化状況を生み出すこととなった。つまり、ヒッタイトは完全に「多民族国家」であることをその特徴のひとつとしていたのである。そのヒッタイトの複雑性を説明するためにブローデルは、「コスモポリタニズム」という用語を使用している。そして地中海世界を誰よりも丁寧に愛したこの偉大な歴史家は、ヒッタイトについて次のように語る。

ヒッタイト文明それ自体が、この紀元前二千年紀のコスモポリタニズムの見事な例になっている。ヒッタイト文明のすべてが借用と考えられるからである。アナトリアの先住民族からは、ヒッタイトの語源となったハッティという部族名自体を初めとして、その伝統建築技術、多色画を施し釉薬を塗った赤い土器、動物の形をした献酒壺、プーレーヌ靴〔つま先が反り返った靴〕、円錐形の髪型をした神などを、メソポタミア人からは法典の多くの条項、楔形文字、水平分割した区切りのなかに人物を描く習慣を、おそらくウガリトを経由するかたちでエジプトからはいくつかの細部（例えばヤズルカヤ遺跡やその他の神殿に描かれている、王に結び付けられた翼のある丸い太陽）を借用している。また、「千の神々」を祀ったヒッタイトの万神殿《パンテオン》は近隣のあらゆる神を嫌がりもせずに受け入れている。「千の神々」を支配するのは天候あるいは嵐の神だが、これはおそらくメソポタミアの雷神にあたるアダド、そしてシリアの神バアル神にあたるレシェフと同一視されていたと考えられる。この神はヒッタイトの彫刻ではしばしば雄牛に乗った姿で描かれている。対する太陽の大女神は、石器時代から続くアナトリアの不壊の地母神以外の何物でもないが、ヒッタイトはこれにフリ人の女神ヘパトの属性をいくつか付与している。(2)

確かに、テリピヌ勅令をはじめとする百条ほどの条文で構成されたヒッタイト法と呼ばれる二つの法律集の存在が知られており、これら法律集はハンムラビ法典同様に仮定文と帰結文(「目には目を」「歯には歯を」のような)から構成されていた。

さらに、二十世紀初頭にドイツのフーゴー・ヴィンクラー(Hugo Winckler)によって、都であるハットゥシャがあったボアズキョイで一万枚を超える粘土板が発見されている。これらの粘土板には異なる七種類の言語が使用されていたのである。また文字の形態としては、チェコ人ベドジフ・フロズニー(Bedřich Hrozný)によって解読された象形文字のヒッタイト文字(図41)以外に楔形文字のヒッタイト文字が知られている。ここにもヒッタイト社会の複雑さ(ブローデルの言う「コスモポリタニズム」)がみて取れる。国家内の複雑性は崩壊や衰退の原因となりがちであるが、ヒッタイトはその最盛期には首都ハットゥシャシュを中心に小アジアとシリアを支配し、さらに東方のバビロンにまでその領土を拡大し、古代オリエント世界屈指の強国となっていったのである。

帝国化するヒッタイト

フロズニーによる解読以来、ヒッタイト人はインド・ヨーロッパ語族に属すると考えられており、彼らが先住民族のハッティ人の住むハッティと呼ばれていたアナトリア中央部に侵入・定住することにより国を興したとされている。最初に王国を築いた場所は、クズルウルマックと呼ばれた場所の近くであったと伝わっている。クズルウルマックとは「赤い河」という意味を持つのだが、赤く酸化した鉄が川床に堆積していたのかもしれない。なお、トルコ中部のビュクリュカレ遺跡がこのクズルウルマックの畔に位置しており、中近東文化センター附属アナトリア考古学研究所所長の大村幸弘《さちひろ》率いる日本の調査隊（その後現場の指揮は同研究所の松村公仁研究員が執っている）が入り、数々の世界的成果を挙げている。[3] 偉大な文明ヒッタイトの源である赤い河の畔で我々日本人の代表が調査をしているとは夢のあ

図41　象形文字のヒッタイト文字

る素敵なことである。

後の時代の記録によれば、ヒッタイトは伝説上の王ラバルナを建国の祖とし、彼の子孫によってハットゥシャが征服され、アナトリア中央部を統一したと考えられている。そのハットゥシャを都としてヒッタイトの古王国時代（前一七〇〇―前一四〇〇年頃）は始まった。さらに古王国時代に西方はアルザワまで、東方はシリアにまで領土を拡張した。続いて紀元前一五九五年頃にバビロン第一王朝を滅ぼしている。

その後、王の暗殺事件などにより王国は混乱期を迎えるが、テリピヌ勅令で知られる王テリピヌにより正常化された。テリピヌは東南アナトリアの新興国キズワトナの王と条約を結び、領土を東はユーフラテス河流域から地中海沿岸地域にまで拡大するなど積極的な活動を行った。続くヒッタイトの中王国時代は、次の新王国時代への過渡期と位置づけられている。ミタンニ王国やカシュカなどの周辺諸地域の勢力に対抗するため、王がキズワトナと密接な関係を築くなど対策を打ったが、徐々に弱体化し衰退していく。

ヒッタイトは紀元前十五世紀中頃に新たな王統のもと新時代を迎えた。新王国時代と呼ばれているこの時期にヒッタイトは帝国と呼ぶにふさわしい活発な活動を展開した。シュッピルリウマ一世は周辺勢力を戦争により一掃し、エジプトと密接な関係を築いていた強国ミタンニ王国を滅ぼし、その西半分を属国化、中王国時代に喪失した領土を奪回したのである。また彼は、二人の息子をそれぞれカルケミシュとハラブ（アレッポ）の王に任命することにより、アナトリアから北シリアにかけて広がる大帝国を創り上げることに成功した。シュッピルリウマ一世の後継者たちも、シリア・パレスティナ地域において領土拡張と大規模な軍事遠征を行い、同時代におけるもうひとつの強国であるエジプトと衝突するのは必然であった。ここに世界史は重要な局面を迎えることとなるのである。

3　「カデシュの戦い」の意味

世界最古の〝記録された戦争〟

カデシュの戦いは、その経過が詳細に知られている人類史上最古の戦争であるとしばしば説明される。しかしながら、それだけではカデシュの戦いの持つ意味を言い尽くしたことにはならない。

まず指摘しなくてはならないのは、カデシュの戦いよりも古い時代の戦いについて、すでに詳細な記録が残されているということである。トトメス三世単独統治期にエジプトが、シリア・パレスティナ、さらに北方のレヴァントへの交易ルートを押さえる戦略上の要衝であるメギド（イスラエルのイズレエル平野西部）へ侵攻した、いわゆるメギドの戦いである。トトメス三世はカルナク神殿の壁面とヌビアのジェベル・バルカルに建てさせた石碑に、王を褒め称える年代記を刻ませており、そこには以下のような記述がある。

……トトメス三世は彼の将軍たちの忠告を無視し、その代わりに狭い道を通って軍隊を行進させるというメギドを直接攻めるルートを選んだ。戦略はうまくいき、エジプト人たちは不意をついて敵を捕らえることができた。カデシュとメギドの君主は都市に逃げ込んだ。そこで彼らは、服を引っ張り上げられて城壁に入った。包囲七ヵ月後、メギドとその住民たちはエジプト軍に捕らえられた(4)。

このように十分詳細な記述が先行して存在する以上、「カデシュの戦いは詳細な記録が残された世界最古の戦争である」と主張することはできない。しかしながら、戦争経過についてはカデシュの戦いのもののほうが数段上の描写がされている（ドラマチックである）。さらに、戦いがその後の歴史的展開に与えた影響の大きさは、カデシュの戦いのほうが遥かに大きい。そうした意味で、カデシュの戦いの記録は古代オリエント史上最高の資料のひとつであると言える。

ラメセス朝期の軍事組織

紀元前一二七五年頃、ラメセス二世はエジプトから軍を進め、最終的に当時のヒッタイト王ムワタリとシリア・パレスティナの覇権を争うこととなる。戦場となったのはカデシュであった。アクエンアテンの治世頃からカデシュは、エジプトとヒッタイトの勢力圏のちょうど中間地点となっていた。シリア・パレスティナを中心とする地中海世界の交易の要衝であったオロンテス河を押さえるカデシュは、両国にとって最重要地域と認識されたため、しばしば大きな戦いの舞台となった。ラメセス二世以前にもトトメス三世やセティ一世がカデシュの近郊で何度か大規模な戦闘を行っている。特にラメセス二世の父であったセティ一世は、内陸部のカデシュと海岸部のアムルの占領に成功している。そしてラメセス二世の治世となり、エジプトはこの古代オリエント世界最大の交易の要衝のひとつにおいて、ムワタリのヒッタイト軍と雌雄を決することとなった。

ラメセス二世は治世第四年に軍を率いて北上しカデシュへと向かった。翌年春には戦闘態勢に入っていたエジプト軍の四つの師団（アムン師団、ラー師団、プタハ師団、セト師団）がカデシュに近づいていたが、このときラメセス二世は捕らえた敵側の捕虜に摑まされた偽の情報により、ヒッタイト軍の待ち伏せを受ける。王直属の師団であったアムン師団がカデシュの北側に本陣を張ったのに続いて、ラー師団がその本陣方向へと向かった。ヒッタイト軍はこのラー師団を狙ったのである。東側から攻め込んできたヒッタイト軍によって不意をつかれたラー師団は混乱に陥り逃走した。しかし、後続部隊のプタハ師団とセト師団が追いつき、さらに海岸部から駆けつけた援軍の到着とラメセス二世のカリスマ性、そして何よりもアムン神の加護によって、絶体絶命の危機から抜け出したという顚末《てんまつ》が先述した五つの神殿に彫られている（地図⑤）。

さらにその五つの神殿の碑文から、国家の有事の際にあって軍の準備に余念がなかったラメセス朝期の軍編制・軍組織を詳細に知ることができる。そしてその特徴は、他の時代と比較して組織的であったことにある。たとえば軍隊の最も基本的な単位は、五十人で編成され

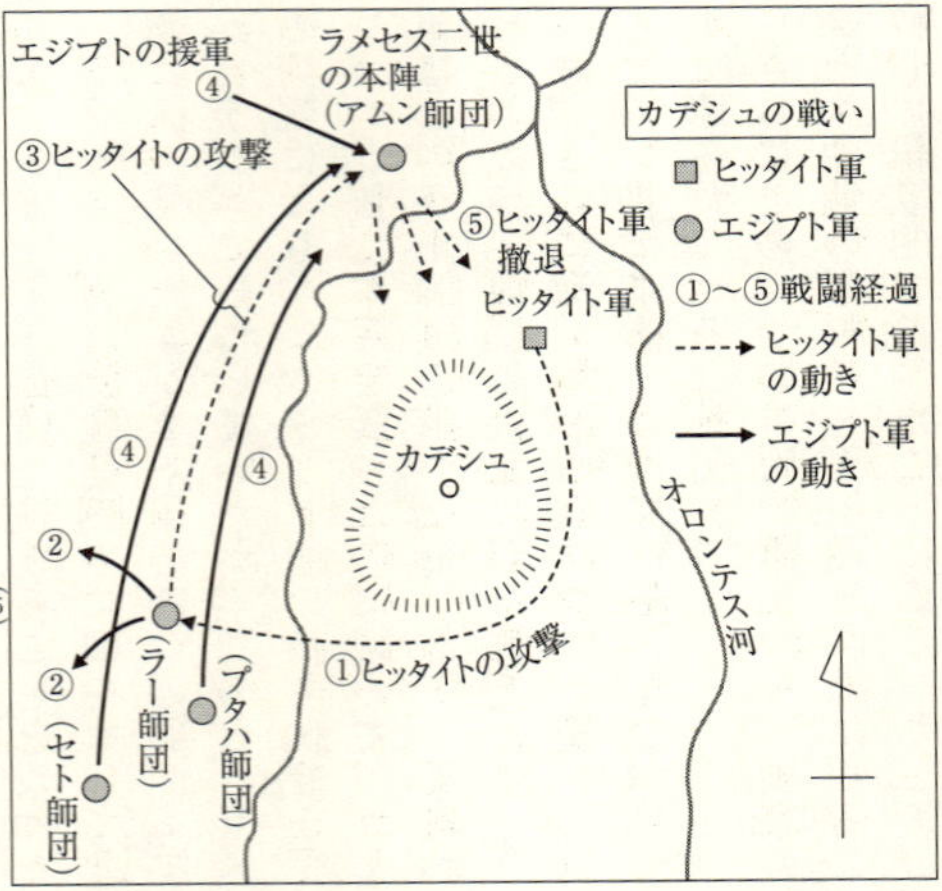

地図⑤　カデシュの戦いの経過

た小隊であった。この小隊が五つで書記と司令官を伴う二百五十人の中隊を形成する。それら中隊が二十集まり、兵士五千人規模の師団が組織されたのである（つまり、カデシュの戦いにおけるエジプト軍は、総計二万人であった）。それら各師団は、王子をはじめとする王族や王の側近によって指揮が執られ、前述したとおりそれぞれがアムン師団、ラー師団、プタハ師団、セト師団といったように、古代エジプトを代表する神々にちなんで名づけられた。四つか五つの師団で構成される軍隊は、通常は北と南の地区に分割して配置されており、王子たちによって指揮されていたのである。[5]

戦後処理と「条約」

しかしながら、上記のように戦争の詳細な経過やエジプトの軍隊組織の情報について知ることができるにもかかわらず、これまで一般的には戦争後にエジプトとヒッタイトとの間で結ばれた「世界最古の平和条約文書」（図42）のみが注目されてきた。カデシュの戦いから十六年が経過した後、ラメセス二世の治世第二一年に当時のヒッタイト王ハットゥシリ三世との間でシリア・パレスティナあるいはそこを通る内部の交易ルートの支配権を分割保有することに同意する公式の平和条約が結ばれたのである。その重要性は、条約の内容だけではなく、エジプトとヒッタイト双方に内容の写しが残っている点にある。ヒエログリフで書かれたエジプト側のものはカルナク神殿の壁面に彫り込まれている。一方、ヒッタイトのものは楔形文字を用いて粘土板に記された。我々がここからイメージするのは戦争とその後の処理としての「条約」という近代的手順そのものである。両国はまさに人類最初の「国際関係」の真っただ中にいたのであった。

図42　カルナク神殿壁面に彫られた「世界最古の平和条約文書」

この条約の存在に比べれば、カデシュの戦いの勝敗自体を論じることに、それほど大きな意味があるとは思われない。だが、しばしば言われるように「ラメセス二世による明らかな誇張にもかかわらず、戦争の結果は引き分けであった」と解釈するのには問題がある。確かに、エジプト側からみた史料によれば、ムワタリが自身の息子を含む側近を数多く失いカデシュから撤退したことになっているにもかかわらず、エジプトはカデシュを取り戻すことができなかった。よって、この戦いは結果として引き分けに終わったとも指摘しうる。だが戦闘後、実質的にカデシュを獲得し管理下に置いたのは、明らかにエジプトではなくムワタリのヒッタイトであった。この結果だけをみれば、勝者はヒッタイトとすべきであろう。とはいえ、ラメセス二世はカデシュと同様にオロンテス河に多大な影響力を持つ近隣の沿岸地域に二度軍隊を派遣し、部分的に領地を挽回している。つまり、カデシュの戦い後の彼らの時代、この地域は両大国によってそれなりにうまくパワー・バランスが取られていたのである。

その微妙なバランスがシャルマネセル一世のアッシリアの台頭によって崩れようとしたとき、エジプトとヒッタイトはこの地域における安定（平和的分割と交易路の相互利用）を第一と考え、条約という対応策を採ることとなったのである。そしてさらなる保障のため、ラメセス二世は政略結婚により、二人のヒッタイト王女を妻に迎え入れた。両国は可能な限りのあらゆる手段を駆使して平和と安定を求めたと言える。それは、カデシュの戦いで痛手を負った双方の国の人々の気持ちを反映したのかもしれない。

カデシュの戦いの持つ意味として、さらにつけ加えることが許されるならば、神殿のレリーフにある敵を打ち据える古代エジプト王の図像（図38、一一九頁）とそこに付属する碑文を挙げておきたい。そこからは、古代エジプト王権のイメージが読み取れるからである。そうして記憶に残そうとされたカデシュの戦いのストーリーが、たとえエジプト側（ラメセス二世側）に立った誇張であったとしても、ライヴァルとしての大国「ヒッタイト」の存在を大きくクローズアップしている点を見逃してはならない。ヒッタイトは、鉄の冶金術やウマを用いた戦車によって強国となったことがしばしば語られるが、その強力さはエジプトと互角以上に戦った結果として生み出された評価なのである。ヒッタイトの強さを語る上でカデシュの戦いは決して欠くことはできない。

ヒッタイトが領土を広げるために外部世界へと拡張政策を採り始めた当初、エジプトとの関係は、まだそれほど悪いものではなかったと思われる。

その証拠のひとつとして、当時の外交文書であるアマルナ文書においてヒッタイトから鉄が貢物としてエジプトにもたらされたことが記され、そのヒッタイト（あるいはミタンニ）からの貢物であろう鉄を用いて製作された短剣がトゥトアンクアムン（ツタンカーメン）王墓から出土していることが挙げられる。

あるいは、トゥトアンクアムンの妻であったアンクエスエンアムン（アンケセナーメン）が、当時のヒッタイト王シュッピルリウマ一世に彼の王子の一人を彼女の夫として、つまり若くして亡くなったトゥトアンクアムンの次のエジプトの王位継承者として送ってほしいと書簡で伝えていることが知られている（アンクエスエンアムンは二度手紙を送っている）。このエジプト側からの打診は、両国の蜜月を非常によく表している。王が亡くなるというのは最大の危機を意味し、まさに国を挙げて隠すべきトップシークレットだが、それを明かしているからである。

アンクエスエンアムンからの書簡を読んだシュッピルリウマ一世は、おそらく困惑したであろう。当時のエジプト王であるトゥトアンクアムンが若くして突然亡くなったということを、ヒッタイト側は手紙が届くまで知らなかった可能性が高い。しかし結果的には、ヒッタイト王は困惑しながらも要求通りに王子の一人ザナンザをエジプトに送った。結局この婚姻は、おそらくトゥトアンクアムンの妻であったアンクエスエンアムンに敵対するエジプト国内の反対勢力の妨害によって実現しなかった。だが、政略結婚の提案が可能なくらい、あるいはトップシークレットが漏れてもかまわないくらいヒッタイトとエジプトが密接な間柄であったことは確かである(この残された妻となったエジプト王妃は、アンクエスエンアムンではなく、アクエンアテンの第一王妃であったネフェルトイティであった可能性も提案されているが、王妃の手紙に書かれている死去した王の名前は、ニプフルリヤというものであった。このニプフルリヤという呼び名はトゥトアンクアムンの即位名ネブケペルウラーと酷似しているため、やはり手紙の主はアンクエスエンアムンであろう)。

その後ヒッタイトは、シュッピルリウマ二世の治世であった紀元前十三世紀終盤に、次章で扱ういわゆる「海の民」による移民活動の影響によって国家としては崩壊していったと考えられている。一部は紀元前八世紀にアッシリアに併合されるまで、ネオ・ヒッタイトと呼ばれている幾つかの都市国家として生き残り(6)、また一部は「海の民」と行動をともにした。

多民族国家として発展したヒッタイトであったが、再び分裂を余儀なくされ、最終的には歴史の流れのなかに飲み込まれていったのである。

第6章　ラメセス三世と「海の民」

古代オリエント史および古代地中海史において、「海の民」ほどその名称が知られているにもかかわらず、正体がわかっていない存在はないだろう。これまで「海の民」は、おおかた以下のように説明されてきた。

紀元前一二〇〇年頃に東地中海全体を荒らし回ったとされる彼ら「海の民」は、もともとパレスティナ沿岸に暮らしていた人々、あるいはリビア人、あるいはエーゲ海地域に暮らしていた人々、あるいは小アジアにいた人々、あるいは東地中海沿岸地域に暮らしていたこれらの人々の総称である。

ここから我々が受け取ることができる印象は、要は「海の民」とは、よくわからない存在だということくらいであろう。しかし研究が進んだ現在、彼らの実態が徐々に明らかになりつつある。

紀元前十三世紀末から紀元前十二世紀初頭にかけて、東地中海沿岸地域に侵攻し破壊・略奪を行った集団であったとされる彼ら「海の民」は、バルカン半島からエーゲ海を経由して、アナトリア、そして最終的には北アフリカに位置するエジプトのナイルデルタ地域にまで到達したことが知られている。単一民族ではなく、複数の異民族によって構成された混成集団であったと考えられている彼らは、前章で述べたヒッタイトやギリシアのミケーネ諸王国を滅ぼすほど強い力を保持していたとされているのである。

そうして東地中海地域の名だたる国家を滅亡・崩壊へと導いた彼ら「海の民」ではあったが、エジプトでは敗北した。土をつけたのは古代エジプト第十九王朝第四代目の王メルエンプタハ（在位前一二一三―前一二〇四年頃）と第二十王朝二代目の王ラメセス三世（在位前一一八七―前一一五六年頃）であった。そして彼らは、その大勝利を誇らしげに碑に刻みつけたのである。東地中海世界を席巻した「海の民」を阻止したことは、エジプトの名声をさらに高めることとなったに違いない。ヒッタイトやミケーネ諸王国を滅ぼすほど強力な「海の民」をエジプトは撃退したのだから。

「海の民」は、実態の把握ができない集団ではあったが、歴史上、確かに存在した。上述した二人の古代エジプト王の動向を考慮するならば、エジプトにおける幾つかの記録に「海の民」の存在を確かに示す証拠がみられる。おそらく彼らは、実際に東地中海沿岸地域で略奪・破壊を繰り返し、時計回りのルートを通過しながら、最終的にエジプトのナイルデルタにまで到達したのであろう。しかしながら、彼らの痕跡＝文化的特徴（たとえば美術様式）・物質文化的特徴（たとえば土器）はうかがい知ることができない。彼らと相対した敵＝エジプトが図像や碑文資料として残している例を除けば、その痕跡は皆無と言ってもよいほどである。以下、本章ではそれら数少ない資料を用いつつ、「海の民」に関して再考察を加えてみたい。

1　メルエンプタハの戦勝記念碑

「イスラエル」という記述

実態が不明瞭なのにもかかわらず現在の我々が彼らを知りえているのは、ひとつの石碑の存在によってである。その石碑とは、「メルエンプタハの戦勝記念碑」（図43）と呼ばれているものである。現在はカイロのエジプト考古学博物館に所蔵されているこの石碑に刻まれた文章は、そのほとんど全体が古代エジプト第十九王朝のファラオであったメルエンプタハの勝利を詩のごとく称えるもので、紀元前十三世紀末期の世界情勢の一端がそこから垣間みえる貴重な資料である。その最後の数

図43　メルエンプタハの戦勝記念碑

行に彼との戦いに敗れたシリア・パレスティナ地域の複数の都市名や民族名が記されている。その民族こそ「海の民」の先駆けであると考えられている。

「メルエンプタハの戦勝記念碑」は、かつてアメンホテプ三世記念神殿に使用されていた建材を奪取し、それを再利用して造られたメルエンプタハの記念神殿に建立されたものであった(「メルエンプタハの戦勝記念碑」自体もアメンホテプ三世の石碑の裏側を利用したもの)[1]。メルエンプタハは、異民族の撃退という自身の生涯最高の業績を誇るためにこの戦勝記念碑を建立したのだ。そこには、メルエンプタハの治世第五年にリビア人たちがエジプトのデルタ地帯に攻め込んできたという記録、そして彼らを撃退した勝利の記録が残っている。碑文によると、王はリビア人とその盟友九千三百人を殺害したという。このエジプト西方のリビア人の動きの記録が刻まれている。

さらに注目すべき点は、碑文中に「イスラエル」と読むことができる文字列が記されていることである。そのためこの碑は「イスラエル・ステラ」の異名を持っている。そして「イスラエル」の文字列の最後に決定詞として、異民族を表す文字が置かれている。この決定詞の存在により、ここに記された「イスラエル」の文字列が国名や都市名を指すのではなく、民族名を示していることがわかる。

この碑文ゆえに、イスラエル人は旧約聖書以前、遅くとも紀元前十三世紀末には実在していた起源の古い民族であったとされている。すなわち旧約聖書の「出エジプト」がメルエンプタハの治世以前の出来事であった可能性を示唆していることにもなる。いまだ混迷を極めるシリア・パレスティナ情勢の根底にある、現代の国家イスラエル、およびイスラエル人・ユダヤ人のアイデンティティとも大きくかかわると言うことができる。

「敵」としてのリビア

「メルエンプタハの戦勝記念碑」にはイスラエルをはじめシリア・パレスティナ地域に存在していた複数の都市や民族が登場するが、「海の民」について考えるためには、まずもってリビア人に注目しなければならない。「海の民」とは、特定の民族を指す言葉ではなく、複数の民族集団から成り立っており、おそらくエジプト西方に暮らしていたリビア人もその一派であると考えられているからである。

　リビア人とエジプト人との接触の歴史は古い。エジプト人たちは、先王朝時代からナイル河谷およびデルタ地帯の西方に暮らしていた半遊牧民たち＝リビア人と接点を持ち、ときに衝突を起こしてきたと考えられている。そのことは、先王朝時代の終わりのものと考えられる儀礼用パレットのひとつであるハンター・パレット（図5、二〇頁）にリビア人たちが描かれていることから明らかである。そこには髭をはやし、髪に羽飾りをつけ、動物の尻尾のついた腰布を巻きつけたリビア人たちが、それぞれ槍や弓などの武器を手

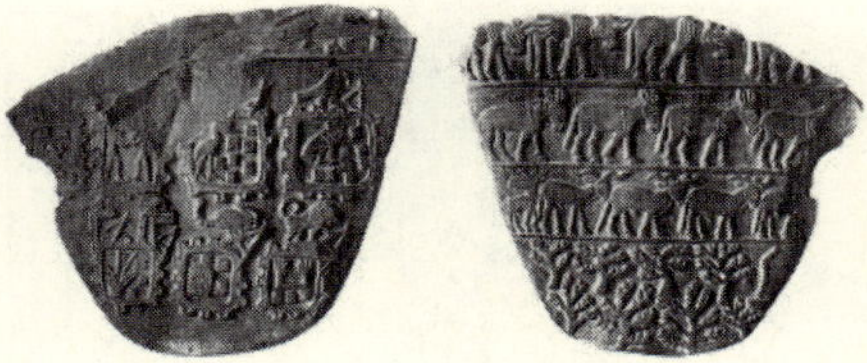

図44　リビア・パレット両面

図45　カワの神殿に描かれたスフィンクスの姿のタハルコ王

に動物たちを狩猟している場面が描かれている。それ以外にもリビア・パレット（チェヘヌウ・パレット）として知られる儀礼用パレット（図44）には、新王国時代まで、南はファイユームまでを含むリビア北部に対する一般名称であったチェヘヌウの文字とおそらくその地の特産品として表示された戦利品としての動物たち（ウシ、ロバ、ヒツジ）の行列が描かれている。

古代リビア人に対するもうひとつの呼び名であるチェメフウは、上エジプトとヌビアの西方に対応するリビア南部を指していた。古代エジプト最初の王とされているナルメル王の奉献用パレットには、おそらくリビア人を表現しているであろう人物を王の化身である雄牛が足で踏みつけている図像がある（図6、二四頁）。また同王の象牙製ハンドルには、リビア人捕虜の集団を討つナマズの姿のナルメル王が描かれている。あるいは古代エジプト王に関するさまざまな図像のなかで「九弓の敵」として、リビア人はヌビア人とシリア・パレスティナに住む「アジア人」と共にエジプトの国の始まりの時期から典型的・伝統的なエジプトの敵として描かれたことから、それは象徴的意味を持つものであり、純粋な意味での儀礼を表しているのかもしれない。リビア人首長を討っているエジプト王の場面は、第五王朝のサフラー王の葬祭神殿やカワにある第二十五王朝のタハルコ王の神殿に千五百年以上にもわたって繰り返し描かれている[2]（図45）。

新王国時代には、メシュウェシュ（あるいはその省略形「マ」）やリブと呼ばれた強力なリビア人部族が出現した。おそらく北アフリカに位置するキレナイカ（キュレネ）の海岸地域出身の彼らは、機会があるごとにエジプトの西方デルタに定住しようと試み、エジプトの支配に対して絶えず燻《くすぶ》る火種であったことが知られている（地図①、三八頁・地図⑥）。

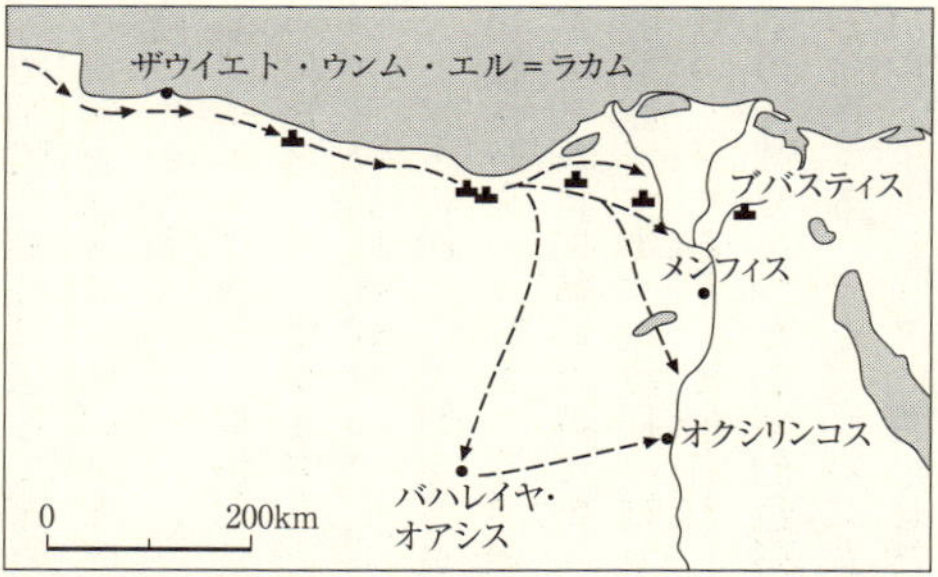

地図⑥　西方からのリビア人たちの侵入ルート

新王国時代の第十八王朝初期には大きな衝突は記録されておらず、むしろ両者の関係は良好であったようである。だが、第十九王朝に入ると状況はにわかに騒がしくなる。そのことは、セティ一世がチェヘヌウの首長と交戦したことや、ラメセス二世がリビア人によるエジプトに対する攻撃を防ぐためにデルタ西部にザウイエト・ウンム・エル＝ラカムをはじめとした要塞群を建造したことからも明白であろう。このとき以来、ザウイエト・ウンム・エル＝ラカムは、エジプトの西の国境となる。大王ラメセス二世でさえもリビア人を警戒していたのである。そして先述したメルエンプタハは、飢饉の発生が原因で国境を越え侵入して来たリビア人たちを引き揚げさせるために積極的に攻勢をかけ、彼の戦勝記念碑によればリビア人たちを撃退したが、その後も彼らは定期的にエジプトに舞い戻ったのである。

「メルエンプタハの戦勝記念碑」におけるイスラエルを含むシリア・パレスティナの国家名や民族名、そしてリビア人という異民族に関する情報の記載は、メルエンプタハの治世がエジプトの異民族対策のターニング・ポイントとなったことを示している。つまり、伝統的なエジプトの敵として想定され、先王朝時代には激しい紛争があったリビア人との関係は、その後沈静化していた。ラメセス二世もザウイエト・ウンム・エル＝ラカムの要塞を建設したが、それは防御のためであった。しかし、メルエンプタハ治世下のエジプトは、これまで比較的寛容であった移民に対して、否定的な態度を取り始めたのだ。ラメセス二世の第十三番目の王子であり、後継者として王位についたメルエンプタハもまた、父と同じくラメセス朝期の特徴であった軍事的色彩を色濃く持つ王であった。この政策の延長線上にラメセス三世が位置する。そしてついに大規模な集団に膨れ上がった「海の民」が、東地中海を南下しながらナイルデルタに襲来したのである。

2　ラメセス三世と「海の民」との攻防

侵攻か、それとも難民か

第二十王朝二代目の王であったラメセス三世の治世は、相次ぐ外部世界からの異民族侵入によって特徴づけられている。最初にエジプトに侵入して来たのは、メルエンプタハのときと同様に、やはり西方からのリビア人たちであった。彼の治世第五年には、チェメフウやメシュウェシュを中心としたリビア人部族連合が反乱を企てたことが知られている。ラメセス三世は迅速に行動し、デルタに侵入したリビア人たちに応戦し、二万八千人以上を殺戮し、捕虜一千人を獲得した。彼は「ラメセス」の名に相応しい活躍をみせたのである。

しかしながら、ラメセス三世の治世第八年、ついに現在我々が「海の民」と呼んでいる集団が襲来する。彼らは、ギリシア方面からアナトリアとシリア・パレスティナを通り、ヒッタイト、カルケミシュ、そしてウガリトなどに致命的なダメージを与え、東地中海地域を海路・陸路を併用しながらナイルデルタ地帯へと南下してきたのである。彼らのなかには、地中海西部の部族であったと考えられているシェルデン（サルディニア人）、シェクレシュ（シチリア人）、そしてエクウェシュ（アカイア人）や起源の明らかでないトゥレシュ（エトルリア人）[3]、リュキアからのルッカ、あるいは後にパレスティナに植民するペルシェト（旧約聖書に登場するペリシテ人）などが含まれていた。テーベのメディネト・ハブ（ラメセス三世葬祭殿を核とした神殿複合体）の碑文においてこれらの民族名の最後に「海の」という形容語がつくために[4]、我々は「海の民」という言葉を使用している。だが、実際のところこの言葉が的確に彼らを表現しているかどうかは疑問である（図46）。

かねてよりメンチュホテプ三世を中心とした中王国時代の政府は、外国からの攻撃に対し

図46　メディネト・ハブの壁面に描かれた「海の民」

てその境界を守るため、北東デルタを防御する一連の砦を再建設していた。エジプトは常に東方デルタ地帯に外敵に対する防御の態勢を敷いていたのである。ヒクソスに突破されはしたが、新王国時代においても備えは十分になされていたはずである。「海の民」に対してはそれが功を奏した。エジプト陸軍は陸路を侵攻してきた「海の民」を叩き、エジプト海軍は海路を用いてデルタへと入ろうとした彼らをまさに水際で撃退したのである。地中海世界全体におよぶインターナショナルな時代の流れをつかみ、新王国時代後半からデルタに拠点を移していたエジプト王家の先見の明と言える。メディネト・ハブにあるラメセス三世葬祭殿の第一塔門の外側の面には、敵を打ちすえている王の場面が描かれており、一方、北壁の装飾は「海の民」との戦いの場面が描かれている。ここに「海の民」は永遠に人々に記憶され、世界史の一部となった。

　いったんは大きな波を抑えることに成功したラメセス三世であったが、治世第十一年に再びリビア人の移住活動が活発化した。おそらくリビアのキレナイカに起源を持つメシュウェシュの一団が大規模なエジプト移住を試みたのである。彼らは内陸部に暮らしていた部族であったリブよりも東方に勢力を広げていたと考えられている。彼らの行動はまさに移住・移民であり、彼らを描いたレリーフには、女性や子供、荷車に載せられた家財道具、あるいは家畜などもみられる。リビア人側からみれば、それは暴力をともなう侵略・侵攻ではなかったのである。純粋な移民であったか、あるいは何らかの原因で故郷を逃れた一種の難民であったのであろう。

しかしながら、エジプト側の対応は厳しかった。ラメセス三世は、メシュウェシュの首長をはじめとする数多くのリビア人を捕らえたのである。二千百七十五人を殺害し、さらに二千五十二人を捕虜とした。その戦いの様子を描いたものが図47である。砦の上部からリビア人たちに矢を放つエジプトの弓兵が描かれている。

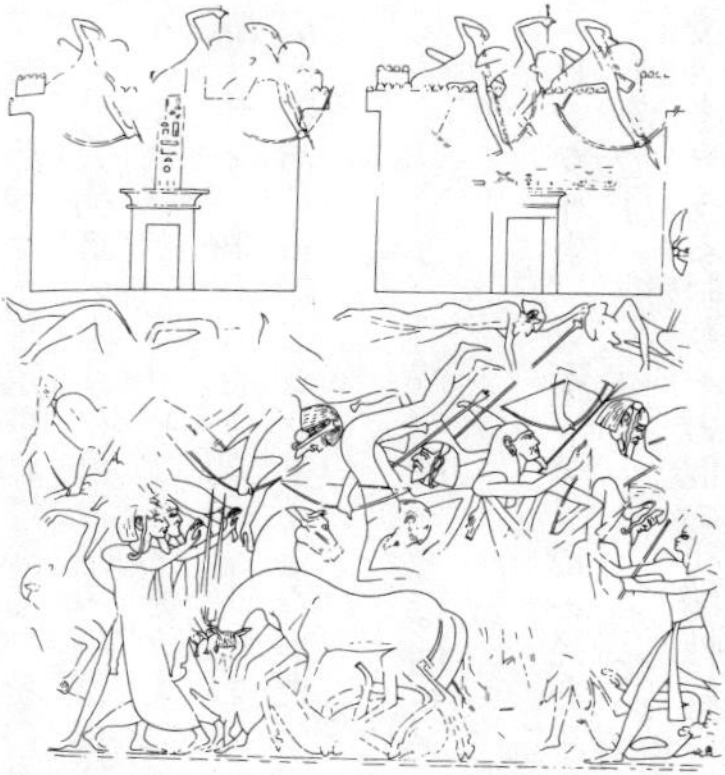

図47　リビア人メシュウェシュと戦うエジプト軍

しかし皮肉にも、戦争捕虜となった者たちはナイルデルタに定住し、次第にエジプト社会内で強力な影響力を持つ集団となった。本来ウシ、ヒツジ、ヤギをともなう半遊牧生活を行っていた彼らではあったが、リブやメシュウェシュは、リビアに定住地を持っていたとも考えられている。その上、彼らは青銅製の剣やチャリオットを保持していたことから、文化的にかなり高い段階にあったと想定されている。[5] そのリビア人たちの末裔は、第二十王朝あたりからエジプトの社会構造のなかに潜り込み、後に第二十二王朝と第二十三王朝として、シェションクやオソルコンというリビア人名とともにエジプト王権を手に入れたのである。それは古代エジプト史上、特にリビア朝期と呼ばれる時代であった。遊牧の民であった異民族の捕虜の子孫が伝統ある古代エジプト王となったのである。

3 「海の民」とは何だったのか？

ヒッタイト、ミケーネを飲み込む

本節では「海の民」とはいったい何だったのかという問題に一定の答えを提示し、その後、出来うる限りその他の可能性について考えてみたい。

手始めに、この時期の古代オリエント世界と東地中海世界とのあいだで生まれた大きな流れとその歴史背景を再度確認しよう。具体的には前者の代表としてヒッタイト、そして後者の代表としてミケーネ諸王国に注目したい。両者はともに「海の民」によって破壊・略奪を受け、それをひとつの要因として滅びたのだとされているからである。世界史上にその名を轟かす二つの古代文明が「海の民」によって滅ぼされたのが事実であることは、現在ほぼ定説となっている。しかしながら、ではその強大な力を持っていた「海の民」とはいったい何なのだという問題に我々はいつも立ち返らざるを得なくなる。

本書第5章においても取り上げたように、カデシュの戦いの後にエジプトとヒッタイトは平和条約を締結した。ヒッタイト軍の一部はその後エジプト軍に仕え、王宮のあったデルタの都市ペル・ラメセスに配置されている。また、ラメセス二世の後継者であったメルエンプタハは、飢饉の際に友好国であったヒッタイトへ穀物などの補給品を援助目的で送っている。彼の治世、エジプトとヒッタイトはかなり良好な関係にあったのである。

しかしながら、次の段階で変化が現れる。ラメセス三世葬祭殿として知られるメディネト・ハブのレリーフ上では、戦闘用の兜を被ったヒッタイトの傭兵たちが、「海の民」の味方としてエジプト軍と戦っている場面が示されているのである。ヒッタイトはおそらく「海の民」の圧力によって紀元前十三世紀に滅びたが、少なくともその残党の一部は、「海の民」と結託したということになる。そして、かつての同盟国エジプトを脅かしたのだ。メルエンプタハの治世とラメセス三世の治世間の約二十年でヒッタイト人とエジプト人との関係は、百八十度大きく変化したのである。

ではもう一方のミケーネ諸王国の視点からも「海の民」についてみてみよう。ミケーネ諸王国の滅亡については、これまで次のように説明されることが多かった。

ミケーネ文明の代表的な都市であったピュロスの王宮が炎上し、崩壊したのとときを同じくして、他のミケーネの諸王国も紀元前一二〇〇年頃外部世界からの侵略により滅亡したと考えられている。そしてその後、王宮は再建されることはなく、線文字Bも再び使用されることなく消え去り、ミケーネ文明は終焉を迎えた。

さてこのミケーネ文明の滅亡の原因については、これまでに幾つかの仮説が提起されてきた。筆者が高校生くらいの時分に教科書に堂々と書かれていた説は、「ミケーネ文明は、ドーリア人というミケーネ人とは異なるギリシア人の一派による侵入により破壊された」というものである。現在ではこの説を積極的に支持する人はほとんどいない。ドーリア人は確かにこの時期にやって来たようだが、ミケーネ文明を滅亡させるほどの影響力はなかったと現在では考えられている。

他の説としては、ミケーネ諸王国同士の対立や自然環境の変化による飢饉や自然災害などが提起されているが、最も有力なものとして、懸案の謎の民族「海の民」によってミケーネ文明は滅亡に追い込まれたという説がある。ミケーネ諸王国は、その滅亡寸前の時期に外部世界からの脅威に対するため、海岸部の防備を固めていたことが知られている。この脅威こそが「海の民」であったとするのである。

本節で考察した二つの勢力が紀元前十二世紀に崩壊・滅亡したことは間違いない。そして、ヒッタイトもミケーネ諸王国も「海の民」によって滅亡させられたのであろうか。ただし、ヒッタイトの民の一部は山岳部等に逃れたことが知られているし、ミケーネ諸王国の人々がキプロスなどほかの地域に移民したこともまた知られている。つまり「海の民」は両者を殲滅したわけではなかったことになる。略奪を繰り返しながら、西方から東方へ、そして南方へと「暴力をともない通過した」のだという印象を受ける。

ミケーネ諸王国に壊滅的打撃を与えた人々を仮に「海の民A」とするなら、ヒッタイト帝国を崩壊に追いやった彼らは、ヒッタイトの残党を組み込み「海の民B」となり、その後、シリア・パレスティナ沿岸地域を南下しながら、そこに存在していたウガリトを代表とした都市国家に破壊をもたらした。そしてさらに国を喪失した人々を巻き込みながら、「海の民C」となったのである。このような複雑な拡張・膨張過程を経たとすれば、「海の民」は固有の物質文化を持たず、エジプトの碑文やレリーフ以外に明確な痕跡を残すことがなかったことも説明がつく。

正体は津波？

もうひとつのストーリーも提案しておきたい。それは自然環境・自然災害を念頭に置いたものである。東地中海世界において発生した干魃《かんばつ》や大地震（現在でもトルコは大地震の頻発地域として知られている）にともなう津波を代表とした自然災害やその結果としての飢饉が原因で、ヒッタイト人を代表とした周辺地域の人々の一部が暴徒化した可能性は考えられないであろうか。同様の考え方がエジプト学者内田杉彦によって以下のように簡潔・明快に紹介されている。

……ヒッタイトの飢饉を引き起こした気候悪化は、小アジア西海岸やエーゲ海の島々にも及んでおり、そこに住んでいたさまざまな民族が食料を求めて船団を組み、大移動を開始していました。これが「海の民」と呼ばれる人々で、メルエンプタハの治世五年には彼らの一部がリビアに上陸、リビア人と連合してデルタに侵入してきます[6]。

もし上記のイメージどおりの出来事が実際に起こっていたと考えるならば、「海の民」という呼び名で象徴されるように、彼らの多くが海岸沿いに進み侵攻したことに意味を持たせることができる。つまり、大地震や火山噴火が引き起こした、人類が到底かなうことのない自然災害である津波が、東地中海沿岸地域を襲い居住地を飲み込み破壊し、そこに暮らしていた人々を動かしたという考え方である。津波に詳しい災害研究の第一人者河田《かわた》惠昭《よしあき》は、古代の地中海で起こった津波について次のように述べている（地図⑦）。

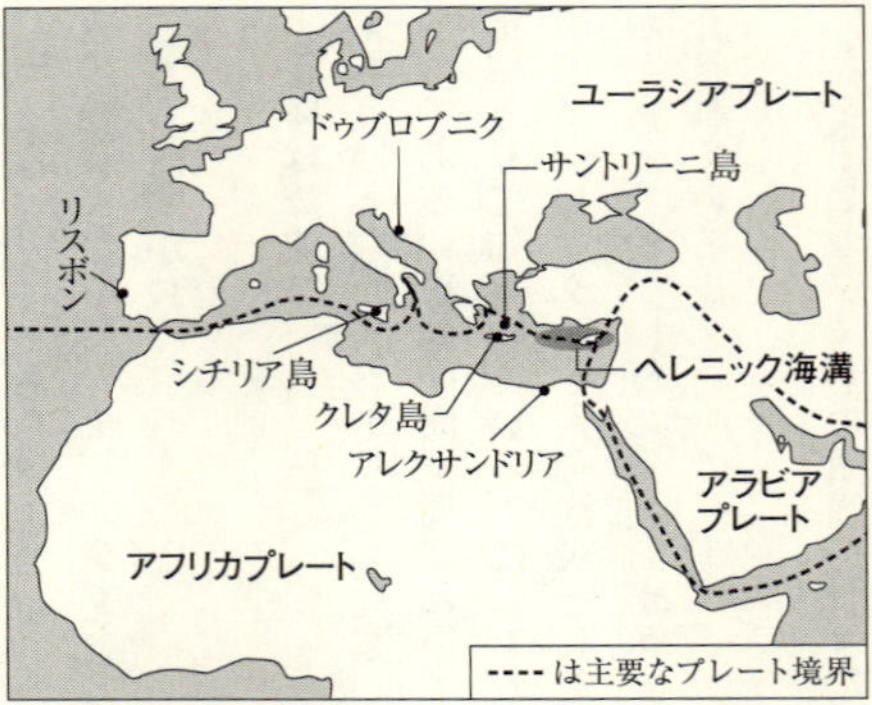

地図⑦　地中海の周辺のプレート

このような大津波（引用者注：紀元前一六三〇年頃にサントリーニ島で起こった噴火に

ともなう大津波を指す）は数百年に一度起こることもめずらしくない。ギリシャのクレタ島沖にはヘレニック海溝に沿った断層が最近発見され、ここで起こった三六五年七月二一日の地震が原因で同島西部が一〇メートルも隆起したことがわかっている。そして発生した大津波がエジプトのアレクサンドリアを壊滅させたといわれている。また、この津波は、ギリシャはもとより、イタリアのシチリア島、アドリア海に面するクロアチアのドゥブロブニクまでを襲ったらしい。この断層は、約八〇〇年に一度の頻度で巨大地震と津波を発生させる可能性があると推定されている。地中海東部を襲ったもっとも新しい津波は、一三〇三年八月八日に発生した。M七・八の地震の四〇分後、九メートルの津波がアレクサンドリアを襲ったという。(7)

同時期のウガリトに大地震があったという説を提示する研究者もいる。(8)そのため、そこで日々の生活を営んでいた人々が故郷を捨て、新天地を求めて海岸部を移動し、エジプトへと南下したとは考えられないであろうか。そのように考えるならば、ラメセス三世に先立つメルエンプタハの治世に、リビア人たちが西方からデルタに侵入してきた理由がわかる。北アフリカの地中海沿岸の都市キュレネを本拠地としていたリビア人たちもまた巨大な津波の影響を受けたのである。

引用のように、ヘレニック海溝に沿った断層が本当に約八百年に一度大地震とそれにともなう大津波を発生させてきたのだとしたなら、アレクサンドリアを襲った三六五年の地震の千六百年前にも大津波が発生していた可能性がある。つまり、単純な引き算の結果ではあるが、紀元前一二三六年頃に大地震と津波があったということになるのである。そして同じ断層が引き起こした地震による大津波は、同じようにエジプトのアレクサンドリア、つまり北アフリカ沿岸を襲ったのかもしれない。

紀元前一二三六年は、リビア人を撃退した古代エジプト王メルエンプタハの先王ラメセス二世治世後半に相当する。このときに発生した津波が原因でリビア人たちが西方デルタからエジプトに侵入してきたのかもしれない。そのとき王位を引き継いでいたメルエンプタハは彼らを討ったのだ。さらに飛躍が許されるならば、「海の民」とは人ではなく、津波を人格化したものである可能性すら考えられる。

ラメセス二世がデルタ西部に建設した一連の砦と、それ以前の中王国時代から存在していたデルタ東部の「支配者の壁」と呼ばれていた砦の存在理由は、「海の民」の侵攻以前から、エジプトのナイル地帯に入り込んでいた東方からの異民族を阻止することであった。その砦をヒクソスに破られた経験を持つエジプトは、以来日々警戒を怠らなかったのであろう。「海の民」は、そのバリヤーを突破することができなかった。

メディネト・ハブの壁面にあるように「海の民」は船を利用しており、過去の異民族のように陸路だけが選択肢ではなかった。彼らは海路を用いてやすやすとナイルデルタにまで侵入したのである。だが、エジプトの海軍を敵にまわして勝ち目はなかった。もともと絶対的な指導者を持たなかった「海の民」は、エジプトの訓練されたプロの戦闘集団を前にして、結局は殺戮される運命にあったのである。

とは言っても、エジプトはすべての異民族を殲滅したわけではなかった。それは戦いの後にパレスティナに入植したと考えられているペリシテ人や後にエジプトを支配することとなるリビア人の例をみればわかる。エジプトの果たした役割は、「海の民」という東地中海世界で一時的に大流行した大集団活動を終結させたことであった。これが「海の民」と彼らの活動に関する一定の結論である。しかしこの謎の民族集団については、さらなる想像を加味することも許されるであろう。つまり、先述した大地震にともなう津波被害が難民としての「海の民」を生み出したのだという説である。あるいは「海の民」とは、もともとリビア人の諸部族の連合に過ぎず、彼らが東地中海を時計回りに移動して、故郷のリビアに戻ろうとした活動の足跡であるのかもしれない。さらには、サントリーニ島の人々がデルフォイの神託に基づき、苦難の末、紀元前六三〇年頃にキュレネに植民したとするヘロドトスによる有名な記述（第1章）もまた「海の民」の記憶から生み出されたものなのかもしれない。

第7章　アレクサンドロス大王とアレクサンドリア

本章では古代世界史上最も知られた王についてみていきたい。もちろんその王とは、大王とまで称されたマケドニアの王アレクサンドロス三世である。

アレクサンドロスの名前は、アレクサンドロやアレクサンデルあるいはアレクサンダーの略称であるアレックスのように世界中で数多くの名前の由来となっている。古来有名人であったアレクサンドロスは、カリステネスの著作と伝えられている『マケドニア人アレクサンドロスの生涯』やアリアノスの『アレクサンドロス東征記』をはじめとする一連の「アレクサンドロス・ロマンス」と呼ばれるストーリー、珍しい例ではマラッカ王国の建国神話にも現れ、古代から現代にわたり世界各地で英雄の代名詞として人々の心のなかに、あるいは社会のなかに深く浸透してきた。

世界各地のさまざまな伝説と伝承すべてに歴史的事実が反映されているとは限らないが、彼が生きた時代とそれほど時間的に離れていない時期に、当時の人々が書き記した史料が残っていることは重要である。そして、彼はマケドニア人であり土着のエジプト人ではなかったにもかかわらず、エジプト王としてメンフィスで即位し、デルタのラコティスを開発して、新都アレクサンドリアを築き、自らの拠点としたことが強調されるべきである。彼が都としたエジプトのアレクサンドリアとはいったい当時の地中海世界においてどのように位置づけられ、そしてどのような意味を持ったのであろうか。本章では、アレクサンドロスという人物を通して、この都市とその空間が生み出した文化についてもみていきたい。

1　「英雄」のイメージと「東征」の意味

描かれ、作られてきたイメージ

スイス生まれの思想家ジャン＝ジャック・ルソー（Jean-Jacques Rousseau）は、古代ギリシア・ローマについて書かれた書物は古今東西数々あれど、プルタルコスの書こそ最も面白く、得るものが多いと述べている。(1) 神託で有名なギリシア中部の都市デルフォイにあるアポロン神殿の最高神官でもあったプルタルコスは、ギリシア・ローマ時代の偉人たちを比較評論した伝記である『対比列伝』（『英雄伝』）の著者として知られている。その著書のなかで、彼は二十二組四十六人（四人を論じた組が一つある）について記述しているが、カエサルと対で論じられているのがアレクサンドロスであった。全ギリシアを制圧したマケドニア王フィリッポス二世を父に持ち、大王とまで呼ばれた稀代の英雄アレクサンドロスについて、プルタルコスは、『倫理論集』（Moralia）で次のように紹介している。

アレクサンドロスの教化を注意深く見てみると、彼はヒュルカニア人に結婚することを奨励し、アラコシア人には土地を耕すことを教え、ソグディアナ人には両親を殺さないで扶養することを説き、ペルシア人には母親と交わるのでなく敬うように説得した。……アレクサンドロスがアジアを教化したおかげで、ホメロス［の叙事詩］が広く読まれ、ペルシア人やスシア人やゲドロシア人の子供たちはエウリピデスやソフォクレスの悲劇を歌うことを学んだ。……アレクサンドロスのおかげでバクトリアとコーカサスはギリシア人の神々を敬うことを学んだ。……アレクサンドロスはバルバロイ諸民族の間に七〇以上の都市を建設してギリシア風の国制でアジアの地を耕し、野蛮で荒々しい生活様式を克服した。(2)

プルタルコスの説明によると、アレクサンドロスは東方の未開で野蛮な民族たちに高度で素晴らしいギリシア文化を伝えた立て役者であると評価されているのである。二十世紀に入ってさえも、ヨーロッパの歴史学者たちはプルタルコスとほぼ同じような認識でいた。たとえばイギリス人のヘレニズム史家W・W・ターン（William Woodthorpe Tarn）は著書のなかで、アレクサンドロスを次のように捉え、「人類同胞愛」（homonoia）をとなえている。

……全人類は、たった一人の父親を持つ息子たちのようなものだと彼が宣言したとき、そしてオピスにおいて、マケドニア人とペルシア人とが国家における協力者であり、世界の諸民族がともに仲良く暮らし、心をひとつにして生きるようにと彼が祈ったとき、彼は史上初めて人類の統一と同胞愛とを宣言したのである。我々は知るよしもないが、おそらく彼は奴隷のいる世界を想定してはいなかった。彼は民族の違いを乗り越えようとした最初の人類であり、後に聖パウロが唱えるように、ギリシア人も蛮族もないのだと宣言しようとしたのだ。そしてこの強烈な告白の衝撃は、たとえばゼノンやセネカのような奴隷制世界に何らかの影響を与えた男たちによって引き継がれた。……多くの人々が信じているが、神に対する彼の主張に始まる系譜――それはローマ皇帝とローマ教皇を通じて、昨日までの「神の恩寵による」横暴な圧政に至るまで――が存在している。またそこにはオピスにおける彼の祈りから始まり、ストア派を経由し、キリスト教の理想にもふれつつ、フランス革命においてようやく宣言されることとなる、全人類同胞愛の観念に至るまでの系譜が間違いなく存在している。アレクサンドロスの灯した火は長い間燻り続けた。今日においてでさえ、いまだ燻り続けていると言えるかもしれないが……(3)。

つまり二十世紀のイギリス人ターンによると、アレクサンドロスという人物は、人類史上初めてキリスト教精神の下で地球上のあらゆる民族の間に区別はなく人類は平等であると主張した人物であった。さらにターンは、アレクサンドロスのその精神はフランス革命にまで引き継がれたと主張し、彼をキリスト教者の代表として表現したのだ。

もちろんこの裏には、当時のヨーロッパ社会の政治情勢というものがある。特にターンの母国であるイギリスは、大英帝国支配下の異民族に自治権を与えて統治しようとした。そこでアレクサンドロスを政治的に利用しようとしたのだ。大国のエゴイスティックな政策にアレクサンドロス大王は都合のいいように利用されたのである。ターンの説は人々に受け入れられ、現在でもそのまま踏襲する本も存在する。

ナポレオンもアレクサンドロスを意識していたと考えられている。というのは、彼の理想のひとつに「諸民族をひとつの国民とする」という考えがあったからである。英雄は英雄を理想としたのだ。その対極にヒトラーのような極端な民族主義があるのだが……。

現代世界にまで続くこのようなアレクサンドロスのイメージを形成したのは、ひとつには文学である。現在では失われてしまった、アレクサンドロスの生前と死の直後に書かれたたくさんの書物の一部が後の時代のギリシア・ローマの作家たちの作品に引用された。そしてそれ以上にイメージを作り上げたのは、数えきれないほどの彫像や絵画などである。そのなかで最も現実の彼に近いイメージを持っているのは、同時代に鋳造されたコインであろう（図48）。そこでは、アレクサンドロスは巨大なヒツジの角を持つ古代エジプトの神アムンと同一視されて描かれている。彼自身は英雄ではなく、神に近づくことを目指し

図48　アレクサンドロス大王の肖像が彫られたコイン

たのだ。エジプト西方のシーワ・オアシスのアムン神殿（図49）でその思いを果たした後、彼は東方に目を向ける。いわゆる「アレクサンドロスの東征」の開始である。

図49　シーワ・オアシスのアムン神殿

「東方」からの再評価

当代きっての知識人であったアリストテレスを幼少期からの家庭教師として、文学や科学などさまざまな教養を身につけたアレクサンドロスは、覇業半ばで没した父フィリッポス二世の後を継ぎ、二十歳でマケドニア王として王位に就く。そして紀元前三三四年、ペルシア戦争の被害に対するギリシア世界の報復を旗印として、東方世界への遠征を開始したのである。

紀元前三三三年には、イッソスの戦いでペルシア王ダレイオス三世率いる軍隊を倒し、東地中海地域とエジプトを含むペルシア帝国の領土の半分を征服した。紀元前三三〇年には、ペルシア帝国の都のひとつペルセポリスの宮殿を焼き払い、ついに大ペルシア帝国を滅亡に追い込むのである。それでもなお彼は歩みを止めることなく、さらに軍隊を東へと進め古代インド北西部のガンダーラ地方を征服し、七年間かけて東はインダス河にまでおよぶ大帝国を作り上げた。このアレクサンドロスの足跡と共に「世界」というものがようやく地中海世界から抜け出し、後にシルクロードと呼ばれるようになるルートを通って、東方世界へと広がっていくのである。

彼の死をもって終了したこの壮大なる活動の過程において、アレクサンドロスは後世にさまざまな影響を残すこととなる。そしてそれはまたアレクサンドロスという人物が思い描いた理想を反映しているとも言える。

彼の理想は、「融合」という言葉で要約されるかもしれない。たとえば、統治能力の高かったペルシア帝国の政治機構をそのまま意図的に受け継いだ。そしてペルシア人を虐殺することなく、彼らを重要な政治的ポストに就けたのである。さらに、彼の部下とペルシア人貴族や支配地域の女性との婚姻を促進し、ギリシア人兵士とペルシア貴族の女性たちとの一万人規模の集団結婚式を主催したと伝えられている。自身もペルシア王であったダレイオス三世の王女のひとりを妻に娶《めと》った。つまり彼は、元々この地域を支配していたペルシア人の協力なしには広大な地域の支配は不可能と考えて、古代エジプトのファラオたちと同じように結婚を政治手段として利用したのだ。その結果生まれたのが、ヘレニズム文化であった。民族的にも文化的にも西方のギリシアと東方のオリエントとの融合がなされたのである。その目にみえる最大の成果が仏教美術の一形態としてのガンダーラ美術である（図50）。

ヘレニズムという、十九世紀のドイツ人歴史家J・G・ドロイゼン（Johann Gustav Droysen）によって創り出されたこの言葉は、アレクサンドロスの東征によって東方世界に

図50　ガンダーラ美術の特徴を持つ彫像

ギリシア文化が流入しオリエント文化と融合してできた「ギリシア風文化」を意味する。そして後にアレクサンドロス大王のエジプト支配から、プトレマイオス朝時代の終了までを意味する時代区分にも適用されるようになった[4]。しかし、近年このような認識は改められる傾向にある。つまり西方世界=ヨーロッパからではなく、東方世界からアレクサンドロスの功績を捉え直そうという動きである。近年の研究成果により、アレクサンドロス軍による東方へのギリシア文化の浸透がそれほど大規模なものではなかったと考える研究者たちも多い。それ以上に、東方世界はアレクサンドロス大王以前から文化的に繁栄していたという考えが主流になっている。ヘレニズム以前に東方世界の文化は一定のレヴェルに達していたし、西方文化は東方世界へと伝わっていたのであり、反対に東方の文化も西方へと伝わっていたというのである。アレクサンドロス大王がペルシアの習慣（王の前では膝をついて挨拶を行う）やエジプトの習慣（神殿で神託を受け、神の息子であるエジプト王として即位する）を取り入れていたことから考えると、どちらかと言えば、エジプトを含む東方世界が西方世界に与えた影響のほうが大きかったと言えるのかもしれない。

もし稀代の英雄アレクサンドロスが東ではなく西へ進軍していたら、あるいはアレクサンドリア建設を指示した後も南のエジプトに留まっていたなら、世界史はまったく違った展開をみせたであろう。豊かなシチリアを求めあったカルタゴとローマの芽をアレクサンドロスが摘んでいた可能性が高い。古代ローマ帝国の存在しない世界を想像するのは難しいが、ローマ帝国がなければイエスも存在しなかったはずだ。もしイエスが存在しなかったならば――歴史における「もしも」が無意味であることは重々承知しているが、歴史学を学ぶ者であるからこそ、世界史のある時点＝軸がみえてくる。その軸の前後で世界は大きく転換する。そして間違いなく、その軸のひとつがアレクサンドロスによる「東方遠征」とそれに伴う彼の早すぎる「死」なのである。

アレクサンドロスはユーラシア大陸にギリシア文化を伝える功績を残し、紀元前三二三年に遠征先のバビロンで急逝した。だが、彼の魂＝遺体はさまよい続ける。彼の遺志は、自らが建設を求めたエジプトのアレクサンドリアに埋葬されることであったと伝えられており、紆余曲折の末、アレクサンドロスの戦友であり後にエジプト王となるプトレマイオスによってアレクサンドリアに埋葬されたと考えられている。父の眠る故郷のマケドニアの地ではなかったのである。なお、一九七七年にペラへの遷都前のマケドニア王国の旧都アイガイアと考えられている現在のギリシアのヴェルギナにおいて、父親のフィリッポス二世のものである可能性が高い墓が発見され、そこから大量の金銀財宝が出土している。

エジプトの西方砂漠、現在のリビア国境にほど近い場所に位置するシーワ・オアシスのアムン神殿で神託を受け、神の息子としてエジプト王＝ファラオとなったアレクサンドロスは、歴代のファラオたち同様エジプトで埋葬されることを望んだ。その理由は、彼がエジプトの来世信仰を持っていたことにあるのかもしれない。古代エジプト文化は宗教を基盤にしたものであり、来世信仰はその根本である。世界帝国を夢想し、その実現にあと一歩までせまった偉大な征服者をすらも魅了したのが、古代エジプト文化であった。

2　地中海文化の知の核、アレクサンドリア

「ヘレニズム」の意味

アレクサンドロスは、その知名度が古代世界においてすでに異常に高かったことが原因で、後世さまざまに脚色が施され、その結果むしろ実像が曖昧となってしまった稀有な存在である。彼の名前とその英雄譚は、時間と空間を超え、彼が実際は訪れることのなかったユーラシア大陸各地へと広まっていった。本節ではそのような状況下で後世の人々によって創り出されたアレクサンドロス像ではなく、彼の痕跡が明らかにみられる都市アレクサンドリアに焦点を当て、ヘレニズム世界の知識の核として君臨したエジプトのアレクサンドリアが後世に与えた影響について考察する。

アレクサンドロスは西方はギリシアから東方はインドにまでおよぶほどの広大な地域をその支配下に収めた。その過程で彼自身の名前に由来するアレクサンドリアと呼ばれる都市が

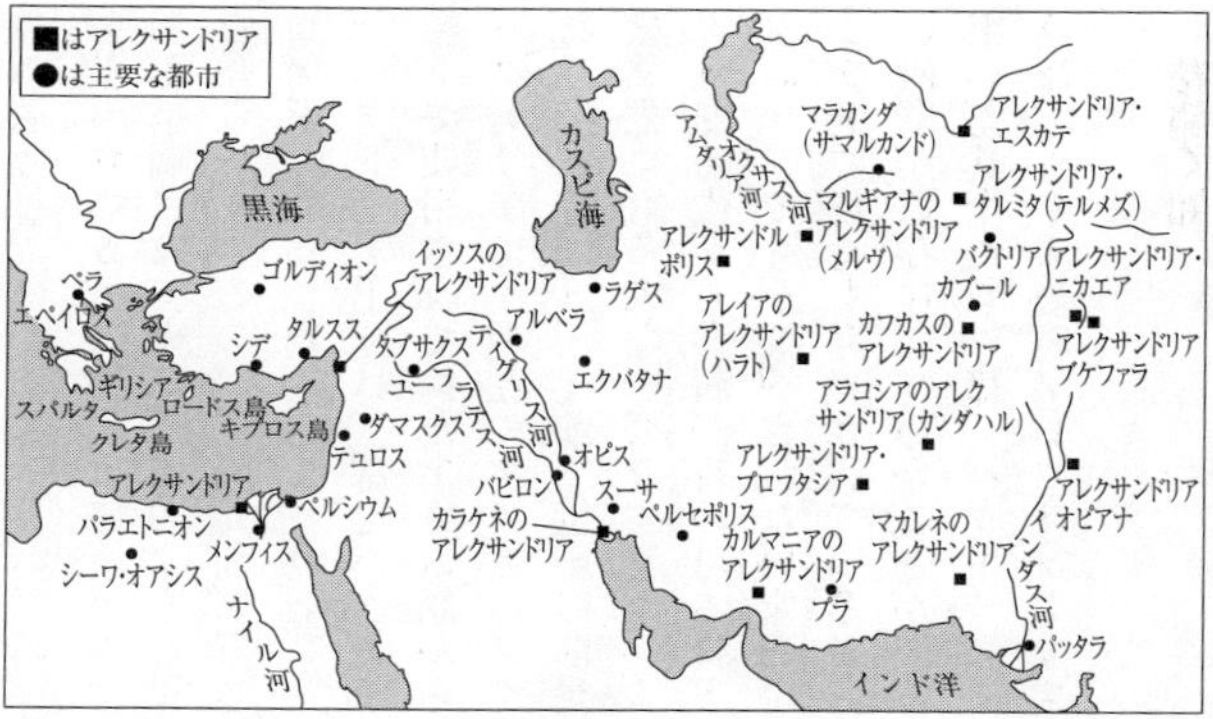

地図⑧　ユーラシア大陸に点在するアレクサンドリア

世界各地に建設された。それらアレクサンドロスが建設を指示したアレクサンドリアではないかと推測される遺跡は、現在までに世界各地で十数ヵ所確認されている（地図⑧）。しかしアレクサンドロスの死後にその威光を利用する目的でアレクサンドリアを名乗った都市も多く、正確な数の把握は難しい。ちなみに征服した都市に自らの名前をつけるという発想は、父フィリッポス二世が現在のブルガリアにあるプロブディフを占領し、フィリッポポリスと命名したのと同じ手法を真似たものであった。

エジプトのアレクサンドリアをはじめとした、アレクサンドロスの影響の下ユーラシア大陸各地に新たに建設された都市や旧来の規模を拡張した都市には、ギリシアやマケドニアから数多くの傭兵、職人、そして知識階級の人々が移住し、西方のギリシア文化を東方へと広める役割を果たしたと考えられている。そこで現地の土着の文化と出会い融合し、いわゆるヘレニズム文化を生み出すことになるのである。しかし入植した人々に傭兵が多かったことから、ヘレニズムという言葉には、実際は軍事的な意味合いも強いことが指摘されている。そのような軍事植民を特徴とした歴史的背景を持つ都市のなかでもよく知られているのが、紀元前二五六年に独立し、独自の繁栄を遂げるギリシア人の国バクトリア王国であった。

バクトリア王国は、都をバクトラ（バルフ）に置き、公用語をアケメネス朝ペルシアの影響下で使用されていたアラム語からギリシア語へと変更し、ギリシア風の貨幣を鋳造した。バクトリアは、現在のアフガニスタン北部からタジキスタンにかけての地域を支配した国であり、さらには紀元前二世紀の前半から徐々にガンダーラ地方に進出・移住し、彼の地の仏教文化にも多大な影響を与えた。この王国が栄えた地域は、アレクサンドロスの東征以前の青銅器時代から灌漑《かんがい》が行われるほど都市化が進んでおり、また近郊のアフガニスタンのバダクシャンでしか採掘されない宝石であったラピスラズリがインド、メソポタミア、そしてエジプトでさえも発見されていることから、近隣地域において大規模な遠距離交易がかなり早い段階から存在していたことが明らかとなっている。アレクサンドロス大王（あるいは彼の率いた兵士たち）は、バクトラのような既存の都市を利用した可能性が高い。なお、バクトラはどうやら当時アレクサンドリアという名前ではなかったと考えられている。

花開く知

十数ヵ所が確認されているなかでも最も知られているアレクサンドリアは、やはりエジプトのナイル河のデルタ地帯にあるアレクサンドリアであろう。現在でもエジプト第三の巨大な都市として地中海沿岸に位置し栄えている（図51）。

アレクサンドロスの命により建設が開始されたエジプトのアレクサンドリアは、彼の遺志を継いだプトレマイオス朝の王たちの庇護の下にあった約二百年の間に、大図書館とムセイオンを備えた地中海世界最高の知の宝庫となる。あらゆる科学分野がこの時期に、その基礎をアレクサンドリアにおいて形成したのである。

図51　エジプトのアレクサンドリアにある劇場跡

アテナイやペルガモンで生じた輝かしい科学の時代の知は、最終的にエジプトのアレクサンドリアで結実した。『幾何学原本』のエウクレイデス（ユークリッド）、「アルキメデスの原理」で知られたアルキメデス、地球の一日周期による自転説を唱えたアリスタルコス、地球の周囲の長さを算出したエラトステネス、古代天文学の基礎を作ったとされるヒッパルコス、あるいは世界初のセオドライト（考古学の測量などで使用される器械）や自動販売機を作製したとされる天才的発明家アレクサンドリアのヘロンもその流れのなかに位置づけられるかもしれない。それら世界最先端の知を求めて、世界各地から当代きっての知識人たちが詰めかけたのだ。そしてアレクサンドリアは、さらなる「知の核」となった。

3　コスモポリタンシティー、アレクサンドリア

融合する文化

エジプトのアレクサンドリアの特徴は、圧倒的な「コスモポリタンシティー」であったことにある。エジプト人はもちろんのこと、ガリア人、キプロス人、トラキア人、キリキア人、シリア人、フェニキア人、ユダヤ人、リビア人、アラビア人、エチオピア人、スキタイ人、ペルシア人、バクトリア人、そしてインド人などが持ち込んだ文化の坩堝《るつぼ》であった。彼らエジプトへとやってきた外国人のなかでも、特にギリシア人とイタリア半島からやってきたローマ人を中心とした人々は、伝統を誇る古代エジプト文化に多大な影響を与えた。

過去の文化の遺産のみで生き長らえるとすれば、それはもはや文明とは呼べない。文明は日々変容していくことを常としているからである。最も固定された長期持続の文化を持つ古代エジプトでさえも、ギリシア・ローマ世界からの影響を受け入れ始めた。ローマがアレクサンドリアに迫る勢いで急速に成長しつつあったとき、プトレマイオス朝時代のエジプト文化は葛藤の時期に突入していた。その目にみえる例が、アレクサンドリアの西ネクロポリス地域にあるコム・エル＝シュカファ地下墓とガバリ地区で発見された地下墓群である（地図

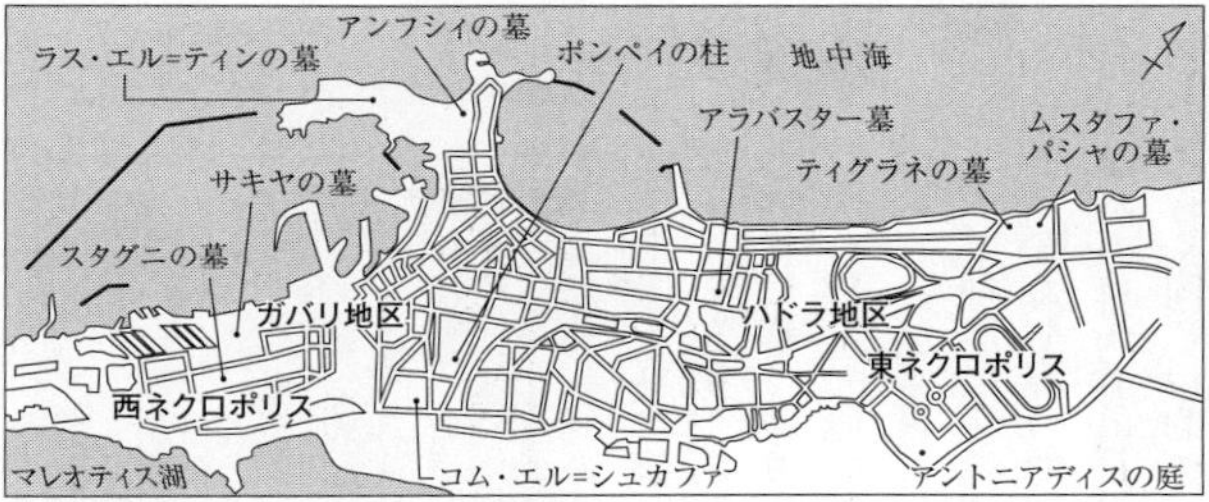

地図⑨　アレクサンドリアの墓域図

⑨）。

本節ではアレクサンドリアにあるこれら二つの地下遺跡を主たる具体例として紹介し、古代エジプトの伝統的宗教と外部世界からのギリシア的、あるいはキリスト教的文化の影響がアレクサンドリアというひとつの特殊な空間において、融合していった過程について考えてみたい。

メドゥーサとミイラ

アレクサンドロスによって建設された港湾都市アレクサンドリアは、その後、地中海世界最大の文化の発信地としての役割を果たすことになる。さまざまな人々と商品が集まる商業都市として大繁栄したアレクサンドリアでは、独自の融合文化が発展を遂げていったのである。その最もよく知られた例がコム・エル＝シュカファと呼ばれている見事な壁画と墓の装飾で知られる地下墓地空間である。

複雑で独特な建築様式で知られるこの墓は、現在まで遺されている。ジャン＝イヴ・アンプルール（Jean-Yves Empereur）の表現を借りれば、百段ほどある螺《ら》旋《せん》階段を

図52　ヘビが描かれた墓の内部の礼拝所の入り口

二十メートルほど降りると、二千年の時を飛び越え古代のアレクサンドリアへと到達する。そこは、数多くのレリーフやかつては色鮮やかであった壁画に囲まれた礼拝所であり、地中海の南北で花開いた古代エジプト文化と古代ギリシア文化との融合文化であるエジプト独自のアレクサンドリア的ヘレニズム世界が展開されていた。

墓の内部、主室である礼拝所の入り口には、柱の右側奥にとぐろを巻き首をもたげたヘビが描かれている（図52）。このヘビは、古代エジプト王の象徴である赤冠と白冠とを合わせたプスケントと呼ばれる王冠を被り、死者の魂をあの世に導くギリシアの神であるヘルメス神のシンボルである杖を左に、そして同じくギリシアの再生と酒の神ディオニソス神のシンボルである杖とを右に持つよう描かれている。[5] そのヘビの頭上には、メドゥーサの首がついた楯、あるいはメダリオンが描かれている。ギリシア神話に登場するゴルゴン三姉妹の一人メドゥーサは、目を合わせた者を石に変えてしまう呪力を持っていると考えられていた。入り口にメドゥーサが描かれたのは、盗掘者避けがその目的と思われる。後ほど紹介するカラカラ・ホールの第一号墓と第二号墓にも、おそらく同じ目的でベス神（図28、八三頁）とメドゥーサが描かれている。[6]

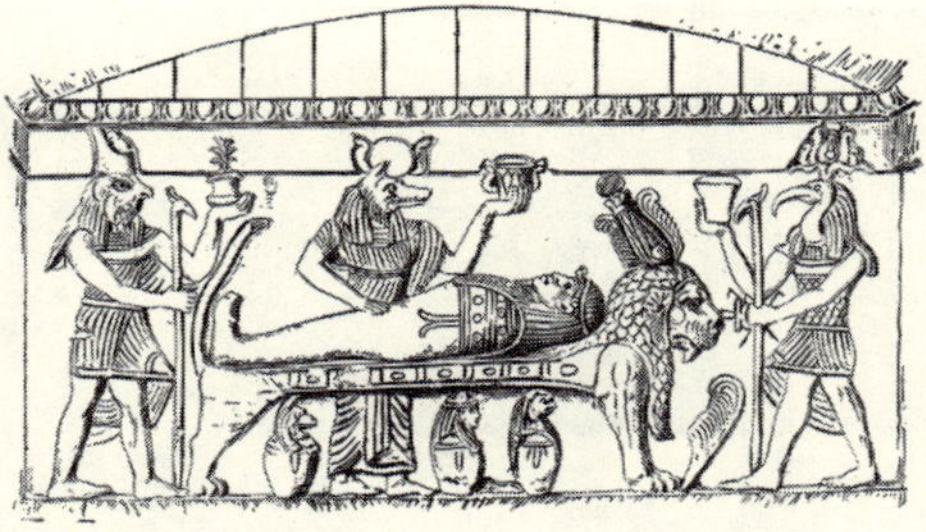
図53　古代エジプトの神々が描かれた場面

柱の奥にみえる礼拝所の奥壁のレリーフには、動物の頭部を持つ古代エジプトの神々がミイラを作っている場面が描かれている。ライオンの形をしたベッドに寝かされているミイラ＝死者として表現されているのが、古代エジプトの死者の神・冥界の神であるオシリス神、中央のジャッカルの頭部を持つのが、ミイラ作製を行うアヌビス神、向かって左側にみえるハヤブサの頭部を持つのが、オシリス神の息子であるホルス神、向かって右側のトキの頭部を持つのが、知恵の神トトである（図53）。その神々の場面の下の張り出した台座には、ギリシア風の葡萄の花と実を表現する飾りのついた石棺がある。

コム・エル＝シュカファの地下墓空間の主室としての礼拝所は、美術的表現方法においてギリシアとエジプトの文化が融合した例として大変よく知られている。この地下墓空間が造られた紀元後一世紀末頃のアレクサンドリアの人々は、ローマ帝国の支配下にありながら、古代エジプトの神とギリシアの神とを同時に、あるいは区別することなく崇拝していたということがわかる。ただしここで、地下深くに造られていたことからこれらの神々を崇拝していた人々が迫害されていた可能性も提起できるかもしれない。

図54　カラカラ・ホール第一号墓のミイラ作りを描いた壁画

二つの壁画と一つのテーマ

コム・エル＝シュカファのある地下空間の主室の隣に、壁画を伴う墓がもうひとつ発見されている。通称カラカラ・ホールと呼ばれているその地下墓には、非常に興味深い壁画が描かれていた。発見当初は不明瞭でうっすらとみえる程度であったその壁面に赤外線を当てると、綺麗な壁画が出現したのである。壁画は二段で構成されており、上には先ほどのコム・エル＝シュカファのレリーフとよく似たミイラ作りの場面が描かれていた（図54）。

ミイラを横たわらせたライオンの形をしたベッドや中央にアヌビス神がいるのも構図としては同じである。またおそらくイシス神とネフティス神と思われる女神の彫像がベッドの両端に置かれ翼を広げて死者を

図55　ギリシア神話の一場面を描いた壁画

守護している様子や、その後ろにはホルス神とエジプト王を表している人物が描かれていた。コム・エル゠シュカファの図像との大きな相違点は、下の部分に描かれた場面である。そこには明らかにエジプトのものとは異なる特徴が描かれていた。その部分にはギリシア風の衣装を着た三人の人物が描かれていたのである。三人のうち向かって左側は、手に弓を掲げたアルテミス、真中が兜を被り槍と楯とを持つアテナ、そして右側に立って肩にエロスを乗せているのがアフロディーテであると発見当初は考えられていた。残念ながら右側は破壊されており、そこに何が描かれていたのかは不明である。しかし、すぐ隣の壁に赤外線を当ててみたところ、幸運なことにほぼ同様のモチーフの壁画が浮かび上がってきた（図55）。

図56　死者の内臓を入れる四つのカノポス壺

そこには先ほどの壁画では破壊されていた箇所に相当する部分も残っていた。その部分に描かれた馬車に乗った二人の人物は、デメテルの娘のペルセポネと彼女を誘拐しようとしている冥界の王ハデスであった。そしてその左側に描かれた三人の女神は、右端の誘拐前のペルセポネが仲間と談笑する図であったことが判明したのである[7]。つまりこれらの壁画は、ギリシア神話の一場面を描いたものであった。ギリシア神話では、誘拐されたペルセポネは冬はハデスのいるあの世で暮らし、春になるとこの世で暮らすという二重の生活を送るとされている。

こうして、ひとつの壁が上下二つの場面に区切られてエジプト風とギリシア風というまったく異なる様式の壁画がそれぞれに描かれていたことがわかった。しかしこの二つの壁画には関連性があった。異なるようにみえる両者は、実はまったく同じテーマを扱っているのである。それはエジプトという土地に古くから根ざしていた「死者の再生復活」を意味するものであった。壁画の上の段に描かれたミイラ作りの場面は、明らかに死者の再生復活の行為を表したものである。ベッドの下に配置された死者の内臓を入れる四つのカノポス壺（図56）も再生復活の象徴である。そして一方の壁画の下に描かれた構図も誘拐されたペルセポネがあの世からこの世へと戻って来るという再生復活を同じくテーマとしたものであった。つまりまったく同じテーマが異なった様式でひとつの壁面＝空間に描かれていたのである。このことから、当時のアレクサンドリアでは、異なった二つの宗教を人々が分け隔てなく扱っていた可能性が浮上する。再生復活という考え方は、紀元一世紀末から紀元二世紀初頭にかけて拡大しつつあったユダヤ教の一派である新興宗教キリスト教にも影響を与えたのかもしれない。

古代エジプト文化の柔軟性

次にコム・エル＝シュカファの西に位置する西ネクロポリスにあるガバリ地区の例を挙げておきたい。一九九七年に市街地の真ん中で川に橋を架ける工事を重機で行っていたときに、突然地面が陥没した。そこからまったく新しい地下墓が発見されたのである。ギリシア・ローマ時代のアレクサンドリアは網の目のように地下に古代の都市網が広がっていたために、どこを掘っても何らかの遺構や遺物が出てくることが知られているのであるが、このガバリ地区における発見は格別であった。しばしば古代ローマの墓地にみられるのと同じように、納体室が蜂の巣状にたくさん造られた地下墓が発見されたのである。そこには何百体もの人骨が納められていた。

これらの大量の人骨を基にした形質人類学的研究から、当時アレクサンドリアに住んでいた人々の性別や死亡年齢だけではなく、病気、出産回数、外科手術の形跡なども知ることができるようになった。またそれらの研究結果から、埋葬された人のほとんどがエジプト人ではなくギリシア人であるということも判明した[8]。

　埋葬者のほとんどがギリシア人であったことは、埋葬者の名前や青銅製のコインを口に入れて埋葬するギリシアの習慣からも明らかであった。死んだ人はあの世とこの世との間に流れているステュクス川（三途の川）の渡し舟に乗るためにカロンという名前の船頭に渡し賃を支払わねばならないとギリシア人は考えていた。そのために死者にコインを持たせたのである（通常コインは口内に入れられていた）。類似した習慣は世界各地で知られている。たとえば現在の中国新疆ウイグル自治区のホータンでは玉や含蟬《がんせん》を口に含ませて死者を埋葬した遺跡が発見されている。

　火葬した遺骨を入れた骨壺が、同じ墓から大量に発見されている点にも注意が必要である。おそらく盗掘者たちの目当ては金銀財宝であったので、それ以外のものは置き去りにされたのだと思われるが、これらの骨壺の存在もまたこの地下墓がギリシア人たちのものであったことの証拠であった。ギリシアでは火葬と土葬両方が行われていたが、エジプトでは火葬にすると死者の再生復活を妨げることになると考えられており、通常は行われなかったからである。一般的に知られているようにエジプトでは死者を火葬せずミイラにして埋葬していた。遺体を焼いてしまっては魂の還る場所がなくなってしまうからである。同じく再生復活を信じるキリスト教徒たちにも火葬はタブーであった。キリスト教の観念のひとつである再生復活のための火葬の忌避には、古代エジプトの影響があったのかもしれない。

図57　サキヤの墓の石棺に描かれたバー鳥

キリスト教との関連で言えば、このガバリ地区で発見された墓には、壁面に十字架が刻まれている箇所が幾つか確認されている。紀元後三世紀から四世紀にかけてのアレクサンドリアにはキリスト教会があり、キリスト教が定着していたと考えられている。しかしながらその後、ローマ皇帝ディオクレティアヌスの時代に、キリスト教徒の大虐殺が実行されたこともまた知られている。おそらくその際にキリスト教徒たちは、このような地下施設あるいは地下墓に逃げ込み、日本の隠れキリシタンの如く地下に教会の代用の場を作ったのであろう。その名残が地下墓に描かれた十字架だったのではないかと考えられる。

以上の事例は、アレクサンドロスのエジプト支配を転換期とする、都市アレクサンドリアを中心として形成された独特な宗教観と文化融合の実態を示している。そしてそれはまた、古来エジプトという特殊な空間が持っていた「あらゆる周辺諸文化を吸収し、消化する」という柔軟性の一例でもある。アレクサンドリアにはこれら以外にも壁画をともなう数多くの地下墓が存在する。そこでは古代ギリシア・ローマ風の装飾がなされているだけではなく、絵画表現はギリシア・ローマ的であるが、その主題が古代エジプト文化の影響を受けているものが少

図58　アンフシィの墓に描かれた古代エジプトの王冠

なくない。たとえばガバリ地区のサキヤの墓の石棺には、ギリシア風の顔をしたバー鳥が描かれているし（図7、二七頁・図57）、海岸部に近いアンフシィの墓には、ローマ的な背景のなかに古代エジプトの王冠が描かれている（図58）。

エジプトのみならず、ユーラシア大陸全体に影響をおよぼしたアレクサンドロス大王の痕跡は、その名前が世界各地に残ることからも明らかである。地名のアレクサンドリアやイスカンダリーヤだけではなく、英雄であったため人名として採用され現在に至っている。たとえばマラッカ王国のイスカンダル・シャーや現在のインドネシア共和国西端に位置していたアチェ王国のイスカンダル・ムダ王は、その名前にイスカンダル（アレクサンドロス）を持っている。特に十五世紀から十六世紀にかけて繁栄し、中国の明王朝や琉球王国と交易を行ったマレー半島のイスラーム港湾国家であったマラッカ王国の伝説上の初代国王は、『マレー年代記』によるとアレクサンドロスという名であったと考えられていた時期がある。アレクサンドロスは、遠く東南アジアにまでその影響を拡大していたのである。

　このユーラシア大陸を股に掛けた大帝国を作り上げたアレクサンドロス大王の活躍は、後の時代に人々に語り継がれ伝説となった。彼の活躍を最も忠実に伝えたものとして、先述した紀元二世紀頃にギリシア人のアリアノスによって書かれたという『アレクサンドロス東征記』があるほか、紀元前一世紀のシケリアのディオドロスによる『歴史叢書』の第一七巻もアレクサンドロスの治世を詳細に記述したものとして知られている。[9] さらに紀元三世紀にエジプトのアレクサンドリアで作られたとされている『マケドニア人アレクサンドロスの生涯』がある。この本はオリジナルは現存しないが、さまざまな人々によって加筆・修正されながらヨーロッパ中に広がり、さらにヨーロッパから発信されて再びアフリカ大陸に伝えられたと考えられている。

　アレクサンドロス大王の伝説は、インド、タイ、マレーシア、インドネシア、中国などに伝わり、日本にも到達したらしいという指摘もある。紀元後七世紀頃に活躍したインドの叙述家バーナの歴史小説『ハルシャチャリタ』に登場するアラサク・カンダコシャという名前の人物こそアレクサンドロスその人をモデルとしたものかもしれないという説もある。[10] そのまま批判なく受け入れることは難しいが、そのように想像させる力がアレクサンドロスの名にあるとは言えるだろう。

　アレクサンドロスによって世界史の振り子は東方へと大きく振れたが、彼の早すぎる死はその振り子を再び西方へと戻した。そしてその振り子は、イスラームが勃興するまで地中海世界の真ん中にとどまり続けたのである。

第8章　女王クレオパトラ七世のエジプト

その知名度に反して、クレオパトラ七世の人生の詳細はあまりよく知られていない。たとえばローマのユリウス・カエサルとのロマンスや彼の死後のマルクス・アントニウスとのロマンスのイメージ以外に、歴史学の見地から、この類稀なる女性の人生が紹介されることは極めて少ないのである。どうしても、絨毯《じゅうたん》に包《くる》まりカエサルの前に登場する「妖艶な美貌のエジプト女王クレオパトラ」というイメージが先行してしまう。ハリウッド映画によって創り出されたような毒蛇に自らを嚙ませて自殺するという波瀾万丈の人生を生きた「クレオパトラ像」は、歴史学として扱う以前の段階で人々に強烈な印象を植えつけるのである。しかし、歴史のなかのクレオパトラが実際に歩んだ人生は、俳優たちが演じるストーリーに勝るとも劣らないほど、ドラマティックであったと言えるかもしれない。

まずここで、彼女の人生を大まかにふり返っておこう。クレオパトラ七世はローマと密接な関係にあった父親プトレマイオス十二世と共同統治を行っていた。共同統治は安全に王権を継承させるために行われたエジプトに特徴的なシステムである。父が死去した後は弟のプトレマイオス十三世とともに、ローマの実力者ポンペイウスの後ろ盾を受けながら姉弟での共同統治を行った。その後弟と対立したクレオパトラはエジプトを追われシリアへと一時的に避難するが、紀元前四八年にローマのカエサルの後見によって再び権力の座に返り咲く。そして弟であり夫でもあったプトレマイオス十四世と共同統治を開始した。その二年後にクレオパトラはローマ訪問から戻るとプトレマイオス十四世を殺害し、カエサルとの間にもうけた息子のカエサリオンをプトレマイオス十五世として王位に就けたのである。

カエサルがローマで暗殺された後、彼女はカエサル亡き後のローマの実力者アントニウスと結婚した。二人の間には、クレオパトラ・セレーネとアレクサンドロス・ヘリオスという名前の双子とプトレマイオス・フィラデルフォスが生まれた。四人の子供を持つ母親となったクレオパトラはアントニウスとともに地中海支配を目論んでいたが、紀元前三一年にアクティウムの海戦でオクタウィアヌス（後の初代ローマ皇帝アウグストゥス）のローマに敗北する。その翌年、クレオパトラはローマに連行される際に、屈辱を避けるためにアントニウスともども自殺したと考えられている。彼女の墓はいまだ発見されていない。

1　クレオパトラ伝説の形成

クレオパトラの横顔

古代から現代にわたり、「クレオパトラ」は、世界各地で美女の代名詞として浸透してきた。そのため彼女の名前も地中海諸国、特にギリシアでは現在でも人気のある名前のひとつに数え上げられている。古代エジプトにクレオパトラという王族は複数存在していたことが知られているが、絶世の美女と称えられるクレオパトラは、古代エジプトの女王クレオパトラ七世のことを指している。しかしプルタルコスは次のように述べている。

……彼女の美もそれ自体では決して比類のないというものでなく、見る人々を深くとらえるというほどのものではなかった。しかし彼女との交際は逃れようのない魅力があり、また彼女の容姿が会話の際の説得力と同時に人々のまわりに何かふりかけられる性格とを伴って、針のようなものをもたらした。彼女の声色にはまた甘美さが漂い、その舌は多くの絃のある楽器のようで、容易に彼女の語ろうとする言語にきりかえることができ、非ギリシア人とも通訳を介して話をすることはきわめて稀で、大部分の民族には、エチオピア人、トログロデュタイ人（訳注：「洞穴の住民」の意で、紅海西岸北部に住む民族）、ヘブライ人、アラビア人、シリア人、メディア人、パルティア人のいずれにも自分で返答した。その他の多くの民族の言葉をも彼女は習得していたと言われているが、彼女より前のエジプトの諸王はエジプト語さえ学ぼうと努めず、マケドニア語さえお手あげであったものもあった(1)。

つまりプルタルコスによると、クレオパトラの名前が知られているのはその美貌によってではなく、聞く者を魅了する声と語学力や会話力であり、またそれは常にカエサルやアントニウスらのローマという文脈をともなうものであった。さらにプルタルコスの言葉を借りる

図59　クレオパトラの横顔が描かれた青銅製のコイン

ならば、「カエサルはクレオパトラに対する愛のために戦争を行った」が、それは彼女の類稀なる端麗な容姿のためというわけでもなかったようである。

その傍証としてしばしば取り上げられるのがアレクサンドリアで鋳造された青銅製のクレオパトラ・コイン（図59）である。そこに描かれている彼女の横顔は、尖った鼻で口を半開きにし、顎が突き出ている。このコインと有名な叙述家プルタルコスの記述から「クレオパトラ七世は美しくなかった（醜かった）」という解釈がされることもある。しかしながら、我々はこのコインの図像とプルタルコスの記述を鵜呑みにしてもよいのだろうか。

生き続ける「美女」のイメージ

プルタルコスから一世紀ほど後の叙述家カッシウス・ディオは、その著書『ローマ史』において、まったく異なる表現をクレオパトラに対して使用している。[2]

彼女が飛び抜けて美人であったことは真実であり……。特に若い時分には想像を絶するほど美しく、その上、魅惑的な声の持ち主であり、また彼女は誰からも愛される方法を知っていた。（Cassius Dio, XLII, 34, 4）

古代世界を代表する二人の叙述家のどちらの表現が実際の彼女に近いのかはわからないが、図59のコインに描かれた顔以外の彼女に関する他の図像は存在する。たとえばベルリン美術館所蔵の同時代資料であると考えられている大理石製の彫像（図60）は、そこから派手な美しさは決して感じないが、端整に作られていると言ってもよい。さらにローマのカピトリーニ美術館に所蔵されている同時代のクレオパトラ七世を描いたのだと考えられることもあるプトレマイオス朝の王妃の頭部像（図61）が知られている。通常エジプト王妃が着用するハゲワシの被り物を被っているように表現されているこの彫像は、以前はプトレマイオス三世の王妃であったベレニケ二世のものと考えられていたが、彫像の丸みを帯びた頬や目鼻口元の特徴が紀元前一世紀頃の王族のものの特徴を備えているため、女神イシスを表したものか、あるいは紀元前一世紀頃の王妃のものと考えられるようになってきている。[3]　制作時期を考えれば、同時代のエジプト王族クレオパトラ七世を

図60　クレオパトラ七世の大理石製彫像

図61　プトレマイオス朝の王妃の頭部像

図62　ワインに真珠を入れようとするクレオパトラ

図63　毒蛇に胸を噛ませて自殺するクレオパトラ

図64　シーワ・オアシスのクレオパトラの鉱泉

描いた可能性が最も高い。優しげな瞳と口元に浮かぶ微笑が見事に表現されたこの彫像は、カッシウス・ディオが記した表現と相通ずる。

クレオパトラ七世は古代世界においてすでに有名人であったがために、さまざまな伝説と伝承を生み出した。美を保つために真珠をお酢に溶かしたりワインに入れたりして飲んでいたとか(図62)、毒蛇に自らの胸を嚙ませて自殺したとか[4](図63)。そうして彼女の死後、カッシウス・ディオに限らず古今東西あらゆる機会に美女として描かれてきたのである。さらに、本当に本人と関係があったかどうかは別にして、エジプトにはクレオパトラにちなんだ場所も数多く存在する(図64)。つまり、彼女は完全にイメージ先行型の人物であった。「クレオパトラは顔なき女王」と言われる所以でもある。

王族《ロイヤルファミリー》であった彼女は、現在であればタブロイド紙の一面を毎日飾るような人物であったのであろう。それゆえにウィリアム・シェークスピアをはじめとする劇作家やあらゆる時代の小説家などを魅了し、現代にかけて彼女の「世界屈指の美女」「悲劇の美しきヒロイン」というイメージが形成されていったのである。そしてそれを決定的にしたのが、一九六三年公開のハリウッド映画『クレオパトラ』であった。このとき以降、クレオパトラのイメージは、主演女優エリザベス・テーラーと重なった[5]。そしてその妖艶さをまとったイメージは今も生き続けている。

2　プトレマイオス朝時代の社会状況

彼女の生きた時代

クレオパトラ七世の生きたプトレマイオス朝時代のエジプトの中心は、間違いなくアレクサンドリアのデルタ地域にあった。ヘロドトスは「イオニア人たちの見解によれば、デルタ地帯のみがエジプトである」（ヘロドトス『歴史』第二巻十五章）と記している。しかし当時のデルタ地域には、前章のアレクサンドリアの文化の箇所で触れたように、エジプト人以外にも、ギリシア語を話し、オリュンポスの神々を崇めていたギリシア人たちが多く暮らしていた。アレクサンドリアを中心としたエジプトのデルタ地域は、エジプトの中心というだけではなく、東地中海世界の中心でもあったのである。プトレマイオス王家は同盟関係にある国々と姻戚関係を結び（それまでの王朝時代とは異なり、積極的にエジプト側から王女の輿入れを行った）友好関係を築いていたこともあり、アレクサンドリアは地中海世界全体から外来文化が自由に流入する特殊な場を形成していたのである。

実際、当時のアレクサンドリアではあらゆる民族が混在していたことが知られている。コム・エル＝シュカファなどの文化混合の例（前章、図52―55、57、58、一七二―一八〇頁）からも明らかなように、他地域からの影響は宗教を含む文化のあらゆる様相に現れたのである。その最も顕著な例がセラピス（サラピス）神であった。古代エジプトはその歴史の始まりからすでに、神々の伝統を持っていた。異民族ヒクソスの第二中間期とアクエンアテンのアマルナ期を除けば、基本的に多神教的世界観が展開されてきた。このセラピス神の誕生に注目しながら、クレオパトラ七世の時代へと続く時期におけるさらなるヘレニズム的文化融合について考えてみたい。

セラピス神の創造

ヘレニズム史家ウォールバンク（Frank William Walbank）は、ヘレニズム期の社会を「ギリシア的要素と非ギリシア的要素とが、決して溶け合って単一の文化を形成することのないままに、共存していた社会」[6]と表現している。彼の言う「非ギリシア的要素」は「古代エジプト的要素」と読み換えれば理解しやすい。哲学者左近司祥子《さこんじ》による古代ギリシア人と古代エジプト人の死生観の比較によって、その意味はさらに明確になる。

ここ（引用者注：黄泉の国）でオデュッセウスは、今は亡き友アキレウスに出会う。……オデュッセウスはアキレウスを慰めて、黄泉の国でも王者然としていると言うのだが、それを聞いたアキレウスは、「死んで死者たちの王者であるよりも、生きて農奴であるほうがましだ」と反論、死んだことを嘆くセリフがある。これは、古代のギリシャ人がどんなに死を絶望的なものと考えていたかを示す句としてよく引用される。[7]

このギリシア世界の英雄アキレウスの語る死生観は、古代エジプト人の感覚とは大いに異なるものだ。しかしウォールバンクの上記の定義によれば、ナイルデルタで発生した文化融合現象は、ヘレニズム期における例外と言えそうである。ナイルデルタという特殊な空間は、「決して溶け合うことのない」異なる文化を融合させたのである。その象徴的存在がセラピス神であった。エジプト国内のギリシア人居住地区として発展したナウクラティスをはじめとしたデルタの都市では、居住しているギリシア人たちを政治的にうまく抑えるために

図65　セラピス神の彫像

まったく新しい神を創造した。セラピスと名づけられたこの新しい神は、ゼウス神と見紛うほど外見は明らかにギリシア風であったが、名前やその属性はエジプトの神オシリスと聖牛アピスから採られたものであった（図65）。オシリス神と聖牛アピスが合わさり、オシリス・アピスとなり、それがオソラピス、そしてセラピスと呼ばれるようになった。ギリシア人たちは精神的な影響もエジプトから受けることとなったのである。ギリシア人たちに受け入れられたこの神は、彼らによる大植民活動を通じて世界各地に伝播した。地中海、特に東地中海地域へと広がり、黒海周辺にまで拡大していく。そのため、各地にたくさんのセラピス神殿が建てられることとなった。たとえばデロス島で大量のセラピス神信仰に関する碑文が出土している(8)。それゆえにセラピス神殿の分布から、古代エジプト文明の伝播状況がみえてくるほどである。

ちなみに東地中海には、ひとつの交易のパターンというものがあった。必ずと言っていいほど反時計回りに物や人が動くのである。その原因は自然環境にある。大きな海流がキプロス島を中心として反時計回りに東地中海に存在しているのである。またエテジアンという季節風が北から南へと吹いていることも作用しているであろう。たとえば南イタリアの港湾都市プテオリからエジプトのアレクサンドリアまでは九日でたどり着くが、反対にアレクサンドリアからプテオリへと行くには一ヵ月以上を要するという当時の記述が知られている(9)（地図①、三八頁）。海流や季節風に逆行するのは困難をきわめる。そのためイタリアからエジプトにやって来た船は、東地中海沿岸回りでイタリア半島へと帰っていた。そのほうが早かったし、東地中海沿岸の町で物を売買することもできたからである。このルートにのって、セラピス神に対する信仰は世界各地へと広がっていった。

セラピス神の重要性は、アレクサンドリアのヘロンのものとされるエピソードに集約されるであろう。前章でも触れたヘロンは、古代世界きっての発明家として知られていた人物である。セオドライトなどの発明のほかにも、彼は蒸気を巧みに利用して駆動させるさまざまな装置を作り出したことで有名である。セラピス神への信仰を人々に浸透させるための装置の開発依頼をプトレマイオス王家から受けたヘロンは、その才能を駆使して、神殿の扉が自動的に開き参拝する人々の前に突然神々しい神像が現れるという仕掛けを作り出したと伝わっている。このようなエピソードからも、エジプト文化とギリシア文化との融合の結果として生まれたセラピス神は、王家による政策のひとつであったことがよくわかる。そしてセラピス神の伝播の結果からみるとその狙いは見事に的中したのだ。ギリシア人たちがエジプト中に溢れ、その後ローマ帝国の属州となり下がったときでさえも、エジプトはセラピス神によって征服者たちを精神的に支配したのである。そして、このセラピス神創造という見事な政策を実施したプトレマイオス王家最後の支配者が女王クレオパトラ七世なのであった。

エジプト王国最後の象徴

クレオパトラ七世は、ポンペイウス、カエサル、そしてアントニウスという名だたるローマの将軍・政治家たちを利用し、古代エジプト王国の復興を目指した。彼女が王国の中枢に立とうとしていた時期、エジプト国内では重税や政治腐敗などの不満により、人心は王家から離れていた。各地で反乱やストライキ、あるいは神殿の略奪が横行していたのである。そこでクレオパトラは、重税を緩和するなどの実質的な政策を取り、エジプトの経済を立て直した。彼女は政策立案に長けており、税金に関する条例にも自ら目を通しパピルス文書に補足事項を加えているほどである。また、ギリシア語を話していたプトレマイオス朝時代の他の王とは異なり、彼女は明らかにエジプト語を用い、その文化をより深く理解しようとした。そのことは彼女を表現した彫像やレリーフなどの同時代資料が証明している。そこでは彼女はしばしば古代エジプト伝統の衣装を身に着け、女神のごとく表現されているのである。同じような例としてはデンデラのハトホル神殿のレリーフ

図66　クレオパトラ七世とカエサリオンを描いたレリーフ

がよく知られている[10]（図66）。そこでは伝統的な古代エジプト王の美術表現と同じように、神々に礼拝する彼女自身と、後にプトレマイオス十五世となる息子のカエサリオンが描かれている。

反ローマの象徴としてオクタウィアヌスらに利用されたクレオパトラ七世ではあったが、エジプトではまったく状況が違っていた。彼女の死後も、彫像を含む記念建造物から彼女の名前が削除されることはなかった。人間の存在にとって名前を絶対不可欠な要素と考えていた古代エジプト人が、クレオパトラという人物の存在をいかに大切にしたかを示している。当時のエジプト人たちにとって、クレオパトラ七世はエジプトの象徴的存在であった。ギリシア化しつつあったエジプト王国最後の象徴が、ギリシア北方のマケドニア人の血を引く人物であったことは皮肉である。

3　クレオパトラの墓はどこにあるのか？

死後も正統なエジプトの支配者として

アクティウムの海戦でオクタウィアヌス率いるローマ軍に敗れ去り、古代エジプト王国の復活および地中海帝国形成の夢破れたクレオパトラ七世は、その後どのような運命をたどったのであろうか。よく知られているように、ローマに抵抗し敗れた者たちは、捕縛されてローマに連行され人々の前でさらし者とされた。クレオパトラの場合はどうであったのであろう。彼女がローマに連れてこられたという記録は残っていない。もしローマに来ていればそれは国を挙げての大イベントとなったはずであり、記録も残っているはずである。その点を考慮するならば、やはり従来の見解どおりエジプトで自殺したと考えるのが妥当であろう。

シェークスピアの表現したように、あるいはさまざまな絵画に描かれたように、彼女は自ら命を絶ったのだ。毒を飲んだのか、それとも毒蛇に自らの胸を噛ませたのかは定かではない。だが少なくとも死後は他のエジプト人同様ミイラ処理がなされ、エジプトの地のどこかに埋葬されたと考えられる。カッシウス・ディオによれば、クレオパトラとアントニウスの遺体は「二人は同じ衣装で防腐処置が施された後、同じ墓に埋葬された」(Cassius Dio, LI, 15, 1)、つまり死後ミイラにされて墓に埋葬されたようである。

彼女らのミイラはどのような運命をたどったのであろうか。エジプト文化のなかで生まれ育ち、誰よりもエジプト文化を尊重したクレオパトラ七世は、過去のエジプト王に倣い「永遠の家」として自らの墓を欲したはずである。また、ギリシア北方のマケドニア人の血を引いていた点を考慮するならば、やはり墓を造ったと考えるほうが妥当である。

アレクサンドロス大王の墓はみつかっていないが、歴史のある時点まで彼の墓がアレクサンドリアにあったことは確かなようである。ローマ皇帝たちがそこに参拝したという記録が幾つもあり、彼の父親のフィリッポス二世の墓ではないかと考えられているものもギリシア北部のヴェルギナで発見されているからである。マケドニア人であったプトレマイオス一世を祖とするプトレマイオス王家は正統なエジプトの支配者であらんとして伝統を重んじ、同じくマケドニア人であったアレクサンドロスと同様にメンフィスで戴冠式を実施している。

よって、死後も歴代のファラオたちと同じように埋葬されることを望んだと考えられる。

いまだ発見されていないが、アレクサンドロス大王の墓同様、プトレマイオス王家の墓はアレクサンドリアにあったと伝わっている。さらに近年、クレオパトラ七世の妹であったアルシノエ四世の墓と想定されるものが、彼女の幽閉先であったトルコのエフェソスで発見されているし、エジプトの地中海沿岸とマレオティス湖の間にある神殿遺跡タプオシリス・マグナがクレオパトラ七世の墓の候補地のひとつに挙げられることもある（図67）。アレクサンドリアの西方約四十五キロメートルに位置するこの遺跡は、周壁内部にオシリス神殿を持ち、外部にはヘレニズム期の住居跡や動物の共同墓地がある。ローマ時代の青銅製品やビザンツ時代の金貨、そしてイシスと考えられている彫像も出土している[11]。

図67　タプオシリス・マグナ遠景

またクレオパトラ七世とアントニウスの子供であったクレオパトラ・セレーネは、ローマに連行された後に彼の地で養育され、二十歳代でローマの属国であったマウレタニアの王ユバ二世の王妃となった（彼女の双子の兄弟と弟もマウレタニアに同行した）[12]。彼らの墓であると考えられている上部がピラミッド状で下部が円形の直径

図68　マウレタニア王家の墓と考えられている巨大な墓

六十メートルを超える巨大な墓がアルジェリアに存在している（図68）。

これらの墓についての事例と彼女自身の持つ家系的背景を考慮するならば、クレオパトラ七世もまた自身の墓に埋葬された可能性が高い（少なくとも彼女自身はそう望んでいたはずだ）。しばしば言われるように、大地震の影響あるいは環境の変化によってアレクサンドリアの一部が海に没した際に、クレオパトラの墓は（アレクサンドロスの墓もプトレマイオス王家の墓も）、海中に没してしまったのかもしれない（第6章参照）。ただ、前章で紹介したアレクサンドリアの西ネクロポリスのガバリ地区の地下墓の例のように、ある日突然道路が陥没し（あるいは発掘調査によって）、そこから新たな古代の墓が発見される可能性もある。そしてそれがクレオパトラの墓である可能性も……。

古代から現代にかけて創り出されたクレオパトラに対するイメージは、「美貌の女王」あるいは「悲劇の女王」という言葉によって象徴されてきた。そして、古代ローマを代表する二人の英雄の運命はその彼女によって翻弄された。おそらく彼女はプルタルコスが述べるように、教養があり、語学堪能であったに違いない。その上、傾きつつあったエジプトを立て直すことを目指したことから考えると、かなりの勉強家であり、政治・経済にも明るかったと思われる。しかしそのクレオパトラ七世でさえも、斜陽の時期を迎えていた古代エジプト王国に、過去の輝かしい栄光を取り戻させることはできなかった。

最後の戦いに敗れたあと、彼女は女王として自らの命を絶ったとされている。しかし、彼女の持つもうひとつの側面に注目した場合、新たな解釈の可能性も提起できるであろう。つまり、彼女は女王である前に四人の子供たちの母親でもあった。彼女は自らの命を早めに絶つことで、子供たちの命を守ったのではないだろうか。カエサルとの子供であったカエサリオン（プトレマイオス十五世）を東方のインドへと逃がす手はずを整えたあと（彼は途中で捕まり、殺害されるが）、アントニウスとの間の三人の子供たちを混乱のなかで失うことを避けるために、自ら「死を選ぶ」という究極の先手を打ったのだ。実際、三人の子供たちはローマで養育され、先に述べたようにローマの属国であったマウレタニア王国のユバ二世のもとで暮らすこととなる。そのうちの一人クレオパトラ・セレーネは、賢者の誉れ高いユバ二世の王妃となった。最後の最後で彼女は、「美貌の女王」ではなくひとりの優しい母親となり、世界史のターニングポイントとしての生涯を閉じたのではないだろうか。

第9章　古代ローマ帝国と皇帝たちのエジプト文化

図69　バハレイヤ・オアシスのアレクサンドロス神殿

強い影響力を持ち、かつ偉大な征服者を載く文明であっても、古くからの文化構造＝伝統を有する他の地域を完璧に支配することは困難である。少なくとも文化的あるいは精神的な支配を完徹することはできないと言っても過言ではない。人々の心の深い部分に先祖代々長い年月をかけて蓄積されてきた核の部分を、完全に覆すことはできないのである。

そのことは、エジプトを征服した他国の王、民族、あるいは国々がエジプト文化を抱き込む形でしか存在できなかったことで証明されている。たとえばペルシア帝国の王ダレイオス一世は、エジプト西方砂漠のオアシス地域にあるカルガ・オアシスにおいてヒビス神殿などの巨大な神殿の増改築を行い、過去のエジプト王と同じようにカルトゥーシュのなかに自らの名前をヒエログリフで刻んだ。アレクサンドロス大王も、カルナクやバハレイヤ・オアシスの神殿にエジプト王として自らの名前を残している（図69）。アレクサンドロスの遺将プトレマイオスの子孫は、アレクサンドリアを都としてエジプトに王朝をなした。そしてローマ帝国の皇帝たちもまた、古代エジプト文化から多大な影響を受けるのである。

古代エジプトと古代ローマ帝国とを語る際に、最初に思い浮かべるのは前章で扱ったクレオパトラ七世をめぐるカエサルとアントニウスの動向であろう。彼らについては、後の時代に創られた物語や戯曲、あるいは絵画などによってよく知られている。それらがどの程度歴史的事実を反映しているかどうかはさておき、彼らとエジプトとは常に我々のイメージのなかで密接にリンクする。しかしながら、カエサルとアントニウスだけがエジプトに関心を寄せたローマの要人ではない。古代ローマ人の誰もがエジプトに大いなる関心を持っていたのである。その要因として、当時のエジプトは「ローマの穀倉」と称されるほど豊かであったことが挙げられるであろう。そしてさらに、その特異な文化はローマ人たちにとって神秘と憧れの的であった。しかし、ついにローマの属州となり、帝国の一部に取り込まれたエジプトは、徐々にではあるが、その眩《まばゆ》いばかりの文化的輝きを失っていくこととなる。

1　ローマ皇帝ハドリアヌスのエジプト志向

憧れのエジプト

クレオパトラを中心にカエサルとアントニウスが地中海世界において躍動した時代の後、歴代のローマ皇帝たちはローマの属州となったエジプトに、自らの私的な領地を持つなどの活発な動きに出た。彼らにとって、もはやエジプトは「神秘」のヴェールに包まれた存在ではなくなっていた。かつて畏怖とともに古代エジプトの神々の世界を遠目にみていたローマ人たちは、いまやエジプトを身近なものとして意識し始めるようになったのである。しかしそれでもなお、エジプトは「憧れ」の対象ではあった。実質的にエジプトを属州化したローマではあったが、その憧れがローマ皇帝たちをナイル河の流れるエジプトへと向かわせたのである。

初代ローマ皇帝アウグストゥスはエジプトに広大な私領を持ち、皇帝ネロはナイル河上流のヌビアへ遠征隊を派遣したことで知られ、エジプト文化の影響を色濃く受けていたようである。青年期における彼の教育状況からそのことがうかがえる。ネロの家庭教師として有名なのは哲学者ルキウス・アンナエウス・セネカであるが、エジプト人の哲学者でアレクサンドリア図書館の司書であったカエレモンもネロの家庭教師であった(1)。カエレモンの前任者は、エジプト人ソフィストとして知られたアピオンであった。彼はエジプトのシーワ・オアシス出身であり、カエレモンはアピオン同様セラピス神殿の管理を任されていた人物であった。ネロはエジプト文化の中枢にいた人物の教えを若き日に受けていたのである。そのほか、ティトゥスはダクラ・オアシスにデイル・エル＝ハガルと呼ばれる巨大な神殿を建造している（図70）。アントニヌス・ピウスもまた、エジプト各地で神殿を建てたり再建したりしたことが知られている。ディオクレティアヌスも軍隊を引き連れてナイル河を遡った。

ハドリアヌスの愛した美少年

歴代ローマ皇帝たちあるいは将軍たちは皆おしなべてエジプトに関心を向けたが、そのなかで最もエジプトの文化に固執したのがハドリアヌスであった。ハドリアヌスほどエジプトと関わったローマ皇帝は他にはいない。

皇帝ハドリアヌスは、紀元後一二一年から一二六年にかけてと、一二八年から一三四年にかけての二回、本国ローマを離れローマ帝国下にある数多くの属州を巡回する視察旅行に出たことや、全長百十八キロメートルにもおよぶハドリアン・ウォールと呼ばれる長城をブリテン島に建設したことで知られている。建築家としての才能も持っていた彼は、ティボリにある別荘ヴィラ・アドリアーナにナイル河のデルタ地帯にある港町カノプスやセラピス神殿を再現した。紀元後一一七年にアレクサンドリアを訪れた際にインスピレーションを得て建設したヴィラ・アドリアーナには、古代エジプトをイメージさせる数々の彫像があり、エジプトを訪れた経験のないローマ

図70　ダクラ・オアシスのデイル・エル＝ハガル神殿

人たちに「神秘の国エジプト」への憧れを植えつけた。ハドリアヌスはエジプト征服を行ったペルシアのカンビュセス王の御殿医長ウジャホルレスネトの像もローマに持ち帰っており、それら遺物は現在ヴァチカン博物館で見ることができる。(2)

当時のローマには東方世界からミトラス教などの新しい宗教がたくさん入ってきていたが、それらのなかでもエジプトの宗教はローマ人たちに大いに受け入れられていった。皇帝ハドリアヌスが感じたように、エジプトはローマ人たちにとって神々の古い伝統を持つ憧れの国であったと言える。オシリス、イシス、セラピスというようなエジプトの神々に対する信仰がローマ帝国領内で広まり、次第に定着していった。ヴィラ・アドリアーナに再現されたカノプスは、その宣伝材料のひとつとなった。ローマ時代に皇帝崇拝用の聖堂となったルクソール神殿内に、ハドリアヌスはセラピス神に捧げる小礼拝堂を建設してもいる。

さらにハドリアヌスには、彼が非常にかわいがっていたアンティノオスという小アジア出身の美少年についての、エジプトと強く関係するエピソードがある。紀元後一三〇年十月三十日、そのアンティノオスがナイル河で溺死してしまうという事故が起こった。彼の死を嘆き悲しんだハドリアヌスは、死したアンティノオスを神格化し、エジプトに彼のために彼の名前にちなんだ都市アンティノオポリスを建設し、彼のための神殿まで建ててしまうのである。もともと古代エジプトではナイル河で溺死したものを敬う習慣があった。また数多くのアンティノオスの彫像(3)(図71)が作られ、帝国各地に配置されたことが知られている。

ハドリアヌスはそれだけでは足りなかったのか、新たな星座としてアンティノオス座を設

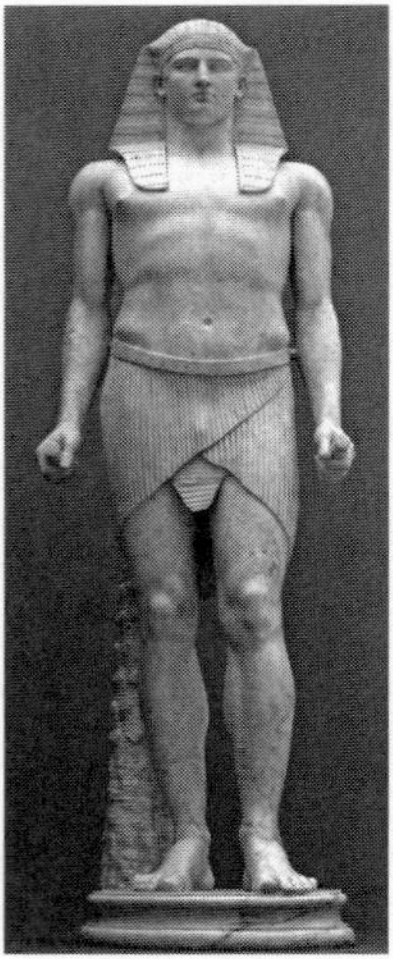

図71　アンティノオスの彫像

けることまでした。古代エジプトの来世観では、人はこの世で死ぬが、あの世で生き続ける。死した愛しき人を永遠のものとするには古代エジプトの死生観は好都合、いや必要不可欠なものであったのかもしれない。

2　ポンペイにおける「エジプト化の時代」

壁画にみられるエジプトのモチーフ

ヴァチカンを含むローマには、現在十三本のオベリスクが存在する（小型のものを含めるとさらに数は多くなる）[4]。これは本国エジプトを数で上回っている。古代にローマに持ち込まれ、十六世紀以降、発掘によって再び太陽の光を浴びることとなったオベリスクの存在は、ローマにおけるエジプト趣味の例のひとつと言えるであろう。

古代のエジプト趣味とも言える現象はローマ世界において広く知られているが、その最も顕著な例がユネスコの世界文化遺産に登録されている南イタリアのポンペイにみられる。紀元後七九年八月二十四日のヴェスヴィオ山の噴火によって滅びた地方都市ポンペイは、火山灰と軽石によって町全体が覆われたために、考古学的保存状況が極端に良好な遺跡となった。戦争などで都市が破壊されたわけではなかったので、噴火による堆積物を取り除くと当時の町並みがそのまま出現したのである。城壁内部の都市の区画は綺麗に整備され、八つの門から延びる道路は舗装され、現在でも轍《わだち》までがくっきりと残っている。カウンターのある庶民のための居酒屋や粉挽《こなひ》き機と焼窯のあるパン屋（図72）なども、ほとんど当時のまま現れた。パンそのものも当時の形のまま出土しており、人々の食事の様子までが手に取るようにわかる。円形闘技場や劇場、あるいはイシス神殿（図73）などの公共建造物もみられ、美しい壁画群も有名である。大量の壁画が出土したことにより、それら壁画には時代によって明らかに流行があることが判明した。

図72　粉挽き機と焼窯のあるパン屋

図73　ポンペイのイシス神殿

　それらポンペイの壁画群は、その特徴から、第一様式から第四様式（あるいは

図74　ポンペイ第三様式で描かれた古代エジプトのベス神

さらに細かく）までに詳細に分類され、研究が盛んに行われてきた。そのなかのポンペイ第三様式のひとつの特徴として、「エジプト化の時代」と呼ばれている壁画群が知られている（図74）。紀元前三一年のアクティウムの海戦において勝利したローマによりエジプトが征服されたために、その時期に当時の文化の中心地のひとつであったアレクサンドリアからイタリア半島へとエジプトの工芸品がもたらされたことが指摘されている。そこから採ったエジプト的モチーフ、たとえば古代エジプトの神々などが、壁画のなかでたくさん用いられるようになったのだと考えられている。

ファイユーム・ポートレート

またエジプトからの文化的影響の例としてしばしば挙げられるものに、ポンペイでみられる写実的な人物画がある（図75）。ローマの貴族階級の特権であり伝統でもあったイマギネス＝祖先の仮面がその起源と考えられている。一族に死者がでるとその人物の顔型を蠟《ろう》でとり、葬儀の際に親類縁者で最も故人と背格好が似ている人物が着ける仮面である。時代とともにその原材料は蠟から青銅へと変化したが、伝統自体は変わることなく、明らかに先祖崇拝をその基礎とした仮面は使用され続けた。

このイマギネスの持つ写実性は汎ヘレニズム的な特徴であるが、その一方でエジプトのローマ時代のハワラやファイユームで盛んであった「ミイラ肖像画」＝「ファイユーム・ポートレート」[5]（図76）からの影響も考えられている。両者の表現方法があまりにも似ているからである。ミイラに取りつけた布や板の上に蜜蠟で描かれ、しばしば「まるで生きているかのようだ」とされた「ファイユーム・ポートレート」は、プトレマイオス朝時代から続くエジプトからポンペイへの文化伝播の一例であると言えよう。

図75　ポンペイ出土の人物画

図76　ファイユーム・ポートレート

ポンペイにおける古代エジプト文化の影響の痕跡は、この「ファイユーム・ポートレート」をはじめとして、イシス神殿のような規模の大きなものから、壁画の背景に描かれるスフィンクスなどの細かな古代エジプト的モチーフにまで多岐にわたっている。考古遺物にも古代エジプトの異形の神であるベス神（図28、八三頁・図74）やイシス女神を象《かたど》ったものが多い。次節で述べるように、イタリア半島以外のローマ帝国支配地域においても古代エジプト文化の影響は広く知られている。

3　古代ローマ帝国辺境地における古代エジプト文化

パルミラの女王ゼノビア

エジプトはその長きにわたる伝統が作り上げた特異な文化のため、王朝開闢《かいびゃく》以前から周辺地域に多大な影響を与え続けてきた。その文化が地理的に最も拡大したのは、明らかにローマ時代であった。ローマ帝国の巨大で安定した流通システムによって、古代エジプト文化はナイル世界から遥か遠く離れた場所にまで届けられたのである。数ある例のなかから、東西南北の代表例をひとつずつ挙げておきたい。

東の例として、東西交渉路シルクロードの拠点のひとつであり、シリア砂漠の真ん中に位置する隊商都市パルミラが挙げられる。パルミラは東西文明の融合を特徴としたその独特の美術様式でよく知られている遺跡であるが、古代エジプト文化の影響もみられるのである。たとえば第二十五王朝の王タハルコの印影や二体のベス神が描かれたランプが出土している(6)。また古代エジプトの神であるベス神のアミュレットの出土例や死生観の類似性が指摘されている(7)。

パルミラ王であったオダエナトゥスはローマの信頼厚い人物であり、紀元後二六〇年にはローマの正規軍を指揮していたことが確認されている(8)。そのオダエナトゥス亡き後パルミラの権力を掌握した女王ゼノビアは、反ローマ政策をとりローマの属州であったエジプトに進軍、二七〇年から二年にわたり軍を駐屯して支配下に置いたことが知られている。エジプトにおけるパルミラの影響力は、アレクサンドリアで発行された貨幣の図柄から明らかである（図77）。そこには時のローマ皇帝ではなく、パルミラのゼノビアと息子のウァバラトゥスの肖像が描かれていたのである。エジプト支配によってエジプト文化がパルミラに流れ込むことになったのかもしれない。

女王ゼノビアは自らクレオパトラの末裔であると名乗ったことで知られ、エジプトに傾倒した人物であった。『ローマ皇帝群像』に登場する彼女に対する描写の箇所では、「その肌は褐色で、その瞳は黒く美しく輝き、その歯は真珠のように純白で、西アジアにおいて最も気品が高く、最も美しい女性であった」と記述されている。クレオパトラ七世同様に美貌の女王として知られたこの女王の、エジプトと伝説の女王への憧れが、軍をエジプトへと向かわせたきっかけであったのかもしれない。

図77　アレクサンドリア発行のゼノビア・コイン

先述したように、中エジプトの都市アンティノオポリスがローマ皇帝ハドリアヌスによる都市計画のもと新たに造られたことが知られているが、そのエジプトのアンティノオポリスからはパルミラやシリア東部のドゥラ＝エウロポスで出土した紋織物と同じものが発見されている[9]。これらは西アジアのどこかで作製されたと考えられており、エジプトのコプト織りに影響を与えたと指摘されている。[10] つまり、エジプトとパルミラには物を媒介とした明らかな接点が存在していたのである。

同じく中エジプトの都市オクシリンコスは、都市計画の際にパルミラを手本としたことが知られている。それは町の内部の都市計画だけではなく、立地条件を考慮に入れたうえで交易都市化を目指したものであった。実際にローマ時代のオクシリンコスは西のバハレイヤ・オアシスとの交易のための拠点として機能した。オクシリンコス・パピルスとして知られる一括資料が出土していることから、この地が当時学術都市としての側面も備えており、学んでいた学生たちの学問的レヴェルは非常に高く、ギリシア語を学びホメロスの『イリアス』をそらんじていたほどであったことを我々は知るのである。[11] その文化の交流の場であったエジプトの都市オクシリンコスですら憧れたのが、シルクロードの拠点パルミラであった。

北アフリカという枠組みのなかで

西の例はイベリア半島に位置するスペインのメリダである。ローマの植民市としてアウグストゥスによって建設がなされたメリダには、円形闘技場、劇場、競技場、そして水道をはじめとした古代ローマの建造物群や遺跡が数多く存在している。この町から出土したセラピス神の彫像[12]（図78）がメリダの考古学博物館に所蔵されているのである。

南の例はリビアの地中海沿岸地域に存在するレプティス・マグナやサブラタを代表としたエジプトの神々に捧げられた神殿をともなう遺跡群である。ヘロドトスやプトレマイオスにとって、これらの神殿を持つリビアとは、ナイル河の西方の地域を指す言葉であった。女神アテナは、リビア出身であるとヘロドトスは記している。それほど当時のリビアはギリシア人たちにとって特別な場所であったのだ。古代ギリシア文明の女神アテナを生み出したリビアには、古代エジプトの神々もやって来た。サブラタに古代エジプトの女神であるイシス神のための神殿とセラピス神殿があることは、この地域の人々が古の時代からエジプトの神々を崇拝し、受け入れていたことを示している。日本における数少ない古代リビア史の専門家である青木真兵がトリポリタニアにおける他の例も挙げつつ、それらの都市とエジプトのアレクサンドリアを含む東地中海との密接なつながりを強調している点も重要である⑬。今後、北アフリカという大きな枠組みのなかで古代エジプト文化を捉える必要がある。

美しいモザイクが所々に敷かれた古代の住宅や浴場の床を眺めつつサブラタの入り組んだ複雑な町並みを進むと、収容人数五千人を誇る北アフリカ最大規模の円形劇場が目の前に現れる。その先の海岸部にみえるのが、サブラタ遺跡の最東端にあるイシス神殿である。イシス神はヘレニズム期には航海の神として崇拝されていたこともあり、しばしば海を見

図78　メリダ出土のセラピス神の彫像

図79　サブラタにあるベスの塔

渡せる場所に建設された。さらにサブラタ遺跡のなかで目立つのが「ベスの塔」と呼ばれている建築物である（図79）。古代エジプトの女性と子供の守護神であったベス神を装飾に持つこの塔は、現在高さが二十メートルほどしかないが、本来はさらに大きかったと推定されている。これらサブラタを中心とした地中海沿岸地域以外にも、ガラマンテス人の都として知られるジェルマに数百基の小型ピラミッドが存在している（図80）。成立年代にはいまだ疑問が残るが、古代エジプト文化の影響と考えてよいであろう。

北の例はブリテン島に存在する。古代にエボラクムと呼ばれた要塞をその起源に持つ都市ヨークに、古代エジプトの神を崇めるためのセラピス神殿が存在していたのは、強力な影響力を持つ古代エジプト文化の伝播を考えるうえで象徴的な出来事であると言えよう。ヨークで出土した聖牛アピスの像や「セラピス神殿奉納石碑」（図81）の存在は、古代エジプト文化の感染力の強さを我々に示してくれているのである。

ローマ時代における古代エジプト文化の拡大の痕跡を追うには、ローマの道をたどり、そこにみられる神殿や遺物の存在を確認すればよい。その痕跡は驚くほど広範囲におよんでいる。地中海全域は言うまでもなく、地中海という枠組みを完全に超えたアフガニスタンや北欧でも古代エジプトの遺物は、出土しているのである。しかし遠隔地にそれらの遺物を持ち込んだ人々のほとんどは、古代エジプト人ではなかった。ローマ帝国の領土の拡大が帝国内に暮らす人々を動かしたのだ。それに伴い古代エジプトの神々は世界各地へと移動を開始したのである。

古代の人々が宗教を含む古代エジプト文化を自らの文化に取り入れたことはよく知られている。その最大の愛好者が古代ローマ人たちであったこともまたしかりである。「エジプト・マニア[14]」という言葉で呼ばれることもある古代エジプト文化趣味は、ローマ時代に始まったと言える。「ローマの穀倉」と呼ばれる由来となったナイルの氾濫が生み出す豊かな穀物の輸入などの経済的理由を挙げずとも、古代ローマ帝国は古代エジプトなくしては存在しえなかったのだ。ローマ帝国内各地に造られた数多くのイシス神殿やセラピス神殿の存

図80　ジェルマのハッティーヤ遺跡の小型ピラミッド群

図81　ヨーク出土の「セラピス神殿奉納石碑」

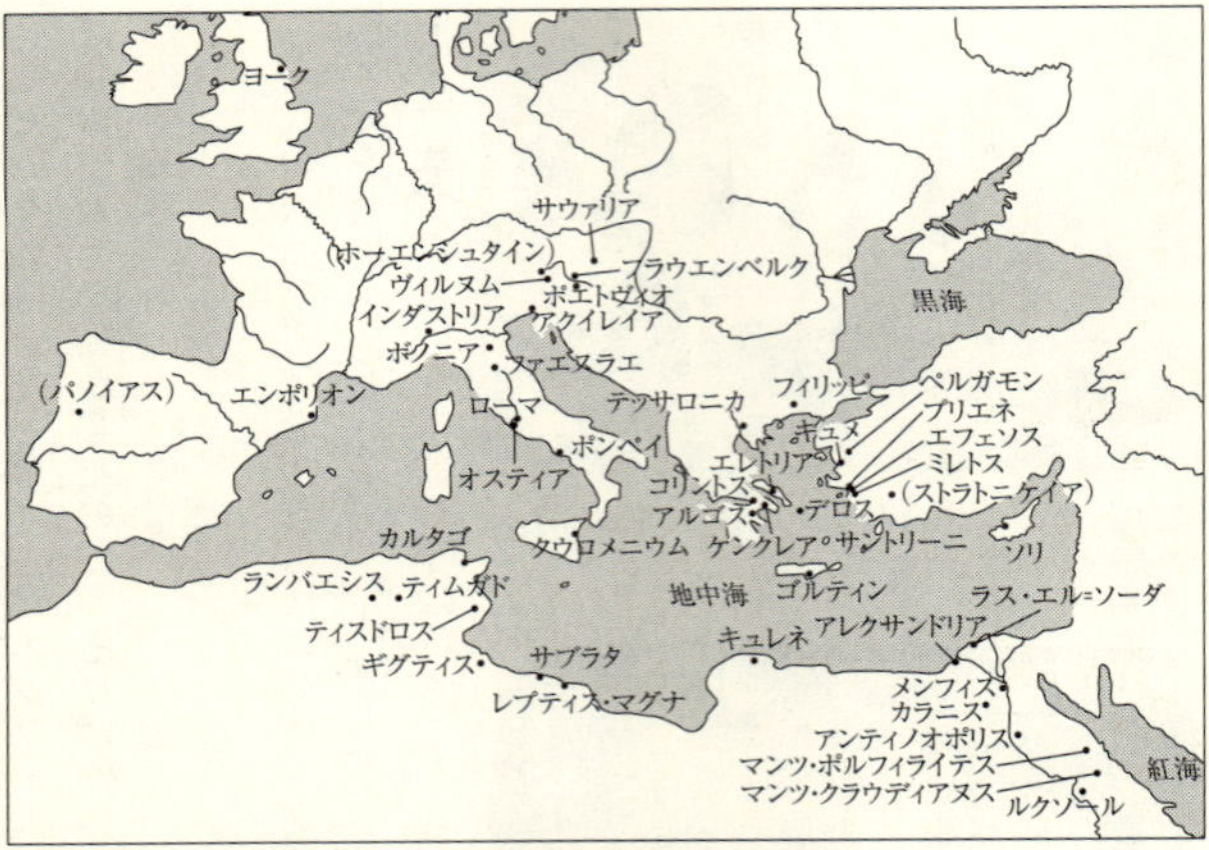

地図⑩　イシス神とセラピス神の複合聖域分布

在がそれを証明している（地図⑩）。

キリスト教が「ローマの海」としての地中海世界において人々の精神の拠り所および生活の軸となる以前は、さらにその状況は顕著であった。ローマ帝国下の古代エジプト文化は、皇帝をはじめとするローマ人たちを魅了した。上記のブリテン島のヨークの例を思い浮かべるとすぐわかるように、古代ローマ帝国によって張りめぐらされた巨大な情報網に沿ってエジプト文化は広がったのである。

その拡大過程において、本来の古代エジプト文化は、輝きを失っていったのだと言えるが、その一方でイシス神やセラピス神に対する信仰は、拡大と定着、そして人々の心のなかへの浸透を繰り返した。この二つの神々への信仰は、ハードウェアとしての巨大な情報倉庫であった神殿とそこに従事していたソフトウェアとしての神官たちをともない拡大した。エジプトの神殿は、古代世界における知識の核としての要素も備えていたのである。[15] イシス神とセラピス神に対する信仰は、世界宗教的性格を持つものであったと言えるであろう。

ある事象が歴史の流れのなかで確かに「あった」とわかっていることと、その事象を実証できることとは、まったく別の問題である。もちろん、歴史学者に求められるのは後者である。それゆえ歴史学を実証学だと主張する研究者は多い（筆者も基本的にはそう考えている）。しかしながら古代史（さらに紀元前の歴史）では、その実証が極めて困難である。経験則から、あるいは研究の累積から、ひとつの仮説を提示することはできるが、「それは実証できるのか」「資料で証明できるのか」という詰問に、絶対的自信を持って「イエス」と答えることができる古代史研究者はそう多くはないはずだ。特に本書で取り扱った幾つかの事例のように、時間的にだけではなく、研究フィールドが地理的に広範囲におよぶ場合はなおさらである。ひとりの研究者の能力を完全に超越するような幅広い視野が求められるからである（そこが面白いところでもあるのだが……）。それは机上で地図を広げた際に目の前に展開される東西南北方向だけではない。縦に上下に伸びる時間軸も常に念頭に置いておかねばならない。その上、古代エジプト史を軸に据えた場合には、「現世」と「来世」をも考慮に入れておかねばならないのである。

さらにもうひとつ困難な問題がある。それは言語に関する事情であり、語学の問題と言い換えることもできるものである。つまり、「世界史のなかの古代エジプト」を語る場合、最も理想的であるのは、一人の研究者＝筆者がエジプトをめぐる周辺諸国・諸地域のあらゆる言語をすべて習得しているというものであろう。しかしながら、古代の言語を何種類も習得するには、膨大な研究時間と卓越した語学のセンスが求められる。たとえばアマルナ時代を本当に理解しようと思うのならば、楔形文字であるアッカド語の習得は必須であるし、カデシュの戦いを研究するには古代エジプトのヒエログリフとヒッタイト語とを理解しておくのが理想である。可能であればその周辺諸地域の言語も理解できていれば、さらによいということなのである。

しかし、研究者であれば誰もが実感しているように、それは理想に過ぎない。確かにあらゆる古代言語を理解し、自由に操り、そしてそれらすべてに精通している研究者がいないわけではないだろう。だが少なくとも私はいまだそのような人物に出会ったことがない。そして私自身にその能力は絶対にない。コプト語を含む数ヵ国語を駆使してヒエログリフを解読したシャンポリオンや、フランス人でありながら東洋の言語を操り敦煌文書をパリに持ち帰ったことで有名なP・ペリオ（Paul Pelliot）のような研究者は、例外中の例外である。

筆者はあるとき、古代エジプト第三中間期の大研究者K・キッチン（Kenneth Kitchen）にラメセス朝期から第三中間期あるいはそれ以降の時代を本当に研究するには、古代言語を十ヵ国語以上習得する必要があると言われたことがある。そしてキッチンによると、彼ですらその理想に到達することは結局できなかったと告白してくれた。彼はそのとき八十歳になろうとしていた。

　キッチンを凌ぐことなど筆者には到底不可能ではあるが（もちろん追いつくことも）、アプローチの仕方によっては、まだまだ研究の幅を広げていくことは可能かもしれないと考えている。そして、その新たなアプローチの仕方を常に模索している。たとえば「クレタもヒッタイトもエジプトも雄牛を崇めた」という事実から、何かその先にあるものがみえてはこないだろうかとか、「クレタもヒッタイトもエジプトも女性の社会的身分が男性とほとんど変わらない社会を持っていた」という類似した特徴から、新たな見方はできないであろうか、あるいは見逃している重要な事実はないか。比較考古学・比較歴史学、あるいは民俗学的手法の援用の可能性を日々検討している。

　さらに、もし古代エジプト文明の特異性を積極的に考慮に入れることが許されるのであれば、「神々」の存在を研究の根幹に据えることによって、実証的な手法では決して到達することができないような結論を導きだせる可能性がある。たとえば筆者は、古代エジプト文明に大きな影響力をもたらした古代のリビア人を理解するために、リビア領内のサハラ砂漠にまで足を運んだこともある。十日間ほど砂漠に自らの肉体と精神を置いてみたのである。そのときの経験・体験をその後自らの研究にどれくらい反映させられているかわからないが、少なくとも外側からの実証的あるいは科学的アプローチでは決して触れることがかなわない、対象の内なる世界に潜り込むことができる手ごたえはそのとき感じた。その時の経験は一冊の本としてまとめている。(1)

また古代エジプト文明を理解するには、そのなかの一時代のみに固執していてはみえてこないものも多い。あらゆる時代に深く精通することが理想的であるのは誰もが理解している。しかしながら、圧倒的な天才でもない限りその理想に近づくことは難しい。少なくとも筆者の能力では限界がある。古代エジプト最初の王が出現し王朝を建てたことから始まる古代エジプトの王朝時代は、プトレマイオス朝時代の女王クレオパトラ七世の死によって完結する。その間の約三千年が古代エジプト史とされている。三千年という時の流れは決して短いものではない。その三千年の間にミノア文明は誕生して滅び、ヒッタイト人たちは歴史の流れにのみ込まれていった。しかし同時にクレオパトラの死から現在まではたった二千年そこそこであることも、我々は再確認しておかねばならない。その二千年の間に世界は飛躍的に発展したと言えるであろうか。ギザの大ピラミッドを建造した人々を我々は超越したと言い切れるであろうか。あるいはアレクサンドロスの理想にたどり着いた者はいたであろうか。

確かに情報量は格段に増加した。「溢れている」という表現が適切なほどだ。古代世界ではA地域からB地域への情報伝達に数年を必要としていたが、現在ではそれもたった数秒で可能となった。世界各地にローマの道を張りめぐらせたローマ帝国下でも、あるいは「王の道」を整備したペルシア帝国においてでさえも、現在と比べると情報伝達はそれほど俊敏ではなかったと言い切れる。たとえばローマからの便りはだいたい二十日から二十五日かかってエジプトのアレクサンドリアにたどり着いた。そしてさらにナイル河を遡る必要のあった古都テーベにまでその便りが届くには、全行程で五十日を要したと伝わっている(2)。

現代に時間が近づくにつれ、情報の量は圧倒的に増加する。また同じ歴史学を学ぶ者・生業としている者でも、古代史と現代史とではその研究方法は基本から大きく異なっている。溢れる情報をかき分けて、ピースを拾い上げ、歴史的事実という名のジグソーパズルにはめ込む作業を紀元前の歴史を専攻する者に求めるのはあまりにも酷である。何よりもそのピース自体を探すことができない（あるいはすでにこの世には存在しない）のだから。世界中で日々行われている考古学者たちによる発掘成果のみが唯一の希望である。

現代史を専攻する研究者からみれば、大量の資料から必要なピースをみつけだすほうが至難の業であるという主張がなされるかもしれない。圧倒的な量の資料から目指すものを探し出すインテュイション＝直観力を磨く現代史とは異なり、古代史は数少ない資料の裏側にあるかもしれない歴史的事実に対してイマジネーション＝想像力を駆使する学問である。しばしば言われる「古代史を学ぶ者は、ロマンティストである」という言葉の裏側には、古代史におけるイマジネーションの必要性というものがあるのだ（しかしイマジネーションとファンタジーを混同してはいけない）。イマジネーションという言葉を前面に出し過ぎることにある種の嫌悪感を抱く研究者もいると思うが、たとえば「さまざまな形態で現存する資料を手掛かりとして、その原型のイメージを想い描く」のだと言い換えれば少しは納得していただけるであろうか。

本書ではナイル河谷とデルタ地域において発展した古代エジプト文明を中心に据え、「世界史」という名の下に認識されてきた人類の歴史の大きな流れとエジプトとが交わる点を探してきた。三千年という長い時間的スパンを持つ古代エジプト文明は、古代世界としては正確な暦を持っていた。この時間的に安定した縦軸こそが古代エジプト史を我々にわかりやすくしてくれる。そしてその正確な時間的縦軸を中心にして周辺諸国の歴史を測ることができる。結果としてエジプトと周辺諸地域・周辺諸国との交わり＝「世界史」が明確になるのである。

本書でここまでみてきたように、古代エジプトの歴史は異民族との関わりのなかで展開されてきた。そしてそのなかでエジプトはさまざまな文化的影響を受けながら、自らの文明を育んできた。また、エジプトは西洋世界の母体となった地中海世界の一角を占めていたことから、「世界史」のなかにおける重要なキーワードと容易に結びつく。たとえばミノア文明、ミケーネ文明、ヒッタイト、海の民、アッシリア、ペルシア帝国、アレクサンドロス、旧約聖書、ローマ帝国、キリスト教など、数え上げれば切りがないほどである。古代エジプトの歴史と文化は、そのような異民族・異文化との接触のなかで発展を続けたことがおわかりいただけただろう。周辺地域からもたらされた文化的情報に接した古代エジプト人たちは、長きにわたる歴史のなかで、必要なものは受容し不必要なものは切り捨てたのである。その取捨選択こそが文明の発展にとって重要であった。

社会人類学者クロード・レヴィ＝ストロース（Claude Lévi-Strauss）は、文化形成の大きな流れにおいては情報の選択こそが重要であるとして、次のように述べている。

断片的な事実というものだけに注意をうばわれてはなりません。西欧の文字はフェニキアに始まった、紙、火薬、羅針盤を発明したのは中国、ガラスと鋼鉄はインドに始まった……などというように、ものごとの起きた順序が、あまりにも重視されがちなものです。しかし、こうした個々の要素よりは、それぞれの文化がいかにそれらを結びつけ、取捨選択していったか、ということのほうが、重要なのです。[3]

古代エジプト文明を育んだナイル世界は、最初の統一王朝が出現した紀元前三〇〇〇年頃、あるいはそれ以前から周辺諸地域からもたらされる情報の取捨選択を常に行ってきた。情報の取捨選択とその結果としての累積は、複数の異なる文化・民族を偉大なひとつの文明へと結実させたのである。そして古代エジプト文明は「世界史」のなかへ。

補章　「タニスの遺宝」が語るエジプト文化の変容

国土が南北に細長いエジプトは、一つの王国でありながら「上エジプト」と「下エジプト」という地理的にも環境的にも異なる二つの枠組み＝いわば二つの国から成り立っていた。ある時代にはナイル上流の河谷地域を中心とする上エジプトが力を持ち、またある時代にはデルタ地域を中心とした下エジプトが権力を握るというように、まるで天秤が均衡を保つかのごとく両者のバランスが拮抗しながら古代エジプトの歴史は展開していった。

ところが、新王国時代の直後、古代エジプト史上三度目の社会的混乱期とされる第三中間期になると、その天秤は下エジプトに大きく傾くことになる。その後、プトレマイオス王朝時代とローマ帝国支配期、そしてある意味においては現代に至るまで、大都市カイロとアレクサンドリアを擁する下エジプトの優位は一貫して続くこととなった。

なぜエジプトの権力は下エジプトに移り、そこに留まり続けることになったのであろうか。その理由を考えるためには、まさにその天秤が大きく傾いた第三中間期に力を持ったリビア人王たちの存在に注目する必要がある。

新王国時代末期、上エジプトの宗教的拠点であったテーベでは、クシュ総督や軍総司令官といった肩書を持つアムン大司祭ヘリホルというリビアに出自をもつ人物が権力を掌握していた。ヘリホルは新たな時代の開始「ウヘム・メスト（誕生の更新）」を宣言し、「アムン神権国家」とも称される宗教国家的枠組みを確立するなど、当時の上エジプトはまるで独立国家のような様相を呈していた。一方の下エジプトでは、伝統的都市メンフィスの王宮にラメセス王朝の流れをくむラメセス十一世が正統ファラオの座に就いていたが、エジプト全土の王と呼ぶにふさわしい強力な王権を有しているとは言えない有り様であった。そしてついには、複数の有力リビア人首長たちはそれぞれが王を名乗り、小国乱立する状況が生まれたのである。

外部世界からやって来た異民族であるリビア人王たちは、いかにしてファラオとして王権を主張するようになったのか。そして、なぜ彼らの登場以降、下エジプトの優位が決定づけられることとなったのか。その問いには、「タニスの遺宝」と呼ばれる、リビア人王たちが遺した財宝──「王家の谷」のトゥトアンクアムン（ツタンカーメン）王墓で発見されたものに匹敵する価値があるとも言われる──が密接に関わっている。本章ではタニスの遺宝とリビア人王たちに注目して考察を加えてみたい。

1　リビア人ファラオたちの時代

もともとリビア人たちは、先王朝時代から伝統的にエジプトの脅威とみなされてきた異民族「九弓の敵」の一角を占めていた。また壁画や考古遺物上に描かれた図像などの資料のなかで、チェヘヌウやチェメフウという呼び名でしばしば登場する。リビア人たちは、第三中間期直前の新王国時代以前から国境を越えてナイル世界に侵入して来たり、また平和裏に、積極的に傭兵としてエジプト側に雇われたりしながら、徐々にエジプト社会のなかに浸透していったのである。そのことは、先王朝時代に作られたハンター・パレット（図5、二〇頁）のような儀礼用パレットの図柄に、すでに多様な武器で武装したリビア人たちが描かれていることからもわかる[1]。ナイル世界にとってリビア人は、時代によって脅威であったり、良き隣人であったりした。

新王国時代になると、リビア人はメシュウェシュ（あるいはその省略形「マ」）やリブと呼ばれるようになった。それと同時に、彼らは時の王権に利用されるとともに、エジプト社会のなかで一定の立場を得るようになったのである。しかしながら、いつの時代もエジプト人がリビア人の上位に立っていたのは間違いない。その立場が逆転する明らかな契機となったのが、第三中間期初期に当たる第二十一王朝第三代目の王のプスセンネス一世（通称パセバカーエンニウト＝「都に現れし星」、紀元前一〇四〇—前九八五年頃）の即位であった。

それまで下エジプトに拠点を置き、その周辺地域の支配権を行使していたリビア起源の人物と考えられている第二十一王朝初代の王スメンデス（エジプト名ネスバネブジェデト）の次王アメンエムニスウは、さらに上エジプトのテーベの実権をも掌握し、当時テーベにおいて王のごとく振る舞っていたアムン大司祭であり、軍司令官でもあった同じくリビア起源の人物と考えられているピネジェム一世の息子であるプスセンネス一世に王位を譲渡したので

図82　タニスのアムン神殿の境内にある王墓

ある。そして、そのプスセンネス一世は、兄弟のメンケペルラーに上エジプトの支配を任せた。このことは、テーベ出身のアムン大司祭ピネジェム一世（テーベでは王を名乗った）の二人の息子が上下エジプト＝エジプト全土を支配下に置くことになったのと同時に、リビア人起源の人物たちが完全にエジプト王国の頂点に立ったことをも意味していた[2]。ここにエジプトの歴史は新たな局面を迎えたのである。

そのようななか、第三中間期には、デルタ地域のタニスに王墓地が築かれた。第二十一王朝の王たち（プスセンネス一世、アメンエムオペ、シアムン、プスセンネス二世）と第二十二王朝の王たち（シェションク二世、オソルコン二世、タケロト一世（あるいは二世）、シェションク三世）は、上エジプトのテーベにある王家の谷にではなく、下エジプトのタニスの巨大なアムン神殿の境内に自らの墓を建造したのである[3]（図82）。これは古代エジプト史上、極めて珍しい出来事であり、この時期の特徴・流行でもあった[4]。そのため結果的にテーベにある王家の谷が放棄されることとなったのである。この王家の埋葬地の変遷もまた古代エジプト史において大きな変化点として位置づけられる出来事であろう。外部世界の視界から閉ざされた神殿の内側に自らの墓を造ることで、第二十一王朝と第二十二王朝の王たちは、国家神アムンの聖なる力に強く護られることを望んだのだ。この動きはもともと上エジプトのテーベの地方神に過ぎなかったアムン神が新王国時代に国家神となり、第三中間期にその信仰がエジプト人だけではなく、本来西方の遊牧民であり、文化を異にしてきたリビア人などの異民族にも受容されることで[5]、「民族」の枠組みを超えてナイル世界全域に広く深く浸透していたことを意味する。

またさらにナイル世界を飛び越え、地中海世界においてアムン信仰が広く知られていた証拠もパピルス文書「ウェンアムン旅行記」のなかで描かれている。たとえば東地中海沿岸の都市国家ビブロスの王は、アムン神について次のように語っている。

アムン神はすべての国を創造した。アムン神はあなたがやって来たエジプト国を最初に創った後に他の国々を創られたのだ。技術がそこから私の国にもたらされただけではなく、知識もまたもたらされたのだ[6]。

新王国時代最末期、つまりエジプトが第三中間期へと向かうその混迷の時期に、アムン神官ウェンアムンは、アムン神の「御意向」を拠り所として、神殿付きの聖なる船の建造に用いる大型木材を求めて東地中海沿岸都市へと旅立った[7]。ウェンアムンはそこで経験したさまざまな出来事を、現在の我々の知る「ウェンアムン旅行記」に書き記している。そこには、ウェンアムン個人を見舞った不運だけではなく、古代オリエント世界において長きにわたり絶対的権威として繁栄を極めてきた古代エジプト王国がすでに斜陽の時期を迎え、もはや数ある強国のひとつに過ぎなくなった様がみてとれる。

たとえば、ウェンアムンがエジプトの使者としてビブロスの王に面会する場面、かつてのビブロスの王たちがそうしたのと同じようにアムン神の聖なる船用の材木をエジプトに提供してほしいと懇願するウェンアムンに対して、ビブロス王は以下のように答えている。

> 確かに彼らはそのようにしました。もしあなたがそれに対して対価を支払うならば、私も同じようにするでしょう。事実、私の祖先たちはこの依頼を実行してきました。しかし、それはファラオ、「生命よ、繁栄し、健康であれ」がエジプト製品で満載の六艘の船を送って来て、倉庫のなかに積み荷を降ろしてからのことです。私の番になって、あなたはいったい何を持って来たというのですか[8]。

遠路エジプトからやって来た使者を批判する上記の文言から、今やエジプトは長く続いた周辺地域への圧倒的な影響力を喪失しつつあったことがわかる。そのような歴史の複雑な潮流の影響を受けるなかで、エジプトに登場したのがリビア人ファラオたちであった。

以上のように、エジプトの歴史の流れをウェンアムンの生きた時代で新王国時代の終わりである第二十王朝の最末期から、第三中間期の始まりの第二十一王朝初頭までを通して確認していくと、南のアムン信仰を中心とした神官勢力がいまだ権力を保持していたのに対して、北のデルタ地域を拠点としていた伝統的王家の尊厳とその影響力は激減しつつあったように見える。

そのことは、上下エジプト王として認知されていた第二十王朝のラメセス十世の次に王位を継いだラメセス十一世が単なる北の一君主とみなされており、その上、その王女とみられるテントアムンが家臣のスメンデスと結婚し、彼が名実ともに下エジプトの実権を掌握した例からもわかる（スメンデスは後に第二十一王朝を創始することになる）。この時点で新王国時代後半（あるいはスメンデス朝期）から続く伝統的なファラオの血統は、途絶えたと言えよう。

古代エジプト史では、ここからエジプトは混乱と混迷の暗黒時代を迎えるかのように語られることがままある。しかしながら、下エジプトのタニスを拠点とした新たな王統である第二十一王朝の開始を、エジプト人による単一支配から多様性のある社会への移行と捉えることもできる。領土の縮小や周辺世界のなかでの政治的影響力の衰退が、その文化・文明自体の衰退をそのまま意味するとは限らない。その目にみえる証拠が「タニスの遺宝」である。

2　タニスの遺宝の発見

リビア人たちの支配下にあった第三中間期のエジプトは、政治的なヘゲモニーは分裂してはいたが、国家神アムンという共通の象徴的存在の下で国内情勢は比較的安定していたと言える。その一方で、東地中海地域を窓口としたオリエント世界との関係は大きく変わりつつあった。その変化を象徴的に示す出来事が、第二十一王朝六代目のエジプト王シアムンの王女が、イスラエルのソロモン王に輿入れしたことである(9)。

古代エジプト王家と外部世界との婚姻ということ自体は、それまでの新王国時代にもしばしば見られたものであり、それほど特異なことではない。だが、それら先行の事例はいずれも、ヒッタイトやミタンニをはじめとしたオリエント世界の王国や都市国家の王女たちが、エジプト王の王宮に嫁してきたのであった。それはすなわち、大国エジプトとの関係構築を図る政略結婚であった。だが、シアムンの王女とソロモン王の婚姻は、エジプトの王女が諸外国に嫁ぐという反対の関係であり、それ以前では考えられなかったようなことが起こったのである。そのことは、古代エジプト王家と外部世界との婚姻関係に顕著に表れている。

このことは、当時の古代オリエント世界における各国の力関係を示していると言える。第三中間期の到来とともに、長年この世界をリードしてきたエジプトがその影響力を喪失し、ついに地中海世界およびオリエント世界の一角を占める勢力に過ぎなくなったのである。エジプトを含む古代オリエント世界における既存のパワーバランスが崩壊した結果、ペルシア帝国のエジプト支配、マケドニアのアレクサンドロスとその後継者であるプトレマイオス王朝の支配とそれに伴う国際都市アレクサンドリアの発展、ギリシア人とギリシア文化の流入、そしてローマ帝国の到来と続く北アフリカの国際化のプロセスが展開してゆくのである。つまり、シアムンの王女とソロモン王の結婚は、エジプト凋落《ちょうらく》の先触れとも言える出来事であった。

以上のような国際情勢の流れのなか、人・物資・情報の窓口として大きな発展を遂げたデルタ地域は、周辺諸国・諸地域からの異民族の流入に本格的に晒されていくことを余儀なくされる。そのことが目にみえて露呈した最初で最大の出来事こそがいわゆる「タニスの遺宝」をめぐる問題であった。「タニス」の現代名（アラビア語）はサン・エル＝ハガル、古代エジプト名はジャネトで、プトレマイオス朝時代にギリシア語に転訛してタニスとなったと考えられている。また、ヘブライ語聖書の「イザヤ書」や「エゼキエル書」に登場するナイルデルタ東部の都市ゾアンを指すと考えられることもある。少なくとも古王国時代にはその存在が知られていたタニスではあったが、歴史のなかで重要視され始めるのは、先述した通り、新王国時代も半ばを過ぎてからであった。

他のエジプトの古代遺跡に関する記録と同様に、タニスの遺跡に関する最初の詳細な記録もやはり、一七九八年から一七九九年にかけて行われたフランスのナポレオンのエジプト占領遠征の際のものである。ナポレオンは遠征に百五十人以上からなる学術調査団を伴っており、考古学者だけではなく、建築家、画家、博物学者、科学者等が含まれていた。彼らの任務は、遺跡の図面を描き、目に見える遺跡のほとんどを記録することであった。タニスを含むその膨大な成果は、後に全二十巻にもおよぶ『エジプト誌』として残されている。その後タニスでは、一八六〇年にエジプト考古局初代局長であるオーギュスト・マリエットが、続いて一八八四年にイギリス人考古学者ウィリアム・フリンダース・ピートリーが調査を行い、そして一九二九年に調査を開始したフランスの考古学者ピエール・モンテによる大発見につながるのである。

　第二次世界大戦直前の一九三九年二月、調査開始から十一年目を迎えたモンテの調査隊は、アムン神殿の周壁内を発掘している際に、神殿境内の南西の角辺りで石造りの壁を発見した。それは大型の石材によって造られた墓であり、その天井部には古代においてすでに盗掘されていた痕跡が見られた。しかし、そこにあった巨大な花崗岩《かこうがん》の石棺の内部にまだ何かが残されているようであった。そして確認可能な碑文から、この石造建造物が第二十二王朝の王オソルコン二世の墓であることが判明したのである。さらに翌一九四〇年二月に、そのすぐ隣において未盗掘墓も発見された。

　モンテはそれ以降も次々と王墓と王族の墓を発見し、最終的に合計七基の墓の存在が明らかとなった。このモンテによるタニスの発掘成果によって、約三千年ものあいだ世界から忘れられた存在であったオソルコン二世やプスセンネス一世をはじめとする古代エジプト王たちの王墓と、そこに埋葬されていた「金銀財宝」と呼ぶにふさわしい豪奢な副葬品の数々

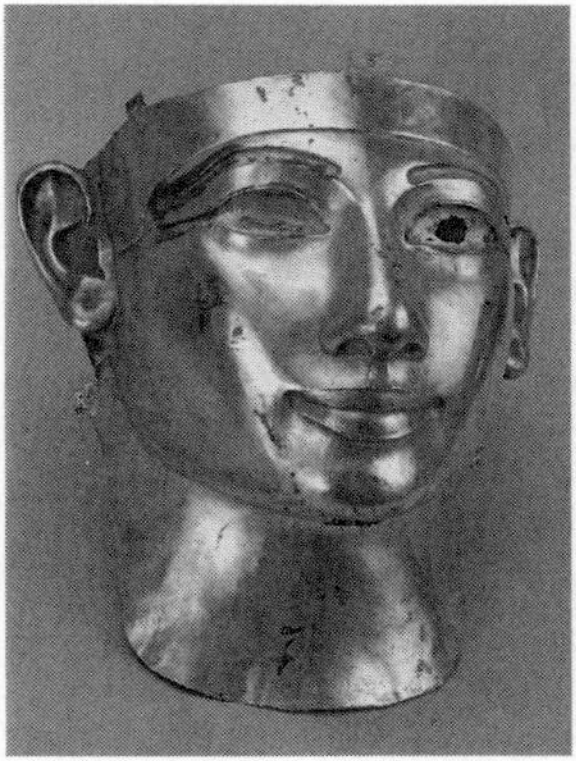
図84　シェションク二世の黄金のマスク

図83　プスセンネス一世の黄金のマスク

を、我々は目の当たりにすることになった。たとえば、プスセンネス一世の黄金のマスク（図83）やシェションク二世の黄金のマスク（図84）は、その代表例である。これらこそが「タニスの遺宝」にほかならない。
　しかし、立て続けに大発見を成し遂げたモンテであったが、時代がその快進撃を阻むこととなる。第二次世界大戦が拡大しエジプトも戦火と無縁ではいられなくなると、モンテは発掘の継続を断念し発掘隊を解散、フランスに帰国することを余儀なくされた。その後モンテは戦後までエジプトを訪れることが叶わず、本来であれば一九二二年のハワード・カーターとカーナーヴォン卿によるトゥトアンクアムン王墓発見に勝るとも劣らない「世紀の大発見」であったタニスの大発見を、マスメディアはセンセーショナルに報じることもなく、戦時にあって人々は考古学のニュースにさして関心を払うことはなかった。

モンテは、もともとラメセス二世の名前が刻まれた石材が露出していたこのタニスこそが、ラメセス二世によって建造された王都ペル・ラメセスであると信じていた。現在では、ウィーン大学のマンフレッド・ビータクらの発掘成果により、ペル・ラメセスはテル・エル＝ダバアであったと同定されている。モンテの確信は結果的には的外れであったのだが、しかしそれでもなお、モンテの発掘は第三中間期の状況を詳細に知るための重大かつ重要な手掛かりを我々に与え続けている。タニスの発掘は結果的に、モンテ本人の思惑を超えて、より大きな学術的な成果を挙げたのである。

3　シルヴァー・ファラオの謎

モンテの発掘は、忘れられていたファラオの名前を再び古代エジプトの歴史上に登場させた。そのファラオこそタニスの未盗掘墓の主プスセンネス一世である。発掘の結果明らかとなった玄室とその前にある前室には、第二十一王朝のプスセンネス一世の名前である「パセバカーエンニウト・メリ・アムン（「都に現れし星、アムン神に愛されし者」）の文字が刻まれていた。その日までプスセンネス一世を詳しく知る者は誰一人いなかったが、以降は古代エジプトで最も名前が知られる王の一人となった。

発掘された玄室自体は、巨大な花崗岩で完全に閉ざされていた。そのため調査隊がなかに入ることができたのは発見からじつに六日後のことであった。そのように厳重に閉ざされた状態で発見されたプスセンネス一世の墓は、完全な未盗掘墓であった。玄室には巨大な石棺が置かれており（現在カイロのエジプト考古学博物館に所蔵）、そのなかには、一回り小さな花崗岩製の石棺が納められていた。そしてさらにそこに納められていた見事な銀製の人形棺のなかに、王の遺体はあった。つまりプスセンネス一世のミイラは石造りの墓、そして二つの石棺とひとつの銀製棺という四重の守りで囲まれていたのである。これは、王家の谷のトゥトアンクアムン王墓で発見されたミイラが複数の棺や厨子《ずし》で何重にも呪術的に保護されていた手法と同じである。[10]その上、先述したように、プスセンネス一世の墓は、アムン神殿の境内にあったのだ。これもまた呪術的保護を目論んでのことに違いない。ここからも第三中間期におけるリビア人ファラオたちのアムン神崇拝の深い浸透度と信頼とが読み取れる。

副葬品にはどれもプスセンネス一世のカルトゥーシュが彫られていた。しかも驚くべきことに、王のミイラは顔に黄金のマスクを被ったまま、埋葬されたときと同じ位置で発見されたのである。

一九二二年のハワード・カーターとカーナーヴォン卿による「世紀の大発見」トゥトアンクアムン王墓でもマスクは同様に黄金製であった。しかしながら、最も重要な副葬品とも言える棺は、トゥトアンクアムンのものが黄金製であったのに対し、こちらは銀製であった。もちろん古代エジプトにおいて銀は常に価値が高い原材料であり、時期によっては黄金以上の価値があったことが知られている。エジプトにおける銀の使用は先王朝時代にまで遡ることができ、[11]古王国時代第四王朝のヘテプヘレス王妃（スネフェル王の王妃でクフ王の母）の蝶が象嵌《ぞうがん》細工でデザインされた銀製腕輪があるように、王に近しい高貴な人物にも銀が用いられていたことは間違いのない事実である。だが、それだけでは、棺という最重要品において金と銀の違いがあることの説明としては不十分であろう。この点について筆者は、プスセンネス一世がリビア人であり、古代から現代にまで続くリビア人の銀を尊ぶ嗜好が影響を与えたと考えている。[12]その結論の当否はおくとしても、いずれにせよ「タニスの遺宝」のなかでも最も重要な遺物のひとつがプスセンネス一世の銀製棺であることに疑問の余地はない。

その銀製棺のなかからは、豪華な宝飾品の数々、たとえば本書序章でも述べたラピスラズリを象嵌した金製の装飾品、金製の容器などの副葬品が埋葬されていた。トゥトアンクアムンの黄金のマスクでも用いられているように、濃い青色のラピスラズリと黄金は最高の組み合わせであると古代エジプトでは考えられていたのであるが、ラピスラズリが、これほど大量に使用されていた点は注目に値する。なぜなら、ラピスラズリは、エジプト国内および周辺地域に原産地がなく、ほぼ完全に東方からの輸入に頼っていたからである。[13]パミール高原やバイカル湖周辺などで採掘される場所もあるが、古代オリエント世界において質量ともに古代エジプト人（そしてメソポタミアの人々）の求めに応えることができたのは、エジプトから遠く離れた現在のアフガニスタン山岳部バダクシャンのケラノムンジャン地区にあるサル・イ・サングを中心とする四つのラピスラズリ鉱山から産出されるラピスラズリのみであったと考えられている[14]。

バダクシャンの石切り場は人里離れた不便な場所にあり、その上、冬には大規模な雪が降ることから、採掘期間は春から秋にかけての数ヵ月に限られる。そこで採掘されたラピスラズリの原石がどのように流通したのかについては、これまで盛んに議論がされてきたが[15]、いずれにしても、大消費地であったエジプトへともたらされるまでに、陸路あるいは海路を経て、さまざまな都市を経由した。たとえば、いずれも古代の海洋国家であった、現在のオマーンに相当するマガン[16]やバハレーンであると考えられているディルムン[17]のようなペルシア湾の島を経由した可能性もある。古代エジプト人が求めたマガンの乳香や銅とともにラピスラズリもエジプトへ送られたのかもしれない。

それゆえタニスの遺宝におけるラピスラズリの発見は、単に価値ある原材料の使用という意味だけではなく、たとえそれが直接的な交易ではなく、仲介者を通じた間接的なものであったとしても、この時期のエジプト王家と東方世界との密接な関係を示唆していると言えるのである。これはユーラシア大陸の東西拠点であった長安（あるいは洛陽、奈良）とローマ（あるいはアンティオキア）とを隊商がつないだ後の大交易路であるシルクロードを凌ぐスケール、あるいはその原型がラピスラズリ・ロードであったことを明確に指し示していると も言える。

ラピスラズリ・ロードの最西端であり、大消費地であったエジプトには、ラピスラズリを通じた東方世界との関連性が明らかに存在していた。古くは先王朝時代からラピスラズリ製品の出土例が知られているし、[18] 中王国時代のセンウセレト二世のピラミッド周辺のラフーンにあった王女たちの墓からもラピスラズリを使用した宝飾品が数多く発見されている。[19] また、新王国時代のトゥトアンクアムン王墓出土の財宝にも多くのラピスラズリが使用されていた。そして第三中間期においてもそれは同様であるのだが、遺物にメソポタミア的な要素が見られることが特筆される。たとえばタニスの遺宝のなかには、アッカド王国のサルゴン王治世の神話的図像が彫り込まれたラピスラズリ製円筒印章がはめ込まれた黄金製の腕輪(JE 72186, SR 1/8325、エジプト考古学博物館所蔵)[20] や、楔形文字が二重の円で記されたラピスラズリ製の玉[21] がある。これら二つの例は、ラピスラズリの希少な原材料としての価値だけではなく、古代エジプト人が図像に描かれたような東方からの文化を尊んだという意味を持つ可能性を示唆している。エジプト王が、メソポタミアを初めて統一に導いたサルゴンと彼にまつわる数多くの伝説・伝承を知っており、そこにある種の憧れを抱き、この印章を腕輪にはめ込んだのだとも考えられる。

ラピスラズリと銀の組み合わせは、ルクソールの南約二十キロメートルに位置するトゥードにある神殿の床下から発見された一括遺物である「トゥードの遺宝」[22](図11、三九頁)の遺物によく見られることも見逃せない。つまり、地中海的嗜好を反映した可能性も考えうるのである。「トゥードの遺宝」は、中王国時代第十二王朝三代目の王であったアメンエムハト二世のカルトゥーシュが刻まれた青銅製の箱から発見された。そこには、エーゲ海地域やアナトリアからの銀製の容器、メソポタミアからのラピスラズリ製の円筒印章と黄金のインゴットなどが収められていた。(23) エジプトを含む北アフリカは、地中海世界から最新モードが流れ込む最前線であった。北アフリカの地中海沿岸に拠点のあったリビア人もまた、そうした感性によって銀を重要視していたのかもしれない。少なくとも、後の時代にプスセンネス一世の棺に金ではなく銀が用いられる素地が地中海に隣接するデルタ地域にはすでにあったと言いうるであろう。

そのような原材料を通した外部世界からの文化的影響と伝統的な古代エジプト文化との融合が生み出した象徴的遺物がウジャトの眼を中央に配し、ラピスラズリやカーネリアンで象嵌されたシェションク二世の金製の腕輪（図85）である。この腕輪の中心的なデザインに用いられたウジャトの眼は、古代エジプトでしばしば用いられた伝統的な意匠であり、左目が月と関連づけられており、父オシリスを殺害された息子のホルスがその犯人である叔父のセトとの戦いで失った眼を表している（後にトト神が眼を修復し、それが完全性と治癒の象徴となった）。そして、右目は太陽神ラーと結びつけられ、太陽神の保護を与えられたとされている。この腕輪の注目すべき点は、

図85　シェションク二世の腕輪

製作に使用された原材料である。ベースとして使用されたのは黄金であったが、それ以外にラピスラズリ、カーネリアン、ファイアンスが象嵌細工として使用されているのである。

ラピスラズリについてはいま述べたとおりであるが、この腕輪に使用された半透明の赤色をしたカーネリアンもまたラピスラズリと同様、先王朝時代から全時代を通じて宝飾品として使用され続けた。エジプトにおいてカーネリアンは、ナイル河を挟んで両側に位置する東方砂漠と西方砂漠の地表面で見つかる。(24) 丸い小石の状態で発見されることが多いことから、加工しやすい原材料でもあった。新王国時代第十八王朝においては、需要に対して供給が追いつかずイミテーションが造られ、王家の棺などに使用されるほど重用された。(25) ただカーネリアンは、エジプトにおいては、それほど高価な原材料とみなされていたわけではなく、デザイン的にラピスラズリの濃い青色に合わせる赤色という意味で使用されていたようだ。カーネリアンは、メソポタミアを越えた東方のインダス文明で特に好まれたことが知られていることから、(26) 東方世界からのモードが国際交流の盛んであった時期のエジプト王家に届いていたのかもしれない。

ファイアンスは、古代エジプトを代表する釉薬合成物というべきものであり、序章で述べたとおり石英砂や砕いた石英、少量の石灰および植物の灰、あるいはナトロンを混ぜ合わせたものに水を加えて胎土を作り、それに釉薬をかけて焼成する磁器の素材のことである。焼き上がると青色や緑色、あるいは黄色など、硬く光沢のある仕上がりとなった。ラピスラズリやトルコ石のような青色や緑色の高価な原材料の安価な代用品・模造品として使用されたと考えられている。プスセンネス一世の銀製棺を代表とするこれらの遺物は、その見た目の美しさだけでなく、当時の王族の埋葬習慣や嗜好に関する情報を我々に提供してくれるという点でも貴重である。そしてもちろんラピスラズリの例にあるように、当時のエジプトにおける海外交易の実態解明にも有効である。

タニスの遺宝は、単にリビア人ファラオたちの埋葬のために用意された壮麗で煌びやかな金銀財宝を駆使した副葬品というだけのものではない。東地中海世界とその後背地であるメソポタミア（あるいはさらに東方）との文化接触＝情報の流入・流出という歴史的事実を、雄弁に語っているのである。リビア朝期以前に存在する長きにわたる古代エジプトの歴史という視点に立てば、デルタ地域のタニスへの王墓地の移動は、例外的な動きであったと言える。しかしながら、ヒッタイトの隆盛や「海の民」の衝撃を経験してきた新王国時代のエジプトは、国防という観点から外部世界に目を配りつつ、その歩みを進めざるを得なかった。そのなかで実施されたラメセス二世によるザウイエト・ウンム・エル＝ラカム[27]をはじめとした地中海沿岸西部における複数の要塞の建設、またメルエンプタハとラメセス三世による「海の民」の撃退は、その意味で一定の成果をエジプトにもたらしたと言えよう。

外部世界からの脅威を防ぐことに成功したエジプトが次に目を向けるべきは、古代エジプト人が最も大切にしていたマアト＝秩序の安定のための内政であった。上エジプトがテーベの宗教権力者たちによってコントロールされ、さらに南方のヌビアからの脅威を抑えていたことが、下エジプトの目を地中海世界だけではなく国内へと向けさせたのである。南と北の支配者は、それぞれが「王」として君臨していたが、信仰していたのはどちらもアムン神であった。南のテーベには、カルナクのアムン大神殿があり、一方の北のタニスにもサン・エル＝ハガルの巨大なアムン神殿が建造されていた。この時期、信仰を同じくしていた南と北に内戦のような大きな衝突はなかったようである。次の第三中間期に入っても、エジプト人、リビア人、そして次に南方からやって来て第二十五王朝を建てたヌビア人のような異民族がアムン神という同じ神を国家神として崇めることで[28]、支配者は替われど、国はひとつにまとまり社会は比較的安定していた。

国家の統一は、習慣・慣習の異なる多様な民族の交じり合う社会を創出し、ナイル世界に暮らす人々の価値観に変化をもたらした。その際に、正統な血統もなく、伝統的な民族的バックグラウンドも持たない支配者たちが国家運営の拠り所としたのがアムン神であった。あらゆる相違点を取っ払ってアムン神を国政の基軸に据えた異民族ファラオたちは、国家神アムン神を頂点とする神々のパンテオンのなかで、多神教でありながらも一神教的な体系を創り出した。しかしながら、ラムセス二世が成功したように、自らをそれら神々の一柱として位置づけることはできなかったのである。それはまた古王国時代以来、現人神とみなされてきた古代エジプト王たちが、強力ではあったが単なる人間の権力者になり下がってしまったことを意味する。

神々と王が並列する（あるいは太陽神ラーの息子とする）ことで発展を続けてきた古代エ

ジプト文明であったが、タニスの遺宝が象徴的に示すような外部世界からの多種多様な情報によって、その伝統の緩やかな内部崩壊が引き起こされた。リビア人ファラオたちとタニスの王墓に埋葬された彼らの財宝は、その煌びやかな外観とは異なり、伝統的な王朝時代の終焉を物語っているのである。

注

【プロローグ】

（1）エルンスト・H・ゴンブリッチ著、中山典夫訳『若い読者のための世界史――原始から現代まで』一六頁。

【序章】

（1）拙著『古代エジプト人は何を描いたのか――サハラ砂漠の原始絵画と文明の記憶』。

（2）拙著『古代エジプト文化の形成と拡散――ナイル世界と東地中海世界』第1章と第3章。

（3）拙著『ピラミッド以前の古代エジプト文明――王権と文化の揺籃期』八七―九一頁；T. Wilkinson, *The Thames & Hudson Dictionary of Ancient Egypt*, p.165.

（4）拙著『ピラミッドへの道――古代エジプト文明の黎明』。

（5）拙著『図説ピラミッドの歴史』一一六―一一七頁；大城道則、田中宏幸『ミュオグラフィ――ピラミッドの謎を解く21世紀の鍵』四五―四八頁。

【第1章】

（1）F. Bisson de la Roque, *Catalogue général des antiquités égyptiennes du Musée du Caire, nos. 70501-70754 : Trésor de Tôd.*

（2）W. S. Smith, *The Art and Architecture of Ancient Egypt*, figs.240-241. 遠藤颯馬「エジプト新王国時代とエーゲ海世界――トトメス三世とアメンホテプ三世の治世を中心に」二三―四一頁。

（３）S. Hood, An Early British Interest in Knossos, *The Annual of the British School at Athens* Vol.82, p.85.

（４）周藤芳幸『古代ギリシア　地中海への展開』五四頁；周藤、澤田典子『古代ギリシア遺跡事典』二三—二四頁。

（５）庄子大亮『アトランティス・ミステリー——プラトンは何を伝えたかったのか』八六頁。

（６）拙著、前掲『古代エジプト文化の形成と拡散』地図８－３；森大樹「ペルシア時代におけるフェニキア人の海上交易」一五—三三頁。

（７）D. Hallag, Libyans Here and There : A Comparison between Ancient Libyan and Greek Culture, in D. Mattingly et al. (eds.), *The Libyan Desert : Natural Resources and Cultural Heritage*, pp.217-222.

（８）上原和『トロイア幻想——古代憧憬の旅』七〇—七一頁。

（９）G・S・カーク著、辻村誠三、松田治、吉田敦彦訳『ギリシア神話の本質』一三六頁。

（10）フェルナン・ブローデル著、尾河直哉訳『地中海の記憶——先史時代と古代』一七七頁。

（11）高津春繁『ギリシア・ローマ神話辞典』一八九頁。

（12）同、一一〇頁。

［第２章］

（１）M. Marée, *The Second Intermediate Period* (*Thirteenth-Seventeenth Dynasties*) *: Current Research, Future Prospects*, pl.16；吉成薫『エジプト王国三千年——興亡とその精神』八六頁；P. Montet, *Le Drame d'Avaris : Essai sur la pénétration des Sémites en Egypte*, VI.

（２）W. K. Simpson (ed.), *The Literature of Ancient Egypt : An Anthology of Stories, Instructions,*

Stelae, Autobiographies, and Poetry, pp.79-80.

(3) Institut du monde arabe, *Syrie : Mémoire et Civilisation*, p.163 and 205 ; M. Fortin, *Syria : Land of Civilizations*, p.96-14.

(4) G. S. Matthiae, The Relations between Ebla and Egypt, in E. D. Oren (ed.), *The Hyksos : New Historical and Archaeological Perspectives*, p.417-fig.15.4.

(5) 安田喜憲『文明の環境史観』二六二―二六七頁。

(6) G. Robins and C. Shute, *The Rhind Mathematical Papyrus : An Ancient Egyptian Text*, pl.17.

(7) C. Booth, *The Hyksos Period in Egypt*, p.46.

(8) D. B. Redford, Textual Sources for the Hyksos Period, in E. D. Oren (ed.), *op.cit.*, p.6.

(9) M. Bietak, N. Marinatos and C. Palyvou, The Maze Tableau from Tell El Dab'a, in S. Sherratt (ed.), *The Wall Paintings of Thera* vol.1, fig.4.

(10) W. V. Davies and L. Schofield (eds.), *Egypt, the Aegean and the Levant*, pl.18-2.

(11) M. Bietak, *Avaris : The Capital of the Hyksos*, pp.73-83.

(12) Ibid., p.80. アハホテプ二世はカモセの王妃であった可能性もある；T. Wilkinson, *op.cit.*, p.15.

(13) I. Shaw, *The Oxford History of Ancient Egypt*, p.216.

(14) M. Fortin, *op.cit.*, p.287-304.

(15) D. B. Redford, *A History of Ancient Egypt : Egyptian Civilization in Context*, p.118 ; B. Manley, *The Seventy Great Mysteries of Ancient Egypt*, p.169 ; B. Niemeier and W. Niemeier, Aegean Frescoes in Syria-Palestine : Alalakh and Tel Kabri, in S. Sherratt (ed.), *The Wall Paintings of Thera* vol.2, pp.763-802.

(16) 吉成、前掲『エジプト王国三千年』八七頁；高橋秀樹『古代エジプト史10話』四二―四三頁。

(17) C. Booth, *op.cit.*, p.46.

【第3章】

(1) 加藤一朗『古代エジプト王国——偉大な王たちの神秘の世界』二八頁。
(2) 体液を用いた創造の行為以外に、唾を吐くことや自慰行為を挙げている例もある。
(3) W. J. Murnane, *Texts from the Amarna Period in Egypt*, pp.29-30.
(4) ビル・マンリー著、鈴木まどか監修、古田実、牧人舎訳『古代エジプト』五八頁。
(5) 大林太良『仮面と神話』五七—五八頁。
(6) 屋形禎亮「オリエントの国際政治のなかで——栄光と衰退」四七二—五〇一頁；屋形、佐藤次高『西アジア（上）』四七—四八頁。
(7) 近藤二郎「アマルナ時代の社会と美術」五六—五九頁；入江幸二、大城道則、比佐篤、梁川洋子編著『ヨーロッパ史への扉』一三頁。
(8) A. H. Gardiner, *Late Egyptian Stories*, p.85. および、拙著『異民族ファラオたちの古代エジプト——第三中間期と末期王朝時代』七七—七九頁。
(9) J. Assmann, *The Mind of Egypt : History and Meaning in the Time of the Pharaohs*, p.215.
(10) S. Freud, *Moses and Monotheism*.
(11) Ministère des Affaires Étrangères and Association Française d'Action Artistique, *Tanis : L'Or des pharaons*, p.80.
(12) A. Fakhry, *The Necropolis of El-Bagawat in Kharga Oasis*.
(13) 拙著、前掲『ピラミッド以前の古代エジプト文明』一九八頁図７－７。
(14) 同、一九六—二〇一頁。

(15) J. Assmann, *op.cit.*, p.389.

(16) J. Assmann, Theological Responses to Amarna, in G. N. Knoppers and A. Hirsch (eds.), *Egypt, Israel, and the Ancient Mediterranean World : Studies in Honor of Donald B. Redford*, pp.190-191.

[第4章]

(1) 拙著、前掲『古代エジプト文化の形成と拡散』二九―三二、七七―一〇二頁；M. Ohshiro, The Cradle Period of Ancient Egyptian Culture : A Study of the Inflow of Foreign Elements in the Pre and Early Dynastic Periods―, *Göttinger Miszellen* 210, pp.93-104.

(2) 拙著、前掲『異民族ファラオたちの古代エジプト』七二―七六頁。

(3) 近藤二郎『エジプトの考古学』一六二頁；同『ヒエログリフを愉しむ――古代エジプト聖刻文字の世界』一五七頁。

(4) T. O. Alpözen, *Bodrum Castle Museum of Underwater Archaeology*, pp.35-41.

(5) G. F. Bass and F. H. van Doorninck Jr. (eds.), *Yassi Ada Vol.1 : A Seventh-century Byzantine Shipwreck* ; K. Muckelroy (ed.), *Archaeology Under Water : An Atlas of the World's Submerged Sites*, pp.36-39.

(6) K. Muckelroy (ed.), *op.cit.*, pp.40-45.

(7) N. Oliver, *A History of Ancient Britain*, pp.185-190.

(8) B. Manley, *op.cit.*, p.261.

(9) 井上たかひこ『海の底の考古学――水中に眠る財宝と文化遺産、そして過去からのメッセージ』三二一―三五頁。

（10）P. I. Kuniholm, B. Kromer, S. W. Manning, M. Newton, C. E. Latini and M. J. Bruce, Anatolian Tree Rings and the Absolute Chronology of the Eastern Mediterranean 2220-718 BC, *Nature* 381, p.782.

（11）周藤、前掲『古代ギリシア 地中海への展開』七六頁。

［第５章］

（１）M. Özdoğan and N. Başgelen (eds.), *Neolithic in Turkey : The Cradle of Civilization Plates*, p.16-10.

（２）ブローデル、前掲書、二〇七―二〇八頁。

（３）大村幸弘『鉄を生みだした帝国――ヒッタイト発掘』；同『アナトリア発掘記――カマン・カレホユック遺跡の二十年』。

（４）M. Lichtheim, *Ancient Egyptian Literature-A Book of Readings- : Vol.2 : The New Kingdom*, pp.30-34.

（５）T. Wilkinson, *op.cit.*, p.33.

（６）M. Fortin, *op.cit.*, p.109.

［第６章］

（１）M. Lichtheim, *op.cit.*, pp.73-77 ; E. Hornung, Die israelstele des Merenptah, in H. Brunner (ed.), *Fontes Atque Pontes*, pp.224-233.

（２）G. Hölbl, *Beziehungen der Ägyptischen Kultur zu Altitalien 1 : Textteil,* p.306-Abb.9 ; M. F. L. Macadam, *The Temples of Kawa II : History and Archaeology of the Site*, pl.XI-a.

（3）P. James, *Centuries of Darkness : A Challenge to the Conventional Chronology of Old World Archaeology*, p.18.
（4）R. A. S. Macalister, *The Philistines : Their History and Civilization*, p.22.
（5）B. G. Trigger, B. J. Kemp, D. O'Connor and A. B. Lloyd (eds.), *Ancient Egypt : A Social History*, p.273.
（6）内田杉彦『古代エジプト入門』一九四頁。
（7）河田惠昭『津波災害——減災社会を築く』八四—八五頁。
（8）ブローデル、前掲書、二二五頁。

【第7章】

（1）ルソー著、青柳瑞穂訳『孤独な散歩者の夢想』六一頁。
（2）森谷公俊『アレクサンドロス大王——「世界征服者」の虚像と実像』二一七頁；Plutarque, *Oeuvres Morales Tome 5-1re Partie*, 328c-e.
（3）W. W. Tarn, *Alexander the Great* Vol. I, *Narrative*, pp.147-148 ; id., *Alexander the Great* Vol.II, *Sources and Studies*, pp.434-449 ; id., *Hellenistic Civilization*, p.79.
（4）秀村欣二「ヘレニズム」、平凡社世界歴史事典編集部編『世界歴史事典　第十七巻』一八九—一九〇頁。
（5）Jean-Yves Empereur, *Alexandria Rediscovered*, pp.156, 160.
（6）Anne-Marie Guimier-Sorbets and M. Seif el-Din, Life and Death : An Original Form of Bilingual Iconography in the Necropolis of Kawm al-Shuqafa, in A. Hirst and M. Silk (eds.), *Alexandria, Real and Imagined*, fig.7.1.
（7）Jean-Yves Empereur, *op.cit.*, pp.170-173.

（8）Ibid., p.195.
（9）ディオドロス著、森谷公俊訳註『アレクサンドロス大王の歴史』。
（10）R. P. Shastri (ed.), E. P. Cowell and P. W. Thomas (trans.), *The Harṣacharita by Bānabhatta*, p. 267 ; E. Lamotte, Alexandre et le Bouddhisme, *Bulletin de l'École Française d'Extrême-Orient* 44-1, p. 150.

［第8章］

（1）プルタルコス著、村川堅太郎編『プルタルコス英雄伝　下』三七四頁。
（2）G. W. Goudchaux, Was Cleopatra Beautiful? : The Conflicting Answers of Numismatics, in S. Walker and P. Higgs (eds.), *Cleopatra of Egypt : from History to Myth*, p.211.
（3）Ibid., p.217.
（4）S. Walker and P. Higgs (eds.), *op.cit*.
（5）J. Tyldesley, *Chronicle of the Queens of Egypt : from Early Dynastic Times to the Death of Cleopatra*, p.208.
（6）F・W・ウォールバンク著、小河陽訳『ヘレニズム世界』三頁。
（7）左近司祥子『謎の哲学者ピュタゴラス』三六—三七頁。
（8）中尾恭三「前3世紀、サラピス神崇拝のデロス島への伝播」九三—一一二頁。
（9）K. Greene, *The Archaeology of the Roman Economy*, p.28.
（10）S. Walker and P. Higgs (eds.), *op.cit.*, fig.3.2 ; B. Watterson, *The Egyptians*, pl.6.1.
（11）G. Vörös, The Temple Treasures of Taposiris Magna, *Egyptian Archaeology* 36, pp.15-17 ; S. Dhennin, An Egyptian Animal necropolis in a Greek Town, *Egyptian Archaeology* 33, pp.12-14.

(12) Cassius Dio, LI, 15, 6.

【第9章】

(1) J. Assmann (2003), *op.cit.*, p.400.

(2) 山花京子『古代エジプトの歴史――新王国時代からプトレマイオス朝時代まで』一四三―一四四頁；Ibid., p.368.

(3) A. Roullet, *The Egyptian and Egyptianizing Monuments of Imperial Rome*, fig.118.

(4) Ibid., pp.67-84.

(5) E. Doxiadis, *The Mysterious Fayum Portraits : Faces from Ancient Egypt*, p.162.

(6) K. Parlasca, Die Zeugnisse “Alexandrinischer” kulte in Palmyra im Rahman der ägyptischen Kulturbeziehungen, *Hommages à Jean Leclant* vol.3, abb.1 ; B. Porter and R. L. B. Moss (eds.), *Topographical Bibliography of Ancient Egyptian Hieroglyphic Texts, Reliefs, and Paintings 7 : Nubia, The Deserts, and Outside Egypt*, p.396 ; H. R. Hall, *Catalogue of Egyptian Scarabs 1*, p.291-Nr.2780.

(7) T. Higuchi and K. Saito (eds.), *Tomb F, Southeast Necropolis Palmyra Syria Surveyed in 1994-2000*, fig.67-51, pl.57-51；拙著、前掲『古代エジプト文化の形成と拡散』一六六―一六八頁。

(8) 井上文則『軍人皇帝時代の研究――ローマ帝国の変容』一一六頁。

(9) 小玉新次郎『隊商都市パルミラの研究』七三頁。

(10) 小玉『パルミラ――隊商都市』一七九―一八〇頁。

(11) P. Parsons, *City of the Sharp-nosed Fish : Greek Lives in Roman Egypt*, pp.147-148.

(12) V. Tam Tinh Tran, *Sérapis Debout : Corpus des Monuments de Sérapis Debout et Étude*

Iconographique, fig.40.

（13）青木真兵「元首政初期、レプキス・マグナの「ローマ化」――境界の地トリポリタニア」五―一〇頁。

（14）J. -M. Humbert, *L'Égyptomanie dans l'art occidental*, p.21.

（15）拙稿「古代エジプト社会における教育について――知識ネットワークの核としての神殿」三―二一頁。

【終章】

（1）拙著、前掲『古代エジプト人は何を描いたのか』。

（2）P. Parsons, *op.cit.*, p.62.

（3）C・レヴィ＝ストロース著、川田順造、渡辺公三訳『レヴィ＝ストロース講義――現代世界と人類学』一七八頁。

【補章】

（1）拙著、前掲『ピラミッド以前の古代エジプト文明』三二―三六頁。

（2）ピネジェム一世には、プスセンネス一世の兄弟として、マサハルタ（メシェロト）というリビア人名を持つ息子がいたことが知られているし、ピネジェム一世自身もリビア人ヘリホル（アムン大司祭でテーベ王）の後継者でもあったことから、リビア起源の人物であった可能性が高い。

（3）M. Ohshiro, Searching for the Tomb of the Theban King Osorkon III, in C. Jurman, B. Bader and D. Aston (eds.), *A True Scribe of Abydos : Essays on First Millennium Egypt in Honour of Anthony Leahy*, p.314-Fig.4.

（4）M. Ohshiro (2017), *op.cit.*, pp.299-317；拙著、前掲『異民族ファラオたちの古代エジプト』八一―九五頁。

（5）第二十五王朝を建てたヌビア人ファラオたちも各地にアムン神殿を建設するなど、アムン神を信仰していたことが知られている。
（6）拙著、前掲『異民族ファラオたちの古代エジプト』二二頁。
（7）同、一一―三五頁。
（8）同、二二頁。
（9）藤井信之「ソロモンへ嫁した「ファラオの娘」をめぐる問題について――前1千年紀エジプトの衰退史観再考の視点から」二五―三四頁。
（10）拙著『ツタンカーメン――「悲劇の少年王」の知られざる実像』一一二―一一八頁。
（11）A. Lucas, *Ancient Egyptian Materials and Industries*, p.245.
（12）M. Ohshiro, Why Did King Psusennes I Own a Silver Coffin?, *Göttinger Miszellen* 262, pp.185-190 ; 拙著、前掲『異民族ファラオたちの古代エジプト』三七―六〇頁。
（13）M. Ohshiro, A Study of Lapis Lazuli in the Formative Period of Egyptian Culture : An Approach in Terms of Culture Contact, *Orient* vol. 35, pp.60-74.
（14）L. von Rosen, *Lapis Lazuli in Geological Contexts and in Ancient Written Sources*, pp.11-13 ; P. T. Nicholson and I. Shaw (eds.), *Ancient Egyptian Materials and Technology*, pp.39-40.
（15）L. von Rosen, *Lapis Lazuli in Archaeological Contexts*, pp.6-11.
（16）松尾昌樹編著『オマーンを知るための55章』七四―七九頁 ; L. von Rosen (1990), *op.cit.*, p.12.
（17）ジョフレー・ビビー著、矢島文夫、二見史郎訳『未知の古代文明ディルムン――アラビア湾にエデンの園を求めて』; 安倍雅史『謎の海洋王国ディルムン――メソポタミア文明を支えた交易国家の勃興と崩壊』一三―一五頁。
（18）拙著、前掲『古代エジプト文化の形成と拡散――ナイル世界と東地中海世界』八〇頁。

(19) C. Aldred, *Le trésor des pharaons : La joaillerie égyptienne de la période dynastique*, XVII26, 27.

(20) Ramses Artifact List for Sydneycw-EXCEL Small file (Australian Museum)、最終閲覧日二〇一四年八月二九日)。

(21) G. Goyon, *La découverte des Trésors de Tanis : Aventures Archéologiques en Egypte*, pp.159-161.

(22) 本書第1章三九頁と図11を参照。

(23) T. Wilkinson (2005), *op.cit.*, p.248.（トビー・ウィルキンソン著、大城道則監訳『図説古代エジプト文明辞典』、二三〇頁)。

(24) P. T. Nicholson and I. Shaw (eds.), *op.cit.*, pp.26-27.

(25) A. Lucas, *op.cit.*, pp.391-392.

(26) 後藤健『メソポタミアとインダスのあいだ――知られざる海洋の古代文明』七六頁。

(27) S. Snape, *The Complete Cities of Ancient Egypt*, pp.220-222.（スティーヴン・スネイプ著、大城道則監訳『古代エジプト都市百科――王と神と民衆の生活』)。

(28) 拙著、前掲『古代エジプト文化の形成と拡散』一四三―一四六頁。

図版出典

図1：ギザのカフラー王のピラミッド（著者撮影）

図2：カルナク神殿内の巨大な柱（著者撮影）

図3：カルガ・オアシスのコプト教墓地のフレスコ画（著者撮影）

図4：ワディ・マトカンドゥーシュにあるサイの線刻画（著者撮影）

図5：リビア人の狩猟場面が描かれたハンター・パレット（D. Wengrow, *The Archaeology of Early Egypt : Social Transformations in North-East Africa, 10,000 to 2650 BC* (Cambridge, 2006), p.186-fig.9.6)

図6：ナルメル王の奉献用パレット（大城道則『ピラミッドへの道――古代エジプト文明の黎明』講談社、二〇一〇年、四七頁図15）

図7：「死者の書」が描かれたパピルス文書（H. Milde, *The Vignettes in the Book of the Dead of Neferrenpet* (Leiden, 1991), pl.35)

図8：ダクラ・オアシスで発見された、岩盤をくり抜いた墓のなかのミイラ（著者撮影）

図9：ヌビアのアスペルタ王の墓から出土した金銀製の副葬品（J. L. Haynes, *Nubia : Ancient Kingdoms of Africa* (Boston, 1992), p.30-fig.25)

図10：アルファベットの起源となったとされるウガリト文字（M. Yon, *The City of Ugarit at Tell Ras Shamra* (Winona Lake, 2006), 124-2b)

図11：「トゥードの遺宝」の一部（G. Andreu, Marie-Hélène Rutschowscaya and C. Ziegler (eds.), *Ancient Egypt at the Louvre* (Paris, 1997), p.91-35)

図12：メンケペルラーセネブの墓に描かれたクレタ島の人々（C. Aldred, *Egyptian Art in the Days of the*

Pharaohs 3100-320 BC (London, 1980), p.160-123)

図13：クレタ聖刻文字が描かれたファイストスの円盤（J. A. Sakellarakis, *Museum Heraklion : Illustrierter Führer Durch das Museum* (Athen, 1979), p.31)

図14：ナイル河の風景を描いたとされるフレスコ画（C. G. Doumas, *Thera : Pompeii of the Ancient Aegean* (London, 1983), fig.15)

図15：シイラを持つ少年の図（S. Sherratt (ed.), *The Wall Paintings of Thera* vol.2 (Athens, 2000), pl.5)

図16：ボクシングをする少年の図（M. Bietak, N. Marinatos and C. Palyvou, *Taureador Scenes in Tell El-Dab'a (Avaris) and Knossos* (Wien, 2007), fig.85)

図17ａｂｃ：タニス出土の「四百年祭碑」とバアル神像（a：吉成薫『エジプト王国三千年――興亡とその精神』講談社、二〇〇〇年、八六頁；b：Yon, *op.cit.*, 134-18；c：Ibid., 132-15)

図18：セケンエンラー王のミイラ（C. Andrews, *Egyptian Mummies* (London, 1988), p.67-84)

図19ａｂｃ：マッシュルーム形の頭部を持つ石像（a：M. Bietak, *Avaris : The Capital of the Hyksos* (London, 1996), pl.4B；b：M. Marée, *The Second Intermediate Period (Thirteenth-Seventeenth Dynasties) : Current Research, Future Prospects* (Leiden, 2010), pl.30；c：M. Fortin, *Syria : Land of Civilizations* (Quebec, 1999), p.96-14)

図20：ヘテプイブラーの名前が記された儀礼用棍棒の一部（P. Matthiae, Ebla and Syria in the Middle Bronze Age, in E. D. Oren (ed.), *The Hyksos : New Historical and Archaeological Perspectives* (Philadelphia, 1997), p.398-fig.14.16b)

図21：ベニ・ハサンにあるクヌムホテプ二世墓内の壁画（I. Shaw, *The Oxford History of Ancient Egypt* (Oxford, 2002), p.192 facing above)

図22：リンド数学パピルス（G. Robins and C. Shute, *The Rhind Mathematical Papyrus : An Ancient*

Egyptian Text (London, 1987), pl.17)

図23：キアンのカルトゥーシュを持つスフィンクス像（C. Booth, *The Hyksos Period in Egypt* (Buckinghamshire, 2005), p.43-29)

図24ａｂ：アヴァリスとクノッソスで発見された「牛跳びの図」のフレスコ画（a：M. Bietak, N. Marinatos and C. Palyvou, The Maze Tableau from Tell El-Dab'a, in S. Sherratt (ed.), *The Wall Paintings of Thera* vol.1 (Athens, 2000), fig.4；b：W. V. Davies and L. Schofield (eds.), *Egypt, the Aegean and the Levant* (London, 1995), pl.18-2)

図25：ヒクソスのロバをともなう埋葬習慣（F. Petrie, *Ancient Gaza I-Tell el-Ajjul* (London, 1931), pl.IX)

図26：アララハ出土のミノア風フレスコ画とその復元図（B. Niemeier and W. Niemeier, Aegean Frescoes in Syria-Palestine：Alalakh and Tel Kabri, in S. Sherratt (ed.), *The Wall Paintings of Thera* vol.2 (Athens, 2000), p.782-figs.14 and15)

図27：太陽神殿復元図（W. S. Smith, *The Art and Architecture of Ancient Egypt* (London, 1965), p.74-fig.35)

図28：ベス神の彫像（メトロポリタン美術館蔵）

図29：タウエレト神の彫像（アシュモレアン博物館蔵、Bridgeman Images／アフロ提供）

図30：アテン神へ捧げ物をするアクエンアテンとその家族（D. P. Silverman, J. W. Wegner and J. H. Wegner, *Akhenaten & Tutankhamun*：*Revolution & Restoration* (Philadelphia, 2006), fig.120)

図31：アメンホテプ三世とアテン神（Smith, *op.cit.*, p.128)

図32：シェションク一世の戦勝記念碑の中の民族リスト（Ministère des Affaires Étrangères and Association Française d'Action Artistique, *Tanis*：*L'Or des pharaons* (Paris, 1987), p.80)

図33：バガワットにあるコプト教徒の巨大なネクロポリス（著者撮影）

図34：テル・エル＝アマルナの北の王宮跡（著者撮影）

図35：テル・エル＝アマルナの境界碑（著者撮影）

図36：楔形文字で粘土板に刻まれたアマルナ文書（B. Manley, *The Seventy Great Mysteries of Ancient Egypt* (London, 2003), p.171）

図37：ネフェルトイティの名前が記された黄金製のスカラベ（G. F. Bass (ed.), *Beneath the Seven Seas : Adventures with the Institute of Archeology* (London, 2005), p.46-aboutを参考に作成）

図38：敵を討つラメセス二世のレリーフ（W. MacQuitty, *Abu Simbel* (London, 1965), p.132）

図39：カデシュの戦いを描いたアブ・シンベル神殿の壁面（Ibid., p.110）

図40：チャタルホユックの家屋の雄牛のモチーフ（J. Mellaart, *Çatal Hüyük : A Neolithic Town in Anatolia* (London, 1967), p.124-fig.37）

図41：象形文字のヒッタイト文字（E. Akurgal, *The Art of the Hittites* (London, 1962), pl.120）

図42：カルナク神殿壁面に彫られた「世界最古の平和条約文書」(Manley, *op.cit.*, p.246)

図43：メルエンプタハの戦勝記念碑（Ibid., p.278）

図44：リビア・パレット両面（W. M. F. Petrie, *Ceremonial Slate Palettes* (London, 1953), G19 and 20）

図45：カワの神殿に描かれたスフィンクスの姿のタハルコ王（M. F. L. Macadam, *The Temples of Kawa II : History and Archaeology of the Site* (London, 1955), pl.XI-a）

図46：メディネト・ハブの壁面に描かれた「海の民」（著者撮影）

図47：リビア人メシュウェシュと戦うエジプト軍（B. G. Trigger, B. J. Kemp, D. O'Connor and A. B. Lloyd (eds.), *Ancient Egypt : A Social History* (Cambridge, 1983), fig.3.26）

図48：アレクサンドロス大王の肖像が彫られたコイン（I. Worthington, *Alexander the Great : Man and God* (London, 2004), pl.20）

図49：シーワ・オアシスのアムン神殿（著者撮影）
図50：ガンダーラ美術の特徴を持つ彫像（松岡美術館）
図51：エジプトのアレクサンドリアにある劇場跡（著者撮影）
図52：ヘビが描かれた墓の内部の礼拝所の入り口（W. F. von Bissing, *La catacomb nouvellement découverte de Kom el Chougafa* (*Les bas-reliefs de Kom el Chougafa*)（Munich, 1901）, pl.VI）
図53：古代エジプトの神々が描かれた場面（Ibid., pl.VI）
図54：カラカラ・ホール第一号墓のミイラ作りを描いた壁画（Anne-Marie Guimier-Sorbets and M. Seif el-Din, Life and Death：An Original Form of Bilingual Iconography in the Necropolis of Kawm al-Shuqafa, in A. Hirst and M. Silk（eds.）, *Alexandria, Real and Imagined*（London, 2004）, fig.7.3）
図55：ギリシア神話の一場面を描いた壁画（Jean-Yves Empereur, *Alexandria Rediscoverd*（London, 1998）, p.172.）
図56：死者の内臓を入れる四つのカノポス壺（DP. Silverman（ed.）, *Searching for Ancient Egypt*（Dallas, 1997）, p.248-81a-d）
図57：サキヤの墓の石棺に描かれたバー鳥（M. S. Venit, *Monumental Tombs of Ancient Alexandria : The Theater of the dead*（Cambridge, 2002）, p.106-fig.91）
図58：アンフシィの墓に描かれた古代エジプトの王冠（Ibid., pl.2）
図59：クレオパトラの横顔が描かれた青銅製のコイン（S. Walker and P. Higgs（eds.）, *Cleopatra of Egypt : from History to Myth*（London, 2001）, p.177-179）
図60：クレオパトラ七世の大理石製彫像（J. Tyldesley, *Chronicle of the Queens of Egypt : from Early Dynastic Times to the Death of Cleopatra*（London, 2006）, p.201）
図61：プトレマイオス朝の王妃の頭部像（Walker and Higgs（eds.）, *op.cit.*, p.216-194）

図62：ワインに真珠を入れようとするクレオパトラ（Ibid., p.352-374）
図63：毒蛇に胸を噛ませて自殺するクレオパトラ（Ibid., p.347-369）
図64：シーワ・オアシスのクレオパトラの鉱泉（著者撮影）
図65：セラピス神の彫像（アレクサンドリア国立博物館蔵、著者撮影）
図66：クレオパトラ七世とカエサリオンを描いたレリーフ（B. Watterson, *The Egyptians* (Oxford, 1997), pl.6.1）
図67：タプオシリス・マグナ遠景（著者撮影）
図68：マウレタニア王家の墓と考えられている巨大な墓（株式会社ユーラシア旅行社）
図69：バハレイヤ・オアシスのアレクサンドロス神殿（著者撮影）
図70：ダクラ・オアシスのデイル・エル＝ハガル神殿（著者撮影）
図71：アンティノオスの彫像（A. Roullet, *The Egyptian and Egyptianizing Monuments of Imperial Rome* (Leiden, 1972), fig.118）
図72：粉挽き機と焼窯のあるパン屋（著者撮影）
図73：ポンペイのイシス神殿（著者撮影）
図74：ポンペイ第三様式で描かれた古代エジプトのベス神（著者撮影）
図75：ポンペイ出土の人物画（E. Lessing and A. Varone, *Pompeii* (Paris, 1996), p.121）
図76：ファイユーム・ポートレート（E. Doxiadis, *The Mysterious Fayum Portraits : Faces from Ancient Egypt* (London, 1995), p.162）
図77：アレクサンドリア発行のゼノビア・コイン（R. Stoneman, *Palmyra and Its Empire : Zenobia's Revolt against Rome* (Michigan, 1992), pl.25-a）
図78：メリダ出土のセラピス神の彫像（V. Tam. Tinh Tran, *Sérapis Debout : Corpus des Monuments de*

Sérapis Debout et Étude Iconographique（Leiden, 1983), fig.40）
図79：サブラタにあるベスの塔（青木真兵氏撮影）
図80：ジェルマのハッティーヤ遺跡の小型ピラミッド群（著者撮影）
図81：ヨーク出土の「セラピス神殿奉納石碑」（York Museums Trust（Yorkshire Museum））
図82：タニスのアムン神殿の境内にある王墓（著者撮影）
図83：プスセンネス一世の黄金のマスク（G. Goyon, *La découverte des Trésors de Tanis : Aventures Archéologiques en Egypte*（Baume-les-Dames, 1987), p.153）
図84：シェションク二世の黄金のマスク（Ibid., p.13）
図85：シェションク二世の腕輪（Ibid., p.125）

地図①：地中海を中心とした古代世界
地図②：ミノア風のフレスコ画が発見されている場所
地図③：アマルナ時代の古代オリエント世界勢力図（T. Wilkinson, *The Rise and Fall of Ancient Egypt : The History of a Civilisation from 3000BC to Cleopatra*（London, 2010）の二〇〇頁を参考に作成）
地図④：東地中海における難破船の位置図
地図⑤：カデシュの戦いの経過（Wilkinson, *op.cit.* の三二五頁の図をもとに作成）
地図⑥：西方からのリビア人たちの侵入ルート（Trigger, Kemp, O'Connor and Lloyd（eds.), *op.cit.*, fig.3.25 をもとに作成）
地図⑦：地中海周辺のプレート（河田惠昭『津波災害——減災社会を築く』岩波書店、二〇一〇年、一一頁の地図をもとに作成）
地図⑧：ユーラシア大陸に点在するアレクサンドリア（フェルナン・ブローデル著、尾河直哉訳『地中海の記

憶――先史時代と古代』藤原書店、二〇〇八年、地図13をもとに作成）
地図⑨：アレクサンドリアの墓域図（Venit, *op.cit.*, p.2-fig.1 をもとに作成）
地図⑩：イシス神とセラピス神の複合聖域分布（R. A. Wild, *Water in the Cultic Worship of Isis and Sarapis*（Leiden, 1981）の巻末地図から作成）

参考文献

青木真兵「元首政初期、レプキス・マグナの「ローマ化」――境界の地トリポリタニア」『史泉』第一一〇号、二〇〇九年、一―一七頁。

青木真兵「劇場にみる元首政初期レプキス・マグナの都市発展」『関西大学西洋史論叢』第一二号、二〇〇九年、一―一六頁。

アエリウス・スパルティアヌス他著、桑山由文、井上文則訳『ローマ皇帝群像3』京都大学学術出版会、二〇〇九年。

安倍雅史『謎の海洋王国ディルムン――メソポタミア文明を支えた交易国家の勃興と崩壊』中央公論新社、二〇二二年。

井上たかひこ『海の底の考古学――水中に眠る財宝と文化遺産、そして過去からのメッセージ』舵社、二〇一〇年。

井上文則『軍人皇帝時代の研究――ローマ帝国の変容』岩波書店、二〇〇八年。

入江幸二、大城道則、比佐篤、梁川洋子編著『ヨーロッパ史への扉』晃洋書房、二〇〇六年。

岩崎康司「古代エジプト・ヒクソス時代のアヴァリスとシャルヘン」『史泉』第九三号、二〇〇一年、一―一六頁。

上原和『トロイア幻想――古代憧憬の旅』講談社、一九八九年。

F・W・ウォールバンク著、小河陽訳『ヘレニズム世界』教文館、一九八八年。

内田杉彦『古代エジプト入門』岩波書店、二〇〇七年。

遠藤颯馬「エジプト新王国時代とエーゲ海世界――トトメス三世とアメンホテプ三世の治世を中心に」『駒沢

史学』第九五号、二〇二一年。

大城道則『古代エジプト文化の形成と拡散――ナイル世界と東地中海世界』ミネルヴァ書房、二〇〇三年。

大城道則「古代エジプト社会における教育について――知識ネットワークの核としての神殿」『社会科学』74、二〇〇五年、三―二一頁。

大城道則『ピラミッド以前の古代エジプト文明――王権と文化の揺籃期』創元社、二〇〇九年。

大城道則『ピラミッドへの道――古代エジプト文明の黎明』講談社選書メチエ、二〇一〇年。

大城道則『図説ピラミッドの歴史』河出書房新社、二〇一四年。

大城道則『異民族ファラオたちの古代エジプト――第三中間期と末期王朝時代』ミネルヴァ書房、二〇二一年。

大城道則『古代エジプト人は何を描いたのか――サハラ砂漠の原始絵画と文明の記憶』教育評論社、二〇二三年。

大城道則、田中宏幸『ミュオグラフィ――ピラミッドの謎を解く21世紀の鍵』丸善出版、二〇一七年。

大林太良『仮面と神話』小学館、一九九八年。

大村幸弘『鉄を生みだした帝国――ヒッタイト発掘』NHK出版、一九八一年。

大村幸弘『アナトリア発掘記――カマン・カレホユック遺跡の二十年』NHK出版、二〇〇四年。

大貫良夫、前川和也、渡辺和子、屋形禎亮（樺山紘一、礪波護、山内昌之編）『世界の歴史1　人類の起原と古代オリエント』中央公論社、一九九八年（中公文庫、二〇〇九年）。

岡田英弘『世界史の誕生――モンゴルの発展と伝統』筑摩書房、一九九九年。

G・S・カーク著、辻村誠三、松田治、吉田敦彦訳『ギリシア神話の本質』法政大学出版局、一九八〇年。

加藤一朗『古代エジプト王国――偉大な王たちの神秘の世界』講談社、一九六五年。

河田惠昭『津波災害――減災社会を築く』岩波書店、二〇一〇年。

私市正年編著『アルジェリアを知るための62章』明石書店、二〇〇九年。

後藤健『メソポタミアとインダスのあいだ――知られざる海洋の古代文明』筑摩書房、二〇一五年。

高津春繁『ギリシア・ローマ神話辞典』岩波書店、一九六〇年。

小玉新次郎『パルミラ――隊商都市』近藤出版社、一九八〇年。

小玉新次郎『隊商都市パルミラの研究』同朋舎出版、一九九四年。

近藤二郎『エジプトの考古学』同成社、一九九七年。

近藤二郎「アマルナ時代の社会と美術」『歴史と地理』No.576、二〇〇四年、五六―五九頁。

近藤二郎『ヒエログリフを愉しむ――古代エジプト聖刻文字の世界』集英社、二〇〇四年。

近藤二郎、大城道則、菊川匡『古代エジプトへの扉――菊川コレクションを通して』文芸社、二〇〇四年。

エルンスト・H・ゴンブリッチ著、中山典夫訳『若い読者のための世界史――原始から現代まで』中央公論美術出版、二〇〇四年。

左近司祥子『謎の哲学者ピュタゴラス』講談社、二〇〇三年。

篠田雅人『砂漠と気候　改訂版』成山堂書店、二〇〇九年。

庄子大亮『アトランティス・ミステリー――プラトンは何を伝えたかったのか』PHP研究所、二〇〇九年。

周藤芳幸『ギリシアの考古学』同成社、一九九七年。

周藤芳幸、澤田典子『古代ギリシア遺跡事典』東京堂出版、二〇〇四年。

周藤芳幸『古代ギリシア 地中海への展開』京都大学学術出版会、二〇〇六年。

高橋秀樹『古代エジプト史10話』A．H．インターナショナル、二〇〇六年。

ディオドロス著、森谷公俊訳註『アレクサンドロス大王の歴史』河出書房新社、二〇二三年。

中尾恭三「前3世紀、サラピス神崇拝のデロス島への伝播」『パブリック・ヒストリー』Vol.1、二〇〇四年、九三―一一二頁。

クルート・ビッテル著、大村幸弘、吉田大輔訳『ヒッタイト王国の発見』山本書店、一九九一年。

秀村欣二「ヘレニズム」、平凡社世界歴史事典編集部編『世界歴史事典　第十七巻』平凡社、一九五三年。

ジョフレー・ビビー著、矢島文夫、二見史郎訳『未知の古代文明ディルムン――アラビア湾にエデンの園を求めて』平凡社、一九七五年。

藤井信之「ソロモンへ嫁した「ファラオの娘」をめぐる問題について――前1千年紀エジプトの衰退史観再考の視点から」『神戸国際大学紀要』第八三号、二〇一二年、一二五―三四頁。

プルタルコス著、村川堅太郎編『プルタルコス英雄伝　上～下』筑摩書房、一九九六年。

フェルナン・ブローデル著、尾河直哉訳『地中海の記憶――先史時代と古代』藤原書店、二〇〇八年。

ヘシオドス著、廣川洋一訳『神統記』岩波書店、一九八四年。

ヘロドトス著、松平千秋訳『歴史　上・中・下』岩波書店、二〇〇七年。

松尾昌樹編著『オマーンを知るための55章』明石書店、二〇一八年。

ビル・マンリー著、鈴木まどか監修、古田実、牧人舎訳『古代エジプト』河出書房新社、一九九八年。

三浦一郎、友部直、小川国夫、今道友信、渡辺守章『エーゲ・ギリシアの古代文明』講談社、一九八一年。

森大樹「ペルシア時代におけるフェニキア人の海上交易」『関西大学西洋史論叢』第4号、二〇〇一年、一五―三三頁。

森谷公俊『王宮炎上――アレクサンドロス大王とペルセポリス』吉川弘文館、二〇〇〇年。

森谷公俊『アレクサンドロス大王――「世界征服者」の虚像と実像』講談社、二〇〇〇年。

屋形禎亮「オリエントの国際政治のなかで――栄光と衰退」、前掲『世界の歴史1　人類の起原と古代オリエント』。

屋形禎亮、佐藤次高『西アジア（上）（地域からの世界史7）』朝日新聞出版、一九九三年。

安田喜憲『文明の環境史観』中央公論新社、二〇〇四年。

山我哲雄『聖書時代史 旧約篇』岩波書店、二〇〇三年。

山花京子『古代エジプトの歴史――新王国時代からプトレマイオス朝時代まで』慶應義塾大学出版会、二〇一〇年。

吉田敦彦『ギリシァ文化の深層』国文社、一九八四年。

吉成薫『ファラオのエジプト』廣済堂出版、一九九八年。

吉成薫『エジプト王国三千年――興亡とその精神』講談社、二〇〇〇年。

ルソー著、青柳瑞穂訳『孤独な散歩者の夢想』新潮社、一九五一年。

C・レヴィ＝ストロース著、川田順造、渡辺公三訳『レヴィ＝ストロース講義――現代世界と人類学』平凡社、二〇〇五年。
E. Akurgal, *The Art of the Hittites* (London, 1962).
C. Aldred, *Le trésor des pharaons : La joaillerie égyptienne de la période dynastique* (Paris, 1979), XVII26, 27.
T. O. Alpözen, *Bodrum Castle Museum of Underwater Archaeology* (Istanbul, 2002).
G. Andreu, Marie-Hélène Rutschowscaya and C. Ziegler (eds.), *Ancient Egypt at the Louvre* (Paris, 1997).
J. Assmann, *The Mind of Egypt : History and Meaning in the Time of the Pharaohs* (London, 2003).
J. Assmann, Theological Responses to Amarna, in G. N. Knoppers and A. Hirsch (eds.), *Egypt, Israel, and the Ancient Mediterranean World : Studies in Honor of Donald B. Redford* (Leiden, 2004), pp.179-191.
M. Balter, *The Goddess & the Bull : Catalhöyük : An Archaeological Journey to the Dawn of Civilization* (California, 2006).

G. F. Bass and F. H. van Doorninck Jr. (eds.), *Yassi Ada Vol.1 : A Seventh-century Byzantine Shipwreck* (Texas, 1982).

M. Bietak, *Avaris : The Capital of the Hyksos* (London, 1996).

M. Bietak, The Center of Hyksos Rule : Avaris (Tell el-Dab'a), in E. D. Oren (ed.), *The Hyksos : New Historical and Archaeological Perspectives* (Philadelphia, 1997), pp.87-139.

M. Bietak, N. Marinatos and C. Palyvou, The Maze Tableau from Tell El Dab'a, in S. Sherratt (ed.), *The Wall Paintings of Thera* vol.1 (Athens, 2000), pp.77-90.

M. Bietak, N. Marinatos and C. Palyvou, *Taureador Scenes in Tell El-Dab'a (Avaris) and Knossos* (Wien, 2007).

C. Booth, *The Hyksos Period in Egypt* (Buckinghamshire, 2005).

H. Brunner (ed.), *Fontes Atque Pontes* (Wiesbaden, 1983).

C. W. Ceram, *The Secret of the Hittites : The Discovery of an Ancient Empire* (London, 2001).

W. V. Davies and L. Schofield (eds.), *Egypt, the Aegean and the Levant* (London, 1995).

F. Bisson de la Roque, *Catalogue général des antiquités égyptiennes du Musée du Caire, nos. 70501-70754 : Trésor de Tôd* (Cairo, 1950).

S. Dhennin, An Egyptian Animal Necropolis in a Greek Town, *Egyptian Archaeology* 33 (2008), pp.12-14.

C. G. Doumas, *Thera : Pompeii of the Ancient Aegean* (London, 1983).

E. Doxiadis, *The Mysterious Fayum Portraits : Faces from Ancient Egypt* (London, 1995).

E. Ehrenberg (ed.), *Leaving No Stones Unturned : Essays on the Ancient Near East and Egypt in Honor of Donald P. Hansen* (Indiana, 2002).

Jean-Yves Empereur, *Alexandria Rediscovered* (London, 1998).

A. Fakhry, *The Necropolis of El-Bagawat in Kharga Oasis* (Cairo, 1951).

M. Fortin, *Syria : Land of Civilizations* (Quebec, 1999).

S. Freud, *Moses and Monotheism* (London, 1939).

A. H. Gardiner, *Late Egyptian Stories* (Bruxelles, 1932).

G. W. Goudchaux, Was Cleopatra Beautiful? : The Conflicting Answers of Numismatics, in S. Walker and P. Higgs (eds.), *Cleopatra of Egypt : from History to Myth* (London, 2001), pp.210-214.

G. Goyon, *La découverte des Trésors de Tanis : Aventures Archéologiques en Egypte* (Paris—, 1987).

K. Greene, *The Archaeology of the Roman Economy* (Berkeley, 1986).

A-M, Guimier-Sorbets and M. Seif el-Din, Life and Death : An Original Form of Bilingual Iconography in the Necropolis of Kawm al-Shuqafa, in A. Hirst and M. Silk (eds.), *Alexandria, Real and Imagined* (London, 2004).

H. R. Hall, *Catalogue of Egyptian Scarabs 1* (London, 1913).

D. Hallag, Libyans Here and There : A Comparison between Ancient Libyan and Greek Culture, in D. Mattingly et al. (eds.), *The Libyan Desert : Natural Resources and Cultural Heritage* (London, 2006), pp.217-222.

J. L. Haynes, *Nubia : Ancient Kingdoms of Africa* (Boston, 1992).

T. Higuchi and K. Saito (eds.), *Tomb F, Southeast Necropolis Palmyra Syria Surveyed in 1994-2000* (Nara, 2002).

A. Hirst and M. Silk (eds.), *Alexandria, Real and Imagined* (London, 2004).

G. Hölbl, *Beziehungen der Ägyptischen Kultur zu Altitalien 1 : Textteil* (Leiden, 1979).

E. Hornung, Die israelstele des Merenptah, in H. Brunner (ed.), *Fontes Atque Pontes* (Wiesbaden, 1983), pp.224-233.

J.-M. Humbert, *L'Égyptomanie dans l'art occidental* (Paris, 1989).

Institut du monde arabe, *Syrie : Mémoire et Civilisation* (Paris, 1993).

P. James, *Centuries of Darkness : A Challenge to the Conventional Chronology of Old World Archaeology* (London, 1991).

G. N. Knoppers and A. Hirsch (eds.), *Egypt, Israel, and the Ancient Mediterranean World : Studies in Honor of Donald B. Redford* (Leiden, 2004).

A. Kouremenos, S. Chandrasekaran and R. Rossi (eds.), *From Pella to Gandhara : Hybridisation and Identity in the Art and Architecture of the Hellenistic East* (Oxford, 2011).

P. I. Kuniholm, B. Kromer, S. W. Manning, M. Newton, C. E. Latini and M. J. Bruce, Anatolian Tree Rings and the Absolute Chronology of the Eastern Mediterranean 2220-718 BC, *Nature* 381 (1996), pp.780-783.

E. Lamotte, Alexandre et le Bouddhisme, *Bulletin de l'École Française d'Extrême-Orient* 44-1 (1951), p.150.

E. Lessing and A. Varone, *Pompeii* (Paris, 1996).

M. Lichtheim, *Ancient Egyptian Literature-A Book of Readings- : Vol.2 : The New Kingdom* (London, 1976).

A. Lucas, *Ancient Egyptian Materials and Industries* (London, 1989).

M. F. L. Macadam, *The Temples of Kawa II : History and Archaeology of the Site* (London, 1955).

R. A. S. Macalister, *The Philistines : Their History and Civilization* (Oxford, 1911).

W. MacQuitty, *Abu Simbel* (London, 1965).

B. Manley, *The Seventy Great Mysteries of Ancient Egypt* (London, 2003).

M. Marée, *The Second Intermediate Period (Thirteenth-Seventeenth Dynasties) : Current Research, Future Prospects* (Leiden, 2010).

P. Matthiae, Ebla and Syria in the Middle Bronze Age, in E. D. Oren (ed.), *The Hyksos : New Historical and Archaeological Perspectives* (Philadelphia, 1997), pp.379-414.

D. Mattingly et al. (eds.), *The Libyan Desert : Natural Resources and Cultural Heritage* (London, 2006).

J. Mellaart, *Çatal Hüyük : A Neolithic Town in Anatolia* (London, 1967).

H. Milde, *The Vignettes in the Book of the Dead of Neferrenpet* (Leiden, 1991).

F. P. Miller, A. F. Vandome and J. McBrewster (eds.), *Uluburun Shipwreck* (Mauritius, 2010).

Ministère des Affaires Étrangères and Association Française d'Action Artistique, *Tanis : L'Or des pharaons* (Paris, 1987).

P. Montet, *Le Drame d'Avaris : Essai sur la pénétration des Sémites en Egypte* (Paris, 1941).

W. L. Moran, *The Amarna Letters* (London, 1992).

K. Muckelroy (ed.), *Archaeology Under Water : An Atlas of the World's Submerged Sites* (New York, 1980).

W. J. Murnane, *Texts from the Amarna Period in Egypt* (Atlanta, 1995).

P. T. Nicholson and I. Shaw (eds.), *Ancient Egyptian Materials and Technology* (Cambridge, 2000).

B. Niemeier and W. Niemeier, Aegean Frescoes in Syria-Palestine : Alalakh and Tel Kabri, in S. Sherratt (ed.), *The Wall Paintings of Thera* vol.2 (Athens, 2000), pp.763-802.

M. Ohshiro, A Study of Lapis Lazuli in the Formative Period of Egyptian Culture : An Approach in

Terms of Culture Contact, *Orient* vol.35 (2000), pp.60-74.
M. Ohshiro, The Absorption of Egyptian Culture into the Graeco-Roman World : In Case of an Amulets of Bes and a Building Inscription Bearing the Head of Satyrs from the Southeast Necropolis in Palmyra, in T. Higuchi and K. Saito (eds.), *Tomb F, Southeast Necropolis Palmyra Syria Surveyed in 1994-2000* (Nara, 2002), pp.219-224.
M. Ohshiro, The Cradle Period of Ancient Egyptian Culture : A Study of the Inflow of Foreign Elements in the Pre and Early Dynastic Periods, *Göttinger Miszellen* 210 (2006), pp.93-104.
M. Ohshiro, Searching for the Tomb of the Theban King Osorkon III, in C. Jurman, B. Bader and D. Aston (eds.), *A True Scribe of Abydos : Essays on First Millennium Egypt in Honour of Anthony Leahy* (Leuven, 2017), 299-317.
M. Ohshiro, Why Did King Psusennes I Own a Silver Coffin?, *Göttinger Miszellen* 262 (2020), pp.185-190.
N. Oliver, *A History of Ancient Britain* (London, 2011).
E. D. Oren (ed.), *The Hyksos : New Historical and Archaeological Perspectives* (Philadelphia, 1997).
M. Özdoğan and N. Başgelen (eds.), *Neolithic in Turkey : The Cradle of Civilization Plates* (Istanbul, 1999).
K. Parlasca, Die Zeugnisse "Alexandrinischer" Kulte in Palmyra im Rahman der ägyptischen Kulturbeziehungen, *Hommages à Jean Leclant* vol.3 (1994), pp.405-410.
P. Parsons, *City of the Sharp-nosed Fish : Greek Lives in Roman Egypt* (London, 2007).
F. Petrie, *Ancient Gaza I-Tell el-Ajjul* (London, 1931).
Plutarque, *Oeuvres Morales* Tome *5-1re Partie* (Paris, 1990).

J. Pons, From Gandhāran Trays to Gandhāran Buddhist Art : The Persistence of Hellenistic Motifs from the Second Century BC and Beyond, in A. Kouremenos et al. (eds.), *op.cit.*, pp.153-175.

B. Porter and R. L. B. Moss (eds.), *Topographical Bibliography of Ancient Egyptian Hieroglyphic Texts, Reliefs, and Paintings 7 : Nubia, The Deserts, and Outside Egypt* (Oxford, 1951).

D. B. Redford, Textual Sources for the Hyksos Period, in E. D. Oren (ed.), *The Hyksos : New Historical and Archaeological Perspectives* (Philadelphia, 1997), pp.1-44.

D. B. Redford, *A History of Ancient Egypt : Egyptian Civilization in Context* (Iowa, 2006).

G. Robins and C. Shute, *The Rhind Mathematical Papyrus : An Ancient Egyptian Text* (London, 1987).

A. Roullet, *The Egyptian and Egyptianizing Monuments of Imperial Rome* (Leiden, 1972).

J. A. Sakellarakis, *Museum Heraklion : Illustrierter Führer Durch das Museum* (Athens, 1979).

G. Sears, *The Cities of Roman Africa* (Gloucestershire, 2011).

R. P. Shastri (ed.), E. P. Cowell and P. W. Thomas (trans.), *The Harṣacharita by Bānabhatta* (Delhi, 2004).

I. Shaw, *The Oxford History of Ancient Egypt* (Oxford, 2002).

S. Sherratt (ed.), *The Wall Paintings of Thera* vol.1 (Athens, 2000).

S. Sherratt (ed.), *The Wall Paintings of Thera* vol.2 (Athens, 2000).

D. P. Silverman (ed.), *Searching for Ancient Egypt* (Dallas, 1997).

D. P. Silverman, J. W. Wegner and J. H. Wegner, *Akhenaten & Tutankhamun : Revolution & Restoration* (Philadelphia, 2006).

W. K. Simpson (ed.), R. K. Ritner, Simpson, V. A. Tobin and E. F. Wente Jr., *The Literature of Ancient Egypt : An Anthology of Stories, Instructions, Stelae, Autobiographies,* and Poetry (London,

2003).

W. S. Smith, *The Art and Architecture of Ancient Egypt* (London, 1965).

S. Snape, *The Complete Cities of Ancient Egypt* (London, 2014).（スティーヴン・スネイプ著、大城道則監訳『古代エジプト都市百科——王と神と民衆の生活』柊風舎、二〇一五年）

A. J. Spencer, *Early Egypt : The Rise of Civilisation in the Nile Valley* (London, 1993).

R. Stoneman, *Palmyra and Its Empire : Zenobia's Revolt against Rome* (Michigan, 1992).

W. W. Tarn, *Alexander the Great* Vol.I, *Narrative* (Cambridge, 1948).

W. W. Tarn, *Alexander the Great* Vol.II, *Sources and Studies* (Cambridge, 1948).

W. W. Tarn, *Hellenistic Civilisation* (London, 1952).（W・W・ターン著、角田有智子、中井義明訳『ヘレニズム文明』思索社、一九八七年）

W. W. Tarn, *Hellenistic Military & Naval Developments* (Cambridge, 2010).

V. Tam Tinh Tran, *Sérapis Debout : Corpus des Monuments de Sérapis Debout et Étude Iconographique* (Leiden, 1983).

B. G. Trigger, B. J. Kemp, D. O'Connor and A. B. Lloyd (eds.), *Ancient Egypt : A Social History* (Cambridge, 1983).

B. G. Trigger, *Early Civilization : Ancient Egypt in Context* (Cairo, 1993).（B・G・トリッガー著、川西宏幸訳『初期文明の比較考古学』同成社、二〇〇一年）

J. Tyldesley, *Chronicle of the Queens of Egypt : from Early Dynastic Times to the Death of Cleopatra* (London, 2006).

M. S. Venit, *Monumental Tombs of Ancient Alexandria : The Theater of the Dead* (Cambridge, 2002).

M. S. Venit, Ancient Egyptomania : The Uses of Egypt in Graeco-Roman Alexandria, in Ehrenberg

(ed.), *op.cit.*, pp.261-278.
F. W. von Bissing, *La catacomb nouvellement découverte de Kom el Chougafa* (*Les bas-reliefs de Kom el Chougafa*) (Munich, 1901).
L. von Rosen, *Lapis Lazuli in Geological Contexts and in Ancient Written Sources* (Partille, 1988).
L. von Rosen, *Lapis Lazuli in Archaeological Contexts* (Jonsered, 1990).
G. Vörös, The Temple Treasures of Taposiris Magna, *Egyptian Archaeology* 36 (2010), pp.15-17.
S. Walker and P. Higgs (eds.), *Cleopatra of Egypt : from History to Myth* (London, 2001).
B. Watterson, *The Egyptians* (Oxford, 1997).
D. Wengrow, *The Archaeology of Early Egypt : Social Transformations in North-East Africa, 10,000 to 2650 BC* (Cambridge, 2006).
R. A. Wild, *Water in the Cultic Worship of Isis and Sarapis* (Leiden, 1981).
T. Wilkinson, *The Thames & Hudson Dictionary of Ancient Egypt* (London, 2005). (トビー・ウィルキンソン著、大城道則監訳『図説古代エジプト文明辞典』柊風舎、二〇一六年)
T. Wilkinson, *The Rise and Fall of Ancient Egypt : The History of a Civilisation from 3000BC to Cleopatra* (London, 2010).
I. Worthington, *Alexander the Great : Man and God* (London, 2004).
M. Yon, *The City of Ugarit at Tell Ras Shamra* (Winona Lake, 2006).

あとがき

本書の執筆には数多くの先行研究を参考とさせていただいた。特にミノア文明に関する記述は、名古屋大学の周藤芳幸氏の研究から、アレクサンドロス大王に関しては、帝京大学の森谷公俊氏の研究から、パルミラに関しては、関西学院大学名誉教授の小玉新次郎氏及び早稲田大学文学学術院准教授の井上文則氏の研究から数多くの情報を得た。エジプトに関しては、主に昭和女子大学の吉成薫氏、早稲田大学の近藤二郎氏、明倫短期大学の内田杉彦氏、そして東海大学の山花京子氏の研究を参考にさせていただいた。ここに記してお礼を申し上げる。もし理解不足の点、あるいは勘違いの点があるとすれば、それはすべて筆者の力不足にある。特に森谷氏には数年前に私のゼミの学生が卒業論文に関する指導を受けたことがある。突然連絡を取り、研究室に訪ねて行った彼女に丁寧に応対して下さったことに、当時非常に感銘をうけたことを記憶している。その態度を筆者も見習いたいとそのとき強く感じた。我が国を代表する古代史家である先学たちの研究に心より深く感謝する。

そして感謝と言えば、母晶子の存在を忘れることができない。長男でありながら、世界中を飛び回り（一般的には危険な国であるとの印象が強いシリアやリビアなど）、好き勝手に行動する我儘な息子を常にあらゆる面で支えてくれた。経済的に苦しいときも、新聞配達をして大学に行かせてくれたことは生涯忘れない。筆者が精神的に苦しいときはいつも味方でいてくれた。自分が二人の子供の親になった今、子供たちに対して、自分が彼女と同じように振る舞えるかどうかはわからない。しかし、そうありたいと常日頃から心に留めている。私のこれまでの人生のなかで誇れるものなどほとんどないが、両親だけは胸を張って自慢することができる。現在も現役で福祉関係の仕事に従事している彼女が健康で長生きしてくれることを息子として心の底から願っている。母のいない世界など想像すらできない（もちろん父のいない世界も）。

本書を書き上げるまでには、さまざまな方々からご協力と援助を受けた。写真掲載の許可を頂いた古代エジプト美術館（渋谷）の菊川匡氏、松岡美術館、株式会社ユーラシア旅行社、ヨークシャー博物館、日本からの情報の提供をしていただいた神戸山手大学現代社会学部非常勤講師の青木真兵氏と鶴見大学附属高等学校非常勤講師の齊藤麻里江氏そしてスウォンジー大学大学院生の上村真里亜氏に感謝する。本書の執筆の大部分は、在学研究先バーミンガム大学で行われた。一年間、四三七号室をシェアーしてくれたビザンツ史家アーチバルド・ダン博士、筆者の恩師アンソニー・リーヒー博士、研究仲間であるスウォンジー大学のトロイ・サグレロ博士、そして現在は、ロンドンのエジプト学会事務局のディレクターであるクリス・ノウントン博士に感謝する。特に、十五年前にバーミンガム大学で同じ講義を受けていたクリスには、何度もロンドンの事務局でお世話になった。さらに、家族で滞在していたこともあり、日々の生活の面で、さまざまな方々に支えていただいた。特に、バーミンガム日本人交流会のウェブ律子さんとアダムス友子さん、そして娘同士が幼稚園の同級生でもあった許さんファミリー、また十五年前から変わることなく私（今回は家族も）を心配して、世話を焼いてくれるグロスターシャー大学のレイモンド・チャットウィン博士と彼の妻レナには心の底から感謝する。また、脱稿が予定よりも遅れたにもかかわらず、辛抱強く日本で完成を待ってくれた担当編集者の青山遊氏に感謝する。「感謝」の文字が並ぶ「あとがき」を恰好がよくないと思われる方もいると思うが、二流のエジプト学者である筆者にとっては、まわりの方々による理解ある協力がすべてなのである。ということで、最後に妻と二人の子供に感謝する。ありがとう。

カリヨンの音が聴こえるボーンヴィルの仮住まいにて

二〇一二年元旦　大城道則

追記

本書の校正中に筆者が最も影響を受けた研究者の一人である関西大学名誉教授横田健一先生が九十五歳で亡くなられた。ご冥福をお祈りいたします。

今からもう二十年も前になるが、私がまだ大学院生の頃、先生の教えを受けた。修士課程から博士課程にかけての三年間、毎週月曜日の午前中から夕方まで先生と一緒に過ごした。

お昼には二人で必ずお好み焼き屋「千都」でビールとお好み焼きを食べた（関大前にあったその店ももう十年ほど前に店をたたんでしまった）。そのため、午後の授業中、学生たちを前に時折居眠りをしてしまう先生を見てハラハラしたものだった。しかし、眠っているように見えても、要所要所で突然目覚め、学生に的確な質問をする先生を驚きの思いで眺めたものである。当時すでに先生は七十五歳を超えていたが、学問だけではなく、あらゆる面で常にギラギラしていた。

横田先生は日本古代史の専門家として知られた大研究者であったが、若き日にクロード・レヴィ＝ストロースのもとで学んだ経験を持つ我が国における人類学・神話学の先駆けとしての側面も持った研究者であった（授業中よくレヴィ＝ストロースやエヴァンス・プリチャードの話をしていただいた）。私がエジプト学という狭い分野を超えて、さまざまな文献を読むようになったのは間違いなく横田先生のおかげである。考古学にも造詣が深く、私にとって初めての海外調査であったパルミラ遺跡発掘に参加するきっかけを作って下さったのも先生であった。横田先生の名刺を持ってパルミラ発掘に携わっていた橿原考古学研究所の西藤清秀先生のもとを訪ねたことを昨日のことのように思い出す。横田健一という学者は、底知れぬほどの知識と記憶力、そして懐の深さを持った研究者であった。今思えば先生と過ごした三年間は私にとって珠玉の時であった。

「巨星墜つ」という言葉とともに横田先生が亡くなられた数日後、父の姉である富子伯母さんが亡くなった。母から伯母さんのために「一番綺麗な星に祈って下さい」というメールを受けた（どうやら、私もまわりの人々を見送るような年齢になってしまったようだ）。夜空に煌めく星々と死者とは密接に結びつく。故人が「星になった」とか「流れ星が落ちたから、誰かが亡くなった」とか……。そこに違和感はない。しかし日本人はいつから夜空の星に故人を見るようになったのだろう。古来日本人が想い描いたあの世は海の向こうの世界であったはずである。お盆には海の向こうから先祖が帰ってくるという考え方は、都市化された環境に暮らしている人々にはすでにほとんど無縁の感覚となってしまっているのかもしれないが、日本人の深層心理に今も流れているはずだ。死後の世界の有無を含め、死者の向かう場所は、それぞれの国・地域の文化背景・文化伝統によって異なる。

本書で扱った古代エジプトに生きたエジプト人たちは、あの世をこの世と同じようなものと考えていた。死者はあの世に行くが、そこでこの世と同じように暮らすのである。彼らにとって死後の世界とは、決して遠いものではなく、近しい存在であったのである。そのため、ときには生者が死者に手紙を送るようなことまでしたことが知られている。時代と場所は異なるとはいえ、古代エジプト人たちも我々現代人と同じ人間である。それほど感覚が異なるとは思えない。親しい人が亡くなれば、やはり悲しいと感じたはずである。しかし、古代エジプト人たちは、この世と同じ生活を送ることができる来世を設定することにより、溢れる悲しみを軽減させた。ピラミッドを代表とした大建造物を擁する偉大な文明を創造した彼らは、悲しみを紛らわす達人でもあったのである。「来世」の創造こそ、彼ら古代エジプト人たち最大の発明であったのかもしれない。

横田先生は今頃あの世でレヴィ＝ストロースと大好きなお酒を酌み交わしながら話をしているのかもしれないなどと想像すると、悲しみと共に笑みを浮かべてしまう自分がいる。横田先生、レヴィ＝ストロース先生に僕の話もして下さいね。

学術文庫版あとがき

本書の原本は、在外研究でイギリスのバーミンガム大学に滞在していた二〇一一年頃に書かれた。当時生まれたばかりの息子と幼稚園入園前の娘を伴い、妻とともにバタバタとKLMオランダ航空の飛行機に乗り込んだことを思い出す（妻はその際に指輪をなくしてしまったが、そのことにしばらく気がつかなかったほどであった）。妻にとっては初めての海外生活、大変な心労と苦労があったのに、よくついてきてくれた。選択の余地なく無理やり連れていかれたと思っているかもしれないが……。

その娘は高校生に、息子は中学生になった。妻も私も歳を重ねた（まだまだ若いと思っているが）。そうして十三年以上が経過した今、あらためて本書を文庫として再刊する機会を得た。そこで考えたのだ。その意義は何だろうかと。筆者自身としては、副題にある「世界史の源流」という文言にあると考えている。

二〇二四年現在、日本の高等学校における歴史教育は「歴史総合」という新しい動きとともに大きな変化が生じつつある。これまでの暗記を主軸とした勉強方法ではなく、歴史の授業は、史資料を基に学生自らが「なぜ」「どうして」を思考して答えを導き出すというものにシフトしていくべきだというのだ。確かに、少なくともその過程は大変重要なことである。だが、学校現場の置かれた状況を考えると、それを実現するためには明らかに授業時間が足りないし、教員の数も足りないのが実情である。そうした理想と現実のギャップの辻褄を合わせるため、歴史総合では十八世紀以降の歴史を学ぶことにして、前近代の歴史は大学前教育からバッサリと斬られてしまう結果となった。もはや、人類の行く末を決定したポエニ戦争も、現代にまで影響を与えるアテナイの民主政も、それほど重要ではないということなのだそうだ。ナポレオンはアレクサンドロス大王から多くの戦略を学んだのに、そしていまだ『三国志演義』から現代人は数多くのことを学ぶのに。仏陀や孔子の言葉に耳を傾け、座右の銘にすらしている人も多いのに。彼らにまつわる歴史は二の次、三の次になってしまった。

民族紛争や宗教闘争が世界各地で蔓延《はびこ》る今、長い視野で人類の歴史を捉えることは最重要なことではないのだろうか。長い時間の流れのなかで、時に緩やかに、時に激しく変動するダイナミズムの意味・意義を知ろうとする歴史学は、現在の混迷した世界情勢を読み解く大きな助けになるはずだ。歴史学を通して、自分とは異なる考え方・慣習・文化があることを知らねばならないのだ。そして自分とは異なる人々が存在していることを認め、受容しなければならないのだ。それは宗教問題やＬＧＢＴＱ問題だけではない。たとえば英独仏やアメリカ合衆国が成立する前にも人々は、まったく同じ場所で生活していたことを認識しておかねばならないし、イタリア半島には古代ローマ帝国があり、その前には同じ場所にエトルリア人が暮らしていたことも知っておかねば、なぜ今があるのかを理解することは到底できないはずだ。その意味で大いに危機感を感じている今日この頃である。「たった二百年ほどの歴史だけを振り返ってみても意味がない」というのは、私のような紀元前の歴史を専門にしている者たちのエゴなのだろうか。

　そのような危惧を抱いている今、本書が講談社学術文庫のラインナップに入ることは、歴史学研究者としてこの上ない喜びである。文庫化の提案をしていただいた講談社の編集者青山遊氏には感謝の気持ちしかない。そして本書がこの先末永く読み継がれていくことを願ってやまない。

異常なほど暑い九月末の桜新町の自宅にて

二〇二四年九月二十二日　大城道則

古代エジプト文明年表

初期王朝時代	第〇王朝（紀元前三一〇〇年頃）	実在が不明瞭な王たち カー（？） サソリ王（？）
	第一王朝（紀元前二九五〇—前二七七五年頃）	ナルメル アハ ジェル ジェト デン アネジイブ セメルケト カア
	第二王朝（紀元前二七五〇—前二六五〇年頃）	ヘテプセケムウイ ネブラー／ラーネブ ニネチェル ウェネグ（？） セネド（？） ペルイブセン カーセケム（ウイ）／カセケム（ウイ）
	第三王朝	ネチェリケト／ジョセル／ジェセル セケムケト

古王国時代			
（紀元前二六五〇—前二五七五年頃）	第四王朝 （紀元前二五七五—前二四五〇年頃）	第五王朝 （紀元前二四五〇—前二三二五年頃）	第六王朝 （紀元前二三二五—前二一七五年頃）
カーバ サナクト フニ	スネフェル クフ／ケオプス ジェドエフラー カフラー／ケフレン メンカウラー／ミケリノス シェプセスカフ	ウセルカフ サフラー ネフェルイルカラー・カカイ シェプセスカラー・イズィイ ネフェルエフラー／ラーネフェルエフ ニウセルラー・イニィ メンカウホル ジェドカラー・イセシ ウナス	テティ ウセルカラー（？） ペピ一世 メルエンラー・ネムティエムサエフ ペピ二世

古王国時代	第一中間期			
第七／八王朝（紀元前二一七五―前二一二五年頃）	第九／十王朝（紀元前二一二五―前一九七五年頃）	第十一王朝（紀元前二〇八〇―前一九四〇年頃）		第十二王朝（紀元前一九三八―前一七五五年頃）
数多くの短命な王たちの治世	以下の王を含む幾人かの王たちの治世 ケティ一世 ケティ二世 メリカラー	インテフ一世／アンテフ一世 インテフ二世／アンテフ二世 インテフ三世／アンテフ三世	メンチュホテプ二世／メンチュヘテプ二世 （紀元前二〇一〇―前一九六〇年頃） メンチュホテプ三世／メンチュヘテプ三世 （紀元前一九六〇―前一九四八年頃） メンチュホテプ四世／メンチュヘテプ四世 （紀元前一九四八―前一九三八年頃）	アメンエムハト一世（紀元前一九三八―前一九〇八年頃） センウセレト一世（紀元前一九一八―前一八七五年頃） アメンエムハト二世（紀元前一八七六―前一八四二年頃） センウセレト二世（紀元前一八四二―前一八三七年頃） センウセレト三世（紀元前一八三六―前一八一八年頃）

第二中間期		中王国時代
第十四王朝	第十三王朝（紀元前一七五五—前一六三〇年頃）	
数多くの短命な王たちの治世	以下の王を含む幾人かの王たちの治世（順番は不明） ソベクホテプ一世／セベクヘテプ一世 アメンエムハト五世 アメニ・ケマウ ソベクホテプ二世／セベクヘテプ二世 ホル アメンエムハト七世 ウガエフ ケンジェル ソベクホテプ三世／セベクヘテプ三世 ネフェルホテプ一世／ネフェルヘテプ一世 サハトホル ソベクホテプ四世／セベクヘテプ四世 ソベクホテプ五世／セベクヘテプ五世 アイ（一世） メンチュエムサエフ ジェドゥモセ ネフェルホテプ二世／ネフェルヘテプ二世	アメンエムハト三世（紀元前一八一八—前一七七〇年頃） アメンエムハト四世（紀元前一七七〇—前一七六〇年頃） ソベクネフェルウ／セベクネフェル（紀元前一七六〇—前一七五五年頃）

第二中間期	第十五王朝（紀元前一六三〇—前一五二〇年頃）	以下の王を含む六人の王たちの治世 サリティス シェシ キアン アペピ／アポピス（紀元前一五七〇—前一五三〇年頃） カムディ（紀元前一五三〇—前一五二〇年頃）
	第十六王朝	数多くの短命な王たちの治世
	第十七王朝（紀元前一六三〇—前一五三九年頃）	数多くの王たちの治世 インテフ五世／アンテフ五世 インテフ六世／アンテフ六世 インテフ七世／アンテフ七世 ソベクエムサエフ二世／セベクエムサエフ二世 セナクトエンラー（タア？）／サナクトエンラー セケンエンラー・タア（二世） カーメス／カモセ（紀元前一五四一—前一五三九年頃）
	第十八王朝	イアフメス／アハモセ（紀元前一五三九—前一五一四年頃） アメンホテプ一世／アメンヘテプ一世 （紀元前一五一四—前一四九三年頃） トトメス一世／トトモセ一世（紀元前一四九三—前一四八一年頃） トトメス二世／トトモセ二世（紀元前一四八一—前一四七九年頃） トトメス三世／トトモセ三世（紀元前一四七九—前一四二五年頃） ハトシェプスト（紀元前一四七三—前一四五八年頃）

新王国時代		
（紀元前一五三九—前一二九二年頃）	第十九王朝 （紀元前一二九二—前一一九〇年頃）	第二十王朝 （紀元前一一九〇—前一〇六九年頃）
アメンホテプ二世／アメンヘテプ二世 （紀元前一四二六—前一四〇〇年頃） トトメス四世／トトモセ四世　（紀元前一四〇〇—前一三九〇年頃） アメンホテプ三世／アメンヘテプ三世 （紀元前一三九〇—前一三五三年頃） アクエンアテン／アメンホテプ四世／アメンヘテプ四世 （紀元前一三五三—前一三三六年頃） スメンクカラー　（紀元前一三三六—前一三三二年頃） トゥトアンクアムン／ツタンカーメン／トゥトアンクアメン （紀元前一三三二—前一三二二年頃） アイ　（二世）　（紀元前一三二二—前一三一九年頃） ホルエムヘブ／ホレムヘブ　（紀元前一三一九—前一二九二年頃）	ラメセス一世／ラムセス一世　（紀元前一二九二—前一二九〇年頃） セティ一世　（紀元前一二九〇—前一二七九年頃） ラメセス二世／ラムセス二世　（紀元前一二七九—前一二一三年頃） メルエンプタハ　（紀元前一二一三—前一二〇四年頃） セティ二世　（紀元前一二〇四—前一一九八年頃） アメンメセス　（紀元前一二〇二—前一二〇〇年頃） シプタハ／サプタハ　（紀元前一一九八—前一一九三年頃） タウセレト／タウセルト　（紀元前一一九八—前一一九〇年頃）	セトナクト　（紀元前一一九〇—前一一八七年頃） ラメセス三世／ラムセス三世　（紀元前一一八七—前一一五六年頃） ラメセス四世／ラムセス四世　（紀元前一一五六—前一一五〇年頃）

新王国時代		
第二十王朝（紀元前一一九〇—前一〇六九年頃）	第二十一王朝（紀元前一〇六九—前九四五年頃）	第二十二王朝（紀元前九四五—前七一五年頃）
ラメセス五世／ラムセス五世（紀元前一一五〇—前一一四五年頃） ラメセス六世／ラムセス六世（紀元前一一四五—前一一三七年頃） ラメセス七世／ラムセス七世（紀元前一一三七—前一一二九年頃） ラメセス八世／ラムセス八世（紀元前一一二九—前一一二六年頃） ラメセス九世／ラムセス九世（紀元前一一二六—前一一〇八年頃） ラメセス十世／ラムセス十世（紀元前一一〇八—前一〇九九年頃） ラメセス十一世／ラムセス十一世（紀元前一〇九九—前一〇六九年頃）	スメンデス／ネスバネブジェデト（紀元前一〇六九—前一〇四五年頃） アメンエムニスウ（紀元前一〇四五—前一〇四〇年頃） プスセンネス一世（紀元前一〇四〇—前九八五年頃） アメンエムオペ／アメンエムオペト（紀元前九八五—前九七五年頃） オソコル／大オソルコン（紀元前九七五—前九七〇年頃） シアムン／サアムン（紀元前九七〇—前九五〇年頃） プスセンネス二世（紀元前九五〇—前九四五年頃）	シェションク一世／ショシェンク一世／シシャク（紀元前九四五—前九二五年頃） オソルコン一世（紀元前九二五—前八九〇年頃） シェションク二世／ショシェンク二世（紀元前八九〇年頃） タケロト一世（紀元前八九〇—前八七五年頃） オソルコン二世（紀元前八七五—前八三五年頃） シェションク三世／ショシェンク三世（紀元前八三五—前七九五年頃） シェションク四世／ショシェンク四世

（紀元前七九五—前七八五年頃）
ピマイ／パミ（紀元前七八五—前七七五年頃）
シェションク五世／ショシェンク五世
（紀元前七七五—前七三五年頃）
オソルコン四世（紀元前七三五—前七一五年頃）

第二十三王朝
（紀元前八三〇—前七一五年頃）

タケロト二世（紀元前八四〇—前八一五年頃）
ペドゥバスト一世／パディバステト一世／ペディバステト一世
（紀元前八二五—前八〇〇年頃）
イウプト一世／ユプト一世（紀元前八〇〇年頃）
シェションク六世／ショシェンク六世
（紀元前八〇〇—前七八〇年頃）
オソルコン三世（紀元前七八〇—前七五〇年頃）
タケロト三世（紀元前七五〇—前七三五年頃）
ルドアムン／ルドアメン（紀元前七五五—前七三五年頃）
ペフチャウアウイバスト／ペフチャウアウイバステト
（紀元前七三五—前七二五年頃）
シェションク七世／ショシェンク七世
（紀元前七二五—前七一五年頃）

第二十四王朝
（紀元前七三〇—前七一五年頃）

テフナクト（紀元前七三〇—前七二〇年頃）
バクエンレンエフ／ボッコリス（紀元前七二〇—前七一五年頃）

第三中間期	第二十五王朝（紀元前八〇〇—前六五七年頃）	アララ（紀元前八〇〇—前七七〇年頃） カシュタ（紀元前七七〇—前七四七年頃） ピイ／ピアンキ（紀元前七四七—前七一五年頃） シャバコ／シャバカ（紀元前七一五—前七〇二年頃） シャビトコ／シャバタカ（紀元前七〇二—前六九〇年頃） タハルコ／タハルカ（紀元前六九〇—前六六四年頃） タヌタマニ（紀元前六六四—前六五七年頃）
末期王朝時代	第二十六王朝（紀元前六六四—前五二五年）	ネカウ一世／ネコ一世（紀元前六七二—前六六四年頃） プサムテク一世／プサメティコス一世（紀元前六六四—前六一〇年頃） ネカウ二世／ネコ二世（紀元前六一〇—前五九五年頃） プサムテク二世／プサメティコス二世（紀元前五九五—前五八九年頃） アプリエス（紀元前五八九—前五七〇年頃） アマシス／イアフメス二世／アハモセ二世（紀元前五七〇—前五二六年頃） プサムテク三世／プサメティコス三世（紀元前五二六—前五二五年頃）
	第二十七王朝（ペルシア時代）（紀元前五二五—前四〇四年）	カンビュセス（紀元前五二五—前五二二年） ダレイオス一世／ダリウス一世（紀元前五二一—前四八六年） クセルクセス（紀元前四八六—前四六六年） アルタクセルクセス一世（紀元前四六五—前四二四年） ダレイオス二世／ダリウス二世（紀元前四二四—前四〇四年）

第二十八王朝（紀元前四〇四—前三九九年）	アミルテオス／アミルタイオス（紀元前四〇四—前三九九年）
第二十九王朝（紀元前三九九—前三八〇年）	ネフェリテス一世／ネフアアルド一世（紀元前三九九—前三九三年） プサンムティス（紀元前三九三年） ハコル／アコリス（紀元前三九三—前三八〇年） ネフェリテス二世／ネフアアルド二世（紀元前三八〇年）
第三十王朝（紀元前三八〇—前三四三年）	ネクタネボ一世／ナクトネブエフ一世（紀元前三八〇—前三六二年） テオス／ジェドホル（紀元前三六五—前三六〇年） ネクタネボ二世／ナクトネブエフ二世（紀元前三六〇—前三四三年）
第三十一王朝（ペルシア時代）（紀元前三四三—前三三二年）	アルタクセルクセス三世（紀元前三四三—前三三八年） アルセス（紀元前三三八—前三三六年） ダレイオス三世／ダリウス三世（紀元前三三五—前三三二年）
マケドニア時代	
（紀元前三三二—前三〇九年）	アレクサンドロス三世（大王）／アレキサンダー三世（紀元前三三二—前三二三年） フィリッポス・アリダエウス（紀元前三二三—前三一七年） アレクサンドロス四世／アレキサンダー四世（紀元前三一七—前三〇九年）

プトレマイオス朝時代

（紀元前三〇九―前三〇年）

プトレマイオス一世／プトレミー一世（紀元前三〇五―前二八二年）
プトレマイオス二世／プトレミー二世（紀元前二八五―前二四六年）
プトレマイオス三世／プトレミー三世（紀元前二四六―前二二一年）
プトレマイオス四世／プトレミー四世（紀元前二二一―前二〇五年）
プトレマイオス五世／プトレミー五世（紀元前二〇五―前一八〇年）
プトレマイオス六世／プトレミー六世（紀元前一八〇―前一四五年）
プトレマイオス八世／プトレミー八世とクレオパトラ二世
（紀元前一七〇―前一一六年）
プトレマイオス九世／プトレミー九世（紀元前一一六―前一〇七年）
クレオパトラ三世（紀元前一一六―前一〇一年）
プトレマイオス十世／プトレミー十世（紀元前一〇七―前八八年）
プトレマイオス九世／プトレミー九世（復位）
（紀元前八八―前八〇年）
プトレマイオス十一世／プトレミー十一世とベレニケ三世
（紀元前八〇年）
プトレマイオス十二世／プトレミー十二世（紀元前八〇―前五八年）
クレオパトラ六世（紀元前五八―前五七年）とベレニケ四世
（紀元前五八―前五五年）
プトレマイオス十二世／プトレミー十二世（復位）
（紀元前五五―前五一年）
クレオパトラ七世とプトレマイオス十三世／プトレミー十三世
（紀元前五一―前四七年）
クレオパトラ七世とプトレマイオス十四世／プトレミー十四世
（紀元前四七―前四四年）

	ローマ時代
	（紀元前三〇—紀元後三九五年）
クレオパトラ七世とプトレマイオス十五世／プトレミー十五世（紀元前四四—前三〇年）	

ヤ　行

ラ　行

ナ　行

ハ　行

マ　行

サ　行

タ　行

索　引

ア　行

カ　行

KODANSHA

本書の原本は、二〇一二年に講談社選書メチエより刊行されました。

大城道則（おおしろ　みちのり）

1968年，兵庫県に生まれる。バーミンガム大学大学院古代史・考古学科エジプト学専攻修了。関西大学大学院文学研究科史学専攻博士課程後期課程修了。博士（文学）。現在，駒澤大学文学部教授。専攻は古代エジプト史。主な著書に『ピラミッドへの道』『図説ピラミッドの歴史』などがある。

講談社学術文庫

定価はカバーに表示してあります。

古代《こだい》エジプト文明《ぶんめい》　世界史《せかいし》の源流《げんりゅう》

大城道則《おおしろみちのり》

2025年1月14日　第1刷発行

発行者　篠木和久
発行所　株式会社講談社
　　　　東京都文京区音羽2-12-21 〒112-8001
　　　　電話　編集（03）5395-3512
　　　　　　　販売（03）5395-5817
　　　　　　　業務（03）5395-3615
装　幀　蟹江征治
印　刷　株式会社ＫＰＳプロダクツ
製　本　株式会社国宝社
本文データ制作　講談社デジタル製作

ISBN978-4-06-538258-5

「講談社学術文庫」の刊行に当たって

これは、学術をポケットに入れることをモットーとして生まれた文庫である。学術は少年の心を養い、成年の心を満たす。その学術がポケットにはいる形で、万人のものになることは、生涯教育をうたう現代の理想である。

こうした考え方は、学術を巨大な城のように見る世間の常識に反するかもしれない。また、一部の人たちからは、学術の権威をおとすものと非難されるかもしれない。しかし、それはいずれも学術の新しい在り方を解しないものといわざるをえない。

学術は、まず魔術への挑戦から始まった。やがて、いわゆる常識をつぎつぎに改めていった。学術の権威は、幾百年、幾千年にわたる、苦しい戦いの成果である。こうしてきずきあげられた城が、一見して近づきがたいものにうつるのは、そのためである。しかし、学術の権威を、その形の上だけで判断してはならない。その生成のあとをかえりみれば、その根は常に人々の生活の中にあった。学術が大きな力たりうるのはそのためであって、生活をはなれた学術は、どこにもない。

開かれた社会といわれる現代にとって、これはまったく自明である。生活と学術との間に、もし距離があるとすれば、何をおいてもこれを埋めねばならない。もしこの距離が形の上の迷信からきているとすれば、その迷信をうち破らねばならぬ。

学術文庫は、内外の迷信を打破し、学術のために新しい天地をひらく意図をもって生まれた。文庫という小さい形と、学術という壮大な城とが、完全に両立するためには、なおいくらかの時を必要とするであろう。しかし、学術をポケットにした社会が、人間の生活にとってより豊かな社会であることは、たしかである。そうした社会の実現のために、文庫の世界に新しいジャンルを加えることができれば幸いである。

一九七六年六月

野間省一

外国の歴史・地理

2255
笈川博一著
古代エジプト　失われた世界の解読

二七〇〇年余り、三十一王朝の歴史を繙く。ヒエログリフ（神聖文字）などの古代文字を読み解き、『死者の書』から行政文書まで、資料を駆使して、宗教、死生観、言語と文字、文化を概観する。概説書の決定版！

電P

2271
篠田雄次郎著
テンプル騎士団

騎士にして修道士。東西交流の媒介者。王家をも経済的に支える財務機関。国民国家や軍隊、多国籍企業の源流として後世に影響を与えた最大・最強・最富の軍事的修道会の謎と実像に文化社会学の視点から迫る。

2345
橋場　弦著
民主主義の源流　古代アテネの実験

民主政とはひとつの生活様式だった。時に理想視され、時に衆愚政として否定された「参加と責任のシステム」の実態を描く。史上初めて「民主主義」を生んだ古代アテナイの人びとの壮大な実験と試行錯誤が胸をうつ。

2350
森谷公俊著
興亡の世界史　**アレクサンドロスの征服と神話**

奇跡の大帝国を築いた大王の野望と遺産。一〇年でギリシアとペルシアにまたがる版図を実現できたのはなぜか。どうして死後に帝国がすぐ分裂したのか。栄光と挫折の生涯から、ヘレニズム世界の歴史を問い直す。

電P

2351
森安孝夫著
興亡の世界史　**シルクロードと唐帝国**

従来のシルクロード観を覆し、われわれの歴史意識をゆさぶる話題作。突厥、ウイグル、チベットなど諸民族の入り乱れる舞台で大役を演じて姿を消した「ソグド人」とは何者か。唐は本当に漢民族の王朝なのか。

電P

2352
杉山正明著
興亡の世界史　**モンゴル帝国と長いその後**

チンギス家の「血の権威」、超域帝国の残影はユーラシア各地に継承され、二〇世紀にいたるまで各地に息づいていた！「モンゴル時代」を人類史上最大の画期とする、日本から発信する「新たな世界史像」を提示。

電P

外国の歴史・地理

2748
中国の神話 神々の誕生
貝塚茂樹著（解説・蜂屋邦夫）

「子、怪力乱神を語らず」。儒教の合理主義精神ゆえに、歴史の中に埋もれてしまった中国の神話。『山海経』や甲骨資料から一つ目一本足の山神を主人公に据えて、中国史の泰斗が失われた神話世界を大胆に復元する！

2759
西太后に侍して 紫禁城の二年間
徳齢著／太田七郎・田中克己訳（解説・加藤　徹）

清朝末期の最高権力者に側近として仕えた女性通訳官による迫真の手記。聡明、豪毅にして虚栄に満ちた西太后の実像と贅沢な日常。戊戌政変、義和団の乱の内幕。陰険な宦官や、悲劇の皇帝・光緒帝の描写も生々しい。

2761
日本の西洋史学 先駆者たちの肖像
土肥恒之著

日本人は西洋の歴史から何を学べばよいのか？　黎明期の村上直次郎をはじめ、大類伸、羽仁五郎、大塚久雄ら格闘する群像。「大東亜戦争の世界史的意義」をめぐる議論。戦後、上原専禄が構想した新たな世界史とは。

2764
歴史学の始まり ヘロドトスとトゥキュディデス
桜井万里子著

歴史と文学が未分化の時代、神話や伝承を交えてペルシア戦争を記述したヘロドトス。それを批判し、ペロポネソス戦争を実証的に記録したトゥキュディデス。二人の個性から、歴史叙述が歴史学へといたる道を探る。

2784
中世ヨーロッパの色彩世界
徳井淑子著

なぜカジノ台は緑で、アンは赤毛を嫌ったのか。その答えは西欧の中世世界にある。数々の図版から現代よりも饒舌な中世の色の意味を読み解き、彼らの精神生活を鮮やかに描き出す。電子書籍版はオールカラー図版。

2789
龍の世界
池上正治著

龍が飛べば武は昌《さか》える！　古来、皇帝から人民まで中国人が最も愛する瑞祥は、いつ、どのように誕生したのか。東洋の龍と西洋のドラゴンとの比較、正倉院の龍の骨の正体など、摩訶不思議な世界へと誘う一冊。

《講談社学術文庫　既刊より》

外国の歴史・地理

2792
鹿島　茂著
デパートの誕生
豪華絢爛。お客は恍惚。一九世紀半ば激動のフランスで、消費資本主義を体現した「ボン・マルシェ」の壮大な成功譚を、貴重な古書や仏文学作品から採取。デパートが最も輝いていた時代とパリの風景を活写する！　電P

2795
若林正丈著
台湾の歴史
一七世紀のオランダ統治から現代まで、複雑で濃密な歴史が「台湾人」のアイデンティティを育んだ。多様な民族と移住者が生きる特異な「非承認国家」。奇跡の経済発展と民主化を遂げた「麗しの島」の四〇〇年。　電P

2802
澤田典子著
アテネ　最期の輝き
紀元前三三八年、ギリシア敗戦！　その後「民主政」はどうなった？　デモステネスらの闘いの跡を追い、アレクサンドロス躍進の陰で「黄昏」と呼ばれたアテネの実像を明らかにする、第一人者による「亡国」のドラマ。　電P

2803
井波律子著
裏切り者の中国史
欲望の渦巻く中華世界を駆け抜け、歴史を動かした、個性溢れる反逆者たち。『史記』『戦国策』『三国志』『世説新語』等の史料から、悪漢たちの数奇な人生を描き切る。中国史・中国文学ファン必携の一冊！　電P

2805
高津春繁・関根正雄著（解説・永井正勝）
古代文字の解読
発音も不明な謎に満ちた文様――エジプト聖刻文字、楔形文字、ヒッタイト文書、ウガリット文書、ミュケーナイ文書。解読への忍耐の軌跡を、平易かつ正確に描写。数千年を超えた過去との交流を体感する名著！　電P

2814
樺山紘一著
ヨーロッパの出現
森と石、都市と農村が展《ひら》いた後発のヨーロッパ文明は、どのようにして世界史の領導者になったのか。その歴史のリズムを読み、文明を一つのシステムとして通観する。西洋史の泰斗による格好のヨーロッパ入門！　電P

外国の歴史・地理

2816

古代エジプト動物誌

酒井傳六著（解説・河合　望）

「あの世の闇」すら光り照らす猫の眼を敬い、蛇の脱皮する姿に「復活」を想起し、糞玉を押す黄金虫に太陽を運ぶ神を想う……。時に神と崇め、時に敵対した、動物とエジプト人との関係を綴る、異色の歴史書！　電P